韓國과 中國, 대등하다

상호존중의 좋은 이웃

韓國과 中國, 대등하다

-상호존중의 좋은 이웃-

임방순 칼럼집

오색필

이 책에는 2022년 5월부터 2024년 11월까지 한·중 관계 주요 이슈에 대한 필자의 생각이 담겨있다. 이 책을 관통하는 필자의 주장은 두 가지이다. 첫째, 우리와 중국은 대등하다. 정확하게 말한다면 '대등해야 한다'라는 '의지'이고, 둘째는 대등한 입장에서 '상호존중하면서 우호적으로 지내야 한다'라는 '희망'이다.

1992년 한·중 수교 이후부터 중국의 시진핑 정권 이전까지 우리는 중국과 대등했고, 비교적 우호적이었다. 이때에는 우리가 중국보다 경제적으로 앞서 있었고, 국민 수준도 높았으며, 정치 지도자들도 중국에 당당했다.

그러나 '중화민족의 위대한 부흥'을 외치는 시진핑 집권기부터는 달라졌다. 시진핑 중국 국가주석은 "한국은 과거에 중국의 일부였다"라고 언급을 하는가 하면, 우리 대통령 특사를 하석에 앉게 하였다. 이런 중국에 대해 당시 우리 정치 지도자는 '저자세'가 아니었는가 하는 논란이 일었다. 그렇다면 우리는 우리 정치 지도자를 탓해야 하나 아니면 시진핑 주석을 비난해야 하나.

누구를 탓하고 비난하기에 앞서, 우리를 돌아봐야 한다. 정치권을 포함하여 전국민이 중국에 대해 한목소리를 내고 한방향으로 나아간다면, 그리고 경제적으로 앞서가고 군사적으로 강력하다면 중국은 우리를 대등하게 대우하는 것은 물론이고 존중할 것이다. 우리 하기에 달렸다.

우리는 중국의 동북공정에 대해 전국민이 한마음으로 고구려의 역사를 지키겠다는 결기를 보여주지 않았던가. 지금부터 '중국이 우리의 주권과 정체성을 건드리면 가만있지 않겠다'라는 마음자세를 가다듬어야 할 것이다.

대등하고 상호존중의 상태에서 우리는 중국과 우호적으로 잘 지내야 한다. 우리는 한반도 평화통일과 북한 비핵화를 비롯한 북한 문제 등에 중국의 협력이 필요하다. 이 과제는 우리와 중국의 이해가 일치한다. 중국과 우호적이어야 이해관계를 확대할 수 있을 것이다.

또한 중국은 미국과 패권경쟁을 벌일 정도로 군사력을 강화시키고 있다. 중국 군사력이 우리를 향하지 않도록 우호관계를 형성하는 것도 바람직하다. 중국 군사력에 대응하는 수단을 확보하는 것은 별개의 문제이다.

중국은 인구 14억의 거대한 국가이다. 미국 및 유럽 등 다국적기업이 국제질서 변화에 관계없이 중국과 경제관계를 유지하고 있다. 우리도 그래야 한다. 그렇지만 우리가 첨단 기술력이 중국에 뒤진 상황에서는 불가능하다. 이 역시 우리하기에 달렸다.

이 책은 총 6장으로 구성되었다. 1장은 2022년부터 2024년까지 3년 간 매년 한·중 관계를 회고하고 다음해를 전망한 내용이다. 이 기간 한·중 관계는 갈등이 잠재한 가운데 우리는 중국에게 첨단기술 분야를 역전당했고, 매년 무역에서 적자폭이 커졌다. 앞으로 우리의 노력이 없다면 이러한 추세는 계속 지속될 것으로 보인다.

2장은 '우리는 중국과 대화를 해야 한다'라는 주제이다. 우리가 바라는 한·중 관계와 중국이 기대하는 한·중 관계의 차이점을 밝히면서, 중국과 대화에 임하는 원칙을 언급하였다.

3장에서는 우리에게 고압적인 중국의 모습을 밝혔다. 반드시 바로잡아야 할 우리의 과제인 것이다. 우리의 후손들이 이 시기를 한·중 관계가 정상화된 시점이었다고 평가하도록 해야 한다.

4장에서는 중국의 모략 사상을 언급하고 있다. 중국은 손자병법의 나라이다. 싸우지 않고 이기는 것이 최선이라는 부전승(不戰勝) 사상에 의하여 오늘도 눈에 보이지 않는 전쟁을 하는 나라이다. 여기서 언급한 정찰풍선과 해외비밀경찰서, 공자학원, 차이나타운은 중국이 지금 벌이고 있는 전쟁의 일부일 수 있다.

5장은 다양한 이슈를 담고 있다. 중국과 우리 정치권, 중국과 북한 관계, 중국과 대만 관계, 중국과 일본 관계, 중국의 반간첩법 개정, 시진핑의 제로 코로나 정책과 이스라엘-하마스 전쟁과 중국 등이다.

6장에서는 우리의 문제를 다루며, 특히 북한과 미국의 밀약 가능성을 언급하고 있다. 북한과 미국의 국익이 일치한다면 가능한 일이다. 안이한 우리 정치권에 경종을 울리기 위해서이다.

책을 발간하는데 성의를 다해 주신 도서출판 오색필 전장하 대표님과 차도경 책임편집인에게 감사를 표합니다. 그리고 칼럼과 기고문을 게재해 준 뉴스투데이 김한경 안보전문기자, 한중저널의 홍인표 총편집인과 박진범 국장께도 감사의 말씀을 드립니다.

이 책을 읽고 공감해주는 독자 여러분을 떠올리고 특히 이 책의 내용이 국가정책으로 반영될 그 순간을 생각하며 스스로 보람을 느끼고자 합니다.

임방순 前 국립인천대학교 비전임 교수

1981년 육군사관학교 졸업, 1990년 대만 육군학원 수료
1993년~1995년 국방정보본부 중국담당
2002년~2004년 주중 한국대사관 육군무관
2014년 북한대학원대학교 박사 (학위논문 : 중국의 대북한 원조에 관한 연구)
2022년 「어느 육군장교의 중국 체험 보고서」 발간
2024년 「미·중 패권경쟁, 승자와 손잡아라」 발간

목차
Contents

PART
1

한·중 관계 회고와 전망

PART
2

한·중 대화를 시작해야 한다

목차
Contents

PART
3

중국의 중화질서 재현 의도와 우리의 대응

PART
4

중국의 모략사상 구현 : 정찰풍선, 공자학원, 해외 비밀경찰서 등

목차
Contents

PART
5

중국문제 주요 이슈 (2022년 ~ 2024년)

PART
6

우리 외교 과제와 미·북 밀약 가능성

한·중 관계 회고와
전망

한·중수교 30주년의 과제

- '상호존중의 우호관계'를 만들어야 한다

2022년 8월 24일은 한·중 수교 30주년 기념일이다. 30주년을 맞이하는 한국과 중국, 양국의 분위기는 10주년과 20주년에 비해 냉랭하기 그지없다. 그 이유는 상대방에 대한 기대가 실망으로 바뀌었기 때문이다. 다시 말해서 상대방에 대한 이해가 부족했다는 의미이다. 한·중 양국은 상호이해를 바탕으로 서로 존중하는 우호관계로 발전이 요구되는 시점이다. 지난 30년을 회고해 보면서 앞으로 30년을 전망해 보자.

한·중 수교를 성사시킨 힘은 한국의 경제력과 국제적 위상

1992년 8월 24일 한·중 수교 당시, 중국은 이를 외교적 승리로 평가하였다. 중국은 한·중 수교를 통해 1989년 6.4 천안문 사태로 서방으로부터 고립된 상태에서 벗어날 수 있고, 대만을 외교적으로 고립시킬 수 있으며, 경제적인 이익도 확대할 수 있다고 본 것이다. 우리도 중국과의 수교는 북방정책의 완성판이었다. 교역의 증대는 물론이고, 북한과 대결에서도 주도권을 확보하면서 중국을 통해 북한을 개방시킬 수 있다는 희망을 갖었다.

덩샤오핑(鄧小平)은 1991년 10월 베이징을 방문한 김일성에게 '한국과 관계개선이 불가피하다'라고 언급하면서 한·중 수교 이후에도 기존의 약속은 반드시 지킬 것임을 강조하였다. 이에 김일성은 "현실적으로 한·중 수교의 필요성은 인정한다. 그러나 그 이전에 북한이 일본과 수교협상이 성사되어야 하고, 미국과도 관계개선이 되어야 한다. 중국이 이를 위해 최선을 다해주기 바란다"라고 하였다. 김일성도 1990년 9월 한·소 수교와 1991년 남북한 동시 UN 가입 등 북한의 반대에도 불구하고 한국을 중심으로 새롭게 형성되는 국제질서 변화의 큰 흐름을 인식하고 있었고, 이러한 흐름의 연장속에 이루어지는 한·중수교를 언제까지 거부할 수 없었다. 결국 한·중 수교를 성사시킨 힘은 한국의 경제력과 국제적 위상이었다.

이어서 양상쿤(楊尙昆) 국가주석이 1992년 4월에 김일성 생일 축하사절단을 이끌고 북한을 방문하여 한국과 수교가 임박했음을 통보하였고, 첸지천(錢其琛) 외교부장은 수교 발표 직전 김일성을 찾아가 이 사실을 알렸다. 한·중 수교 발표에 대해 북한은 별다른 반응을 보이지 않았다. 이미 알고 있었던 사실이었기 때문이다.

중국은 이와 같이 한·중 수교과정에서 전통 우방인 북한을 최대한 배려하였다. 그러나 우리는 전통적인 우방 대만과 소통을 소홀히 하여 대만으로부터 거센 항의를 받아야 했다.

한·중 수교 이후 양국 관계 비약적 발전, 상호 경이로운 존재이지만 안보 분야는 제한

수교 이후 한·중 관계는 비약적인 발전을 거듭하였다. 수교 당시 '우호협력 관계'는 6년 후, 1998년에 '21세기를 향한 협력동반자 관계'로 발전하였으며, 다시 5년이 지난 2003년에는 '전면적 협력동반자 관계'로 범위가 확대되었고, 2008년에는 '전략적 협력동반자 관계'로 격상되었다. 중국이 구분한 외교관계에서 두 번째 중요한 그룹이다. 러시아와는 '전면적 전략적 협력동반자 관계'로 우리보다 한 단계 높고, 북한과는 '전통적 우호협력 관계'로 우리와 단순 비교가 되지 않는 별도의 그룹이다.

경제인들은 비행기로 2시간 정도 거리에 14억의 시장이 있다고 한·중 수교를 반겼다. 우리는 중국과 2015년 5월에 FTA(자유무역협정)을 타결하였으며, 2021년 한·중 양국 교역액은 사상 첫 3,000억 달러를 돌파하였다. 우리는 수출 1,629억 달러, 수입 1,386억 달러로 약 243억 달러의 흑자를 기록하였다. 한·중 수교 당시 63억 달러이던 교역액이 약 30년이 경과한 시점인 2021년에 약 48배 증가한 셈이다. 양국 간 인적교류도 급격히 증가하였다.

2016년 한국을 방문한 중국인은 826만여 명, 중국을 찾은 한국인은 약 519만 명으로 각각 역대 최고 인원을 기록하였다. 그러나 2017년 사드 배치 등에 따른 한·중 관계 경색과 2020년 들어 코로나-19의 영향으로 방문객은 크게 줄어들었다. 사드 문제와 코로나-19 등 돌발적 요인이 원만히 해결된다면 한·중 간 인적교류는 더욱 증가할 것으로 예상하고 있다.

지난 30여 년간 한·중 양국은 상대방을 경이로운 눈으로 바라보았다. 중국은 개혁개방 이후 30여 년간 연평균 약 9%의 고도성장을 이룩하여 미국에 이은 경제대국이 되었다. 미국과 우주경쟁을 벌이고 있고 세계적인 IT기업도 보유하고 있으며, 4차 산업혁명시대를 맞이하여 5G 등에서 세계를 선도하고 있다. 이런 중국의 굴기를 보고 한국은 자극을 받고 있다.

중국은 초기에는 한국이 유교의 전통문화를 보존하고 있는 것에 동질감을 느꼈으며 한국의 경제성장과 애국심 그리고 높은 문화수준에 경탄하였다. 특히 1997년 IMF 국가 위기 시에 자발적으로 참여한 금모으기 운동, 월드컵 축구를 개최하면서 보여준 응원의 열기와 경기 후 뒷마무리를 하는 질서의식은 한국을 저만치 앞에 있는 선진국으로 여겼다. 이 외에도, 거의 전국민이 중국의 동북공정에 한마음 한목소리로 반대하였던 그 애국심과 열정은 한국을 만만하게 볼 상대가 아님을 인식시켰다.

그렇지만 안보 관련자들은 중국과 북한의 관계를 주시하면서 중국의 군사력이 우리를 향할지도 모른다는 우려를 떨치지 못하고 있다. 특히 최근 미·중 패권경쟁이 본격적으로 전개되면서 한미동맹이 안보의 근간인 우리에게 어려운 과제를 던져주고 있다고 하겠다.

한국은 한미동맹이 안보의 근간, 중국은 북한이 전략적 자산, 양국의 차이 존재

여기서 우리가 직시해야 하는 사항은 한·중이 '전략적 협력동반자'라고 하는 것은 현재의 상황이 그렇다는 것이 아니고 상대방에 대한 희망사항이라는 것이다.

중국은 주한미군의 사드배치를 반대하였고 사드배치에 반발하여 경제적 보복을 가하고 있다. 이어서 우리 정부에 3불을 요구하였다. 그 내면에는 한미동맹의 약화를 지향하고 있다. 한·중 관계의 한계가 드러나면서 관계가 악화되는 시발점이었다. 이 당시 중국정부 관료는 물론이고 일반 국민들도 한국의 사드배치에 대해 '한국이 그럴 줄 몰랐다'라고 실망감을 드러냈다. 사드배치를 앞두고 우리 정부가 중국에 우리의 입장을 설명하고 설득시키려는 노력이 충분하지 못했다는 아쉬움이 남는 부분이다.

우리가 중국에 바랐던 것은 북한에 영향력을 발휘해 북한이 호전성을 완화하고 남북대화의 길로 나오도록 해달라는 것이었다. 그러나 중국은 북한이 도발한 천안함 폭침과 연평도 포격도발에 대해 사태의 안정에만 중점을 두는 조치를 취하여 우리를 의아하게 하였다. 이때 중국은 북한을 도발자로 지목하고 차후에 도발하지 않도록 강력히 경고했어야 했다.

이 두 가지 사례에서 보듯이 한·중 양국은 주한미군의 사드배치 문제와 중국의 북한에 대한 우호적인 입장으로 양국에는 여전히 거리가 있음을 느꼈다. 한국에게는 한미동맹이 안보의 근간이고, 중국에게는 북한이 전략적 자산이라는 이 변함없는 사실을 인정한 가운데 향후 30년을 맞이해야 할 것이다.

중국은 친성혜용(親誠惠容)의 자세로 돌아오고, 한국은 중국과 소통해야

필자가 중국에 바라는 사항이 있다. 중국 외교 방식이 현재의 전랑외교(戰狼外交, 사나운 늑대와 같은 공격적 외교)에서 종전의 친성혜용(親誠惠容, 주변국과 친하게 지내고, 성실하게 대하며, 혜택을 나누고, 포용하는 것)으로 되돌아 갔으면 좋겠다. 오늘날 중국은 경제력과 군사력을 앞세워 사나운 늑대처럼 거칠게 인접국들을 몰아붙이고 있다. NATO도 2022년 6월 정상회의에서 발표한 신전략 개념에 중국을 '구조적 도전(systemic challenges)'이라고 명시하면서 중국견제를 밝혔다. 중국이 친성혜용의 마음으로 돌아와 인접국과 상호존중하면서 우호관계를 유지하고 증진시키기를 바란다.

우리에게도 마찬가지이다. 시진핑 주석이 우리 문재인 대통령 특사를 접견할 때, 다른 나라와 달리 한 단계 낮은 자리에 앉게 하여 한국인들의 자존심을 상하게 하였다. 우리는 중국이 우리의 주권을 훼손하고 정체성에 흠집을 낼 수 있는 움직임에는 단호히 대처해야 할 것이다. 최근 한·중 외교장관 회담에서 왕이(王毅) 중국 외교부장은 한국이 '마땅히 견지해야할 5대 사항(堅持五個'應當')'을 언급하였다. 국가와 국가의 대등한 관계에서 할 수 있는 발언이 아니었다. 중국의 이러한 언행을 계속한다면 한국인의 마음을 얻기 어렵다. 중국 고전도 천시(天時)와 지리(地理)에 앞서 인화(人和)가 제일 중요하다고 하지 않았던가.

우리도 중국과 관계증진을 위해 고려해야 할 사항이 있다. 일부 한국인에게는 중국이라는 이미지는 부정적이다. 수교 초기의 낙후된 모습이 아직도 남아있고, 최근까지 가짜 우유와 짝퉁 달걀 등 중국의 일부 어두운 측면이 언론에 보도되기 때문이다. 그리고 공산당 통치의 중국 정치의 특성도 우리와 차이가 있다. 역사와 문화원조 문제와 서해 해상경계선 문제, 방공식별구역 무단 진입 문제 등으로 우리를 불편하게 하는 것도 사실이다.

이러한 현안에 대해 중국을 비난하고 문제제기를 하면서 동시에 어떠한 문제이든 열린 자세로 수시로 소통하고 전술적인 대화부터 전략적 대화까지 중국에게 설명하고 설득하려는 자세가 필요하다. 우리가 중국과 소통과 설득과정을 거치지 않고 사드배치를 단행함으로써 겪는 갈등이 이를 말해준다. 2022년 8월 9일 한·중 외교장관 회담에서 우리는 칩4 동맹 가입과 인도태평양 경제프레임워크(IPEF)에 가입하는 문제에 대해 충분한 소통과 설득이 있었던 것으로 알고 있다.

비록 지금은 우리가 중국과 여러 면에서 갈등을 겪고 있지만 우호관계로 발전시키려는 시도는 멈춰서는 안된다. 중국은 우리에게 중국이 우리 경제와 안보에서 중요한 인접국가이기 때문이다.

(뉴스투데이, 2022. 8. 23)

1992년 8월 24일 이상옥(왼쪽) 외교장관과 첸치천(錢其琛) 중국 외교부장이 중국 베이징 댜오위타이(釣魚臺) 국빈관에서 한·중 수교 합의문에 서명하였다. (출처 : 네이버)

한국과 중국, 대등하다

2022년 한·중 관계 회고와 2023년 전망

들어가며

오늘날 중국은 지난 30여 년간 우리가 알고 있던 친숙한 이웃이 아니다. 과거에는 북한 핵문제와 북한 문제에서 협력이 가능했었고, 경제도 서로가 상생할 수 있는 윈-윈(win-win) 구조였다. 한·중 양국은 '전략적 협력동반자 관계'라고 하더라도 크게 틀리지 않았다.

2022년은 한국과 중국이 서로 탐색하고 관계를 조정해 나갔던 한 해였다. 우리나라에서 5월 새로운 정부가 출범하였고 중국에서는 10월 시진핑 주석이 3연임을 확정하였다. 즉 한국의 새로운 윤석열 정부는 대중 정책에서 이전 문재인 정부와 차이를 보이고 있는 반면 시진핑의 중국은 한국에 대한 인식과 정책에서 변함이 없다. 따라서 2022년 한·중 간 모습은 시진핑의 중국이 한국 신정부에게 문재인 정부의 정책을 이어갈 것을 요구하였지만 윤석열 정부는 한미동맹을 강화하는 방향으로 나아가자 대립과 갈등의 요인이 잠재된 채 서로가 자제하고 지켜보는 소강 상태였다고 할 수 있다.

한·중 양국은 정상회담 및 몇 차례의 교류에서 상대에 대한 기대와 요구를 분명히 밝혔다. 중국은 한국이 미국과 동맹 관계를 강화하는 것에 대해 불편함을 나타내었고, 우리는 우리의 주권과 정체성을 인정하고 훼손하지 않을 것을 요구하였다.

2022년에 한·중 양국이 이러한 탐색과 조정의 과정을 거쳐 상대가 무엇을 원하며 어디까지는 허용 가능한 범위이고 어느 선이 절대 양보할 수 없는 한계인지 서로 파악하였다면 큰 성과라고 할 수 있다.

필자가 관찰한 바로는 중국이 우리에게 양보할 수 없고 타협 불가한 지점은 첫째, 우리가 대만 문제에 개입하는 것이고, 둘째, 한국이 미국의 미사일 방어체제(MD)에 참여하여 미국의 중거리 탄도미사일 배치나 고성능 레이다 배치를 승인하는 것이다. 중국은 주한미군의 사드 포대 배치를 이러한 관점에서 보고 있다. 우리가 중국을 상대할 때 신중하게 접근해야 할 문제들이다. 우리는 중국에게 '우리의 주권과 정체성을 훼손해서는 안 된다'라는 메시지를 분명히 밝혔다고 할 수 있다.

경제적인 측면에서는 우리의 대중 무역이 흑자에서 적자로 역전되기 시작하였고, 중국과 기술 격차도 반도체와 몇 개 분야를 제외하고는 중국 우위로 역전되기 시작한 한해였다.

2023년도를 전망해 보았을 때, 중국은 문재인 정부 시절 한·중 관계를 기준삼아서 우리에게 계속해서 저자세를 요구할 것이다. 왕이(王毅) 중국 외교부장은 한·중 외교장관 회담에서 우리에게 '마땅히 견지해야 할 5대 사항(堅持五個'應當')을 요구하였다. 이 순간은 주권국가 대 주권국가 관계가 아닌듯했다. 2023년에도 이런 현상이 계속 나타날 수 있어 우려된다. 또한 경제 분야에서도 기술우위를 상실한 한국이 중국과 교역에서 더욱 적자를 볼 것으로 예상된다.

우리는 이러한 현실을 심각하게 받아들이고 산업계는 물론이고 정치권도 위기의식을 갖고 힘을 합쳐 대책을 강구해야 한다.

2022년 한국과 중국의 변화

1. 한국의 변화

첫째, 국내 정치적 변화이다. 정치 리더십이 진보 정권에서 보수 정권으로 교체되었다. 윤석열 정부는 보수 진영이 주장하는 "문재인 정부는 중국에 저자세였다"라는 비판을 무겁게 받아들이지 않을 수 없다. 따라서 새로운 윤석열 정부는 미국과 동맹관계를 증진시키고 있다. 전임 문재인 정부도 한미동맹을 중시하였지만 신정부는 더욱 적극성을 띄고 있어 차이를 보이고 있다. 미국과 패권경쟁을 벌이고 있는 중국으로서는 불편한 심기를 감추지 않고 있다.

둘째, 국내상황으로 중국에 대한 비호감이 증대하고 있다. 한국인들의 중국 비호감이 점차 증가하여 2022년 2월 기준으로 80%에 이른다는 미국 퓨리서치센터의 발표가 있었다. 국내 조사도 비슷한 결과를 제시하고 있는데 특히 소위 MZ세대라는 20-30대의 중국 비호감이 증가하는 것으로 나타나고 있다.

지난 2002년 31%에 그친 한국의 반중 감정은 사드(THAAD, 고고도 미사일방어) 사태가 터진 2017년에 61%로 치솟은 이후 꾸준히 상승하기 시작해 2020년 75%, 지난해 77%에 이어 다시 3% 포인트 더 악화해 80%가 되었다. 한국의 주권적 사항인 사드 배치에 중국이 보복으로 나선 게 영향을 미쳤다. 이에 대해 중국대사 싱하이밍(邢海明)은 "한국의 일부 언론이 중국에 대해 지나치게 부정적인 보도를 한 것이 주요 원인이다"라고 언급한 바 있다.

중국에 대한 비호감이 늘어난 것은 우리만의 현상이 아니다. 미국과 일본은 물론이고 유럽에서도 같은 현상이 나타나고 있다. 우리 언론이 문제가 아니고 상대국을 압박하는 중국의 전랑(戰狼 사나운 늑대) 외교가 원인인 것이다

셋째, 경제적으로 중국에 대한 무역 적자 추세이다. 92년 한·중수교 이후 우리는 중국과 무역에서 계속 흑자를 내고 있었는데, 이 흐름이 2022년 전반기에 역전이 되어 지난 5월부터 연속 4개월 적자였다. 2022년 대중 교역 품목 5,448개 가운데 한국이 70%인 3,835개 품목에서 적자를 보았다. 관계자들은 "20여 년에 걸친 대중 수출 호황기는 끝났다"라고 평가한다.

중국의 코로나 봉쇄와 불경기로 인한 수입 소요 감소를 들지만 전문가들은 중국이 주요 품목을 국산화하였고 한국 제품의 경쟁력 저하가 주요인이라고 평가하고 있다.

넷째, 중국에게 첨단기술 우위를 역전 당했다. 한국과학기술기획평가원은 '기술 수준 보고서'에서 한국은 2010년 우주·항공을 제외한 모든 분야에서 중국에 앞섰지만 2020년에는 우주·항공(-3.5년) 의료(-0.1년) 에너지·자원(-0.2년) ICT·SW(-0.3년) 등 4개 분야에서 뒤졌다라고 평가하였다. 'IT 강국'이라는 명성이 무색하게 이동통신, 시스템 SW, 인공지능(AI), 가상현실 등 차세대 기술에서도 중국에 주도권을 내줬다고 평가하고 있다.

다섯째, 우리의 국제적 위상은 계속 올라가고 있다. 2021년 7월 유엔무역개발회의(UNCTAD)는 대한민국을 선진국으로 분류했다. 2022

년은 우리의 수출액이 6,800억 달러에 이르러 세계 6위 수출국이 될 것으로 예측된다. 1964년 수출 1억 달러에 불과했던 우리가 58년 후인 2022년에 세계 6위의 수출대국이 된 것이다.

군사력도 6위로 평가받고 있다. 미국의 군사력 평가기관 '글로벌파이어파워'(GFP)가 분석한 2022년 세계 군사력 순위에서 우리를 이렇게 평가하였다. GFP가 재래식 전력, 군사 인력 및 장비 외에 전쟁 수행에 바탕이 되는 국가 재정, 지리적 요인 등 자체 개발한 50개 이상의 군사력 지수를 활용하여 평가한 결과이다. 다만 GFP는 민간 업체로, 실제 GFP 자료가 군사력 현황을 직접적으로 보여주는 것은 아니라는 평가가 있어 우리가 자타가 공인하는 세계 6위의 군사강국인지는 논란의 여지가 있다.

2. 중국의 변화

첫째 시진핑 주석이 3연임 하였다. 시진핑은 덩샤오핑이 정립한 2회 연임 규칙을 바꾸어 3연임 하면서 개인의 권력을 강화하였고, 종전의 집단지도체제로부터 마오쩌둥에 버금가는 1인 독재체제를 굳혔다. 이 의미는 시진핑 개인의 성향이 중국 정치에 지대한 영향을 미친다는 것이며, 지난 10년 시진핑이 행한 정책이 앞으로도 지속된다는 것이다.

주요 정책은 '중화민족의 위대한 부흥'으로 상징되는 애국주의 정책'과 '일대일로'라는 대외확장정책이며, 대만 통일을 이루고, 대략 2049년 건국 100주년 무렵에 미국을 능가하겠다는 구상 등이다. 금번 20차 당대회에서 "사회주의 현대화 국가 전면적으로 건설"을 외치며 다시 한번 그의 의도를 명확히 하였다.

둘째, 국내상황은 경직되었다. 현재 중국은 고도 경제성장을 이룬 장쩌민과 후진타오 시대의 활력과 자유스러운 분위와 달리 엄격한 사회통제가 시행 중이다. 시진핑의 제로 코로나 정책에서 보듯이 인구 2,500만의 상하이시를 2개월간 봉쇄한 바 있고, 코로나 확진자 발생 시 그 아파트 단지 또는 주거 단지 전체를 출입통제하였다. 중국 주요 도시에서 발생한 시위는 경직된 코로나 정책에 대한 저항이지만 시진핑 정부의 주민통제에 대한 반대 목소리가 그 배경이다.

시진핑은 자신을 마오쩌둥과 같은 반열에 올리고 마오쩌둥 시대와 유사한 사회통제를 하고 있다. AI와 안면인식 기술, 5억 대의 CCTV와 드론 등을 활용하여 개인 정보를 수집하고 빅데이터로 집적하여 개인을 추적하는 감시망은 더욱 촘촘하다. 전국 대학교에 시진핑 사상연구소를 설치하고, 대학생들이 교수들의 강의 내용과 태도를 감시한다. 중국 내부에서는 마오쩌둥의 문화혁명 시절의 고발풍조가 다시 부활되고 있다고 우려하고 있다. 중국 사회는 후퇴하고 있는 조짐을 보이고 있다.

셋째, 미·중 패권경쟁에서 강경한 입장이다. 시진핑 주석은 2021년 7월 1일 공산당 창당 100주년 기념식에서 "중국 인민은 외래 세력이 우리를 괴롭히고 압박하고 노예화하는 것을 절대 용납하지 않을 것이다. 이런 망상을 하는 사람은 14억 중국 인민이 피와 살로 건설한 강철 장성 앞에서 반드시 머리가 깨져 피를 흘릴 것"이라고 연설하였다. 미국을 겨냥한 강도 높은 발언으로 미·중 패권경쟁에서 밀리지 않겠다는 의도를 나타내었다. 그는 "시간과 정세는 우리 편이다(时与势在我们一边)"라는 생각으로 미국을 능가하겠다는 중국몽을 품고 있다고 할 수 있다.

2022년 11월 미·중 정상회담에서 시진핑은 "미국의 민주주의 제도가 유일한 기준이 아니다. 중국의 제도와 체제를 인정해야 한다"라고 자신의 길을 계속 지속할 것을 표명하였다.

12월 6일 시 주석은 장쩌민 전 주석의 국장 추도사에서 "장쩌민 동지는 서방의 제재에 흔들리지 않았다"라고 하면서 미국의 중국 봉쇄에 강경하게 대응하겠다는 의지를 다시 천명하였다.

넷째, 국제적으로 유럽과 갈등이 증대하고 있다. NATO는 2022년 6월 정상회의에서 발표한 신전략 개념에서 중국을 '구조적 도전(systemic challenges)'이라고 명시하면서 중국 견제를 밝혔다. EU 외교·안보 정책 고위대표는 10월 17일 외교장관 회의에서 "EU가 중국을 경쟁자로 여겨야 하며, 중국 의존도를 줄여야 한다"라고 말했다. 이는 EU가 2019년 중국을 '협력자'(partner)이자 '힘든 경제적 경쟁자'(tough economic competitor), '체제 라이벌'(systemic rival)로 설정한 지 3년 만에 경계심을 높힌 것이다.

안보 분야와 함께 유럽인들의 중국에 대한 비호감도 높아지고 있다. 퓨리서치센터는 유럽 주요국 중 그리스, 헝가리, 폴란드가 50%대의 중국 비호감을 나타내고 대부분 국가는 60%~80% 이상이라고 발표하였다. 유럽이 중국에 대해 비호감인 이유로 인권 문제, 중국의 군사력 확장, 중국과의 경제적 경쟁, 자국 정치에 대한 중국의 간여 등으로 분류했는데 이 중 네 번째인 '자국 정치에 대한 중국의 간여'는 우리에게도 시사하는 바가 크다.

최근 영국에서는 정보유출을 방지하기 위해 정부 내 주요시설에 중국산 CCTV 설치를 금지하였고, 런던시의 타워햄리츠 구(區)의회는 중국 대사관 증축을 불허하였다. 영국은 자국 BBC 기자가 중국에서 폭행당하고, 반중 시위자가 런던 주재 중국영사관에 끌려들어가 폭행당한 사건 등은 묵과하지 않겠다는 결기를 보여주고 있다. 영국 경찰은 폭행을 주도한 중국 총영사 등 6명에게 경찰조사를 받으라고 요구하였고, 이들은 자진 귀국하였다.

2022년 한·중 간 주요 회담 및 교류, 성과와 한계

1. 한·중 간 주요 회담 및 교류

중국은 2022년 5월 10일 윤석열 대통령의 취임식에 왕치산(王岐山) 국가부주석을 축하사절로 보냈다. 왕치산은 방명록에 '中韓友誼 世代傳承(중한우의 세대전승)'이라고 기록하고 "중국은 한국과의 전략적 협력동반자 관계가 전진하고 부단히 더 높은 수준으로 나아갈 수 있게 함께 노력하고자 한다. 한반도 문제와 관련해 우리와 협력을 강화하고 민감한 문제를 타당하게 처리하자"라고 윤 대통령에게 중국의 의중을 밝혔다. 여기서 '민감한 문제'는 한미동맹 강화와 한·미·일 안보

협력 증대, 그리고 사드 문제의 3불 유지 등을 의미한다. 왕 부주석
은 이 자리에서 윤 대통령의 중국 방문을 초청하는 시진핑 주석의 의
사를 전달하였다.

2022년 8월 9일 한·중 외교장관 회담에서 중국 왕이(王毅) 외교부
장은 우리에게 '마땅히 견지해야 할 5대 사항(堅持五個應當)'을 언급하
면서 첫 번째가 "한국은 독립 자주(自主)노선을 견지해 외부간섭을 배
제하라"였다. 이어서 싱하이밍 중국대사는 2022년 8월 24일 한·중
수교 30주년 기념행사 인사말에서 "지금의 중·한 관계는 더욱 성숙
하고 자주적(自主的)이고 진중해져야 하고, 더 큰 활력이 있었으면 한
다"라고 '자주(自主)'라는 단어를 사용하였다. 중국의 의도가 무엇인지
를 알게하는 단서들이다.

윤석열 대통령은 2022년 11월 15일 G20 정상회의가 개최된 인도
네시아 발리에서 시진핑 중국 주석과 정상회담을 하였다. 이 자리에
서 윤 대통령은 시 주석에게 북한 핵문제 해결을 위해 중국의 건설적
역할을 요청하였지만, 시진핑 주석은 "남북한 관계 개선이 우선이다"
라고 거부 의사를 밝혔다. 담대한 대북지원 정책에 대해 지지를 요청
했지만 "북한이 호응할 경우 지지한다"라고 역시 거부하였다. 그리고
윤 대통령은 보편적 가치와 규범에 기반한 국제질서 강조하였지만, 시
진핑은 공급망 안전 등에 방점을 두고 "경제협력 정치화에 반대한다"
라고 하였다.

한·중 정상회담은 회담 내용에서 이렇게 주장과 견해가 일치하
지 않았다. 내용뿐만 아니라 형식에서도 원만하지 못한 한·중 관계

를 극명하게 보여주었다. 첫째 회담 일정이 현지에서 결정되었다. 이는 소통이 원만하지 못하다는 걸 말한다. 둘째, 25분에 불과한 회담 시간이다. 인사, 통역 등을 제외하면 내실있고 진지한 논의가 오고갈 수 있는 시간이 아니었다. 셋째, 중국 언론이 한·중 정상회담 기사를 가장 짧게 보도하였다는 점이다. 유상철 중앙일보 중국문제연구소장은 "시 주석이 정상회담을 한 19개 국가 중 우리에 대한 TV 뉴스 방영시간은 1분 46초에 그쳤고, 신문기사는 491자에 불과하다. 500자 미만으로 보도된 건 19개 국가 중 우리가 유일하다"라고 하였다. 중국이 한·중 정상회담을 중요하게 여기지 않는다는 방증이다.

2. 성과와 한계

2022년 한 해 동안 우리가 중국과 회담하고 교류하면서 얻은 성과는 다음과 같다.

첫째, 과거 정부가 보인 "대중 저자세 외교가 아닌가" 하는 의문은 해소하였다. 우리는 우리의 입장을 개진하였고 비록 외교적 언사이긴 하였지만 '중국은 큰봉우리' 같은 이야기를 하지 않았으며, 중국의 '인류운명공동체' 관련한 언급도 하지 않았다.

둘째, 중국과 소통하여 우리의 입장을 밝혔고 부분적으로 중국을 이해시켰다. 우리가 북한의 핵미사일 위협에 대한 사드 배치의 정당성을 이야기하였고, 이는 주권사항임을 분명히 하였다. 또한 반도체 협력 기구 칩-4 참여와 인도태평양경제협력체 가입 문제도 밝혔다. 사드 문제는 아직 진행형이기는 하지만 그 외 경제협력체 참여 문제에 대해서는 중국이 우리를 비난하지 않았다.

셋째, 우리는 중국으로부터 전략적 소통을 하자는 메시지를 받고 있다. 시진핑 주석은 '당선인과는 직접 소통하지 않는다'라는 관례를 깨고 2022년 3월 25일 윤 당선인과 통화하였다. 시진핑 주석이 윤석열 당선인에게 3월 11일 당선 축전을 보낸 지 2주 만이다. 윤 대통령 취임식 때 고위급 왕치산이 왔고, 리잔수(栗戰書) 전인대 상무위원장이 9월에 한국을 방문하였다. 이들은 우리와 협력을 요청하고 전략적 소통을 제의하였다. 한·중 정상회담에서 시진핑 주석도 한·중 간 전략적 소통 강화와 정치적 신뢰 증진 필요성을 제기하였다.

2022년 12월 12일에 개최된 한·중 외교장관 화상회담에서 왕이 중국 외교부장은 불과 4개월 이전 8월에 개최된 대면회담과는 달리 "양국 정상 간 교류 모멘텀이 계속 이어갈 수 있도록 소통해 나가자"라고 언급하였으며, 이어서 그는 "외교·국방 차관 간 2+2 대화와 1.5 트랙(반관반민) 대화를 속도감있게 추진하자"라고 전략적 대화를 제의하였다.

중국대사 싱하이밍은 "중국은 20차 당대회가 끝나고 나면 개혁개방을 강화할 것인데 이는 한국에 기회가 될 것이다"라고 언급하였다. 중국측의 태도변화는 지방정부에서도 나타나고 있다. 우리 측과 자매결연을 맺은 지방정부는 이전에는 공동행사를 위한 협조 요청을 무시하거나 결정권이 없는 하급직을 내세웠는데 지방정부 수장급이 영상 축사를 보내오고 있다고 한다. 중앙정부의 정책기조 변화가 있어야 가능한 일이다. 중국이 미·중 패권경쟁 속에서 한·중 관계개선을 희망하고 있다는 의미이다.

2022년 11월 22일 우리 정부는 한·중 정상회담을 계기로 중국 OTT(온라인 동영상 서비스)에 한국영화가 등장하였다고 밝혔다. 한국 영화가 온라인에서 상영되는 것은 중국의 한한령 이후 6년 만이다. 중국의 변화를 읽을 수 있는 대목이다.

한계도 실감하였다. 첫째, 중국은 우리를 존중하지 않고 있다. 앞서 언급한 대로 한·중 정상회담과 한·중 외교장관 회담이 이를 말해준다. 중국도 상호존중을 이야기하지만 그들의 상호존중은 우리를 존중하겠다는 의미가 아니고 일방적으로 자신들의 국익을 존중하라 뜻이다. 즉 '자신들의 전략적 이해'를 존중해서 우리에게 사드 포대 철거를 요구하는 것이다.

둘째, 북한 문제와 북한 핵문제에서 중국과 협력한다는 정책은 수정이 불가피하다. 중국은 북한과 우호 관계가 자신들의 국익에 부합된다고 전략적 판단을 하고 있기 때문이다. 중국은 최근 UN 안보리에서 북한의 탄도미사일 발사에 대한 제재 결의안 채택을 10여 차례 반대하였다. 지난 2017년에는 두 차례 제재안에 동참한 바 있지만 현재는 태도가 변하였다. 중국이 UN 안보리에서 북한을 옹호하는 한, 국제무대에서 북한에 압력을 가하는 정부의 노력은 제대로 성과를 내기 어렵다.

한·중 간 상호 기대와 요구

한·중 관계는 '전략적 협력동반자 관계'이다. 중국이 구분한 외교 관계에서 두 번째 중요한 그룹이다. 러시아와는 '전면적 전략적 협력동반자 관계'로 우리보다 한 단계 높고, 북한과는 '전통적 우호협력 관계'로 이러한 관계는 우리와 단순 비교가 되지 않는 별도의 그룹이다.

시진핑 집권 이전, 후진타오 시기였던 2008년에 한국과 중국은 서로가 전략적 협력동반자 관계로 나아가려는 의지와 바램이 있었다. 즉 실제 현상이 '전략적으로 협력하는 동반자 관계'라기 보다는 앞으로 그렇게 나아가자는 희망을 담은 선언적 의미였다.

2012년 시진핑 집권 이후, 사드 배치와 사드 3불 문제로 한국과 중국은 곧 서로가 전략적으로 협력할 수 없는 관계임을 인식하기 시작하였다. 한국은 중국에게 우리의 대북정책에 함께 해줄 것을 요구하였지만, 중국은 이를 받아들이지 않았으며, 오히려 북한에 의한 천안함 폭침 사건과 연평도 포격 도발에서 보듯이 북한 편향을 나타내었다. 동시에 우리에게 한미동맹 이완을 요구하였지만 현정부는 수용할 수 없다. 중국이 우리에 대한 기대와 요구와 우리의 요구는 접점을 찾기 어렵다. 전략적 협력동반자 관계는 기록에만 남아있게 되었다.

1. 중국의 기대와 요구

중국이 우리에게 기대하고 요구하는 것은 우리가 중국의 정책에 동참하는 것이다. 우리를 중국이 주도하는 중화질서에 편입시키기 위해서이다. 이를 위한 중국의 논리는 '인류운명공동체'이다. 이 논리는 중국 외교가 미국 우선주의(America First, Buy America) 정책들과 차별화함으로써 국제사회에서 리더십을 발휘하고, 바이든 행정부의 세계전략(America is Back)에 대응하고자 하는 새로운 의미의 '비동맹 동반자전략(partnership)'이라고 할 수 있다.

중국은 달라진 국제위상과 중국특색사회주의에 대한 자신감을 바탕으로 과거 방어적이고 수세적인 입장에서 벗어나 새로운 국제질서인 신형국제관계를 형성하고, 일대일로(一帶一路) 사업을 통하여 중국의 가치, 제도, 문화 등을 투사시킬 수 있는 구심점을 마련하고자 하는 것이다.

중국은 이러한 세계전략을 실현하기 위해 우리에게도 인류운명공동체 구상에 참여할 것을 기대하면서 구체적으로 다음을 요구하고 있다.

첫째, 대만 문제에 개입 반대이다. 중국은 제3국이 대만 문제를 언급하는 것은 내정간섭이고, 대만을 통일하겠다는 중국의 정책에 반대하는 것으로 받아들이고 있다. 특히 시진핑 주석은 2022년 10월 20차 당대회에서 대만 통일을 위해서 무력사용 가능성까지 언급한 바 있다. 대만 통일은 그 자신의 3연임과 장기집권의 명분이기 때문에 타협의 여지가 없다.

둘째, 한국이 중국을 겨냥한 미국의 군사기지 역할에 반대한다. 중국은 "주한 미군의 한국내 사드 배치를 자신들의 전략적 이해를 해쳤다"라고 격렬한 반응을 보이고 있으며, 우리가 사드 포대 철수를 결정할 때까지 계속 문제삼을 것으로 보인다. 중국은 사드의 레이다가 자신들의 수도권을 비롯해 동북지방을 감시할 수 있어 자국 안보를 위협한다고 주장하고 있다.

중국이 사드 문제보다 더 민감하게 여기는 사안이 미국의 중거리 탄도미사일 한국 배치 문제이다. 2019년 마크 에스퍼 미국 국방장관이 오스트레일리아로 가면서 "지상 발사 중거리 미사일의 아시아 배치를 선호한다"라고 언급한 바 있다. 외신에서는 한국, 일본, 괌 등이 후보지로 오르내렸다. 중거리 탄도미사일의 한국내 배치는 사드 배치와 차원이 다른 문제이다. 우선 공격용으로 대북 미사일 방어용이라는 사드 배치의 명분을 적용하기 어렵다. 이 사안에 대해 우리 정부는 미국의 중거리 탄도미사일 배치를 검토하거나 미국과 협의한 바도 없으며, 그럴 계획도 없다는 입장이었다. 그 후 이 문제는 거론되지 않고 있다.

셋째, 반도체 공급망에 중국을 배제하는 것에 반대한다. 미국은 중국을 배제하고 인도태평양 경제프레임워크(IPEF), 칩-4 동맹 결성 등 글로벌 공급망을 재편하고 있다. 우리는 IPEF 창립멤버이고 칩-4 참여를 긍정적으로 검토하고 있다. 중국은 칩-4 동맹이 현실화되면 반도체 공급이 차단되어 자국 첨단산업에 미칠 부정적 영향을 우려하고 있다.

중국은 자체 반도체 생산량이 전체 소요량의 5.9%에 불과하기 때문에 나머지 94%를 한국을 포함한 대만, 미국으로부터 수입하고 있다. 중국 통계에 따르면 중국은 2021년 메모리 반도체 수입량 956억 달러의 약 절반인 448억 달러 분량을 한국에서 수입하였다. 한국 의존도가 어느 나라보다도 높다. 한국이 공급을 중단하면 중국으로서는 대책이 없다. 대만과 미국이 대안이 될 수 없기 때문이다. 중국의 치명적인 약점인 것이다. 그렇기 때문에 중국은 한국으로부터 안정적으로 반도체를 공급받기 위해 한국과 협력이 절실한 실정이다.

여기서 첫 번째와 두 번째 사항은 중국이 받아들일 수 없는 한계선 즉 레드라인이다. 이 한계선을 넘어가면 중국의 반발을 초래하여 중국과 관계가 더욱 어려워질 수 있다. 세심한 주의가 필요하다. 그리고 세 번째 반도체 공급문제는 우리가 甲의 위치에서 중국과 협상할 수 있는 몇 개 되지 않는 대중 우위의 협상 카드이다.

2. 한국의 기대와 요구

우리가 중국에 기대하고 요구하는 것은 다음과 같다.

첫째, 상호존중이다 중국 시진핑은 2017년 4월 트럼프 미국 대통령에게 "한반도는 역사적으로 중국의 일부분이었다"라고 언급하였다. 그리고 문재인 대통령 특사를 자기보다 하석에 앉히고 자신은 상석에 앉아 대담을 하였다. 특사가 앉은 자리는 홍콩 행정장관이 시진핑에게 업무보고를 하는 자리인 것이다. 우리 대통령 특사가 시진핑을 알현한 형식이었다. 그것도 한 차례가 아니고 두 차례나 그랬다. 2008년 당시 후진타오(胡錦濤) 주석은 이명박 대통령 특사 박근혜를 맞이하여 바로 옆자리에서 대담을 한 바 있다. 시진핑은 일본 특사와는 마주보고 대담을 하였다. 2019년 4월 아베 신조(安倍晋三) 일본 총리의 특사로 방중한 니카이 도시히로(二階俊博) 자민당 간사장을 국제관례에 맞추어 예우를 한 것이다.

시진핑은 한국은 대등한 주권 국가가 아니라 과거 중화질서에 속한 변방국의 하나로 본 것이다. 문재인 대통령이 2차례나 중국을 방문하였지만 이에 따른 답방을 할 생각을 하지 않고 윤석열 대통령한테 중국을 방문하라고 한다. 우리를 존중한다면 이렇게 하지는 않을 것이다.

둘째, 대북 정책의 협조를 요구한다. 중국은 북한과 소통할 수 있으며, 북한의 경제난을 완화시켜줄 수 있고 국제적 고립감을 감소시켜줄 수 있는 유일한 국가이다. 중국의 대북정책도 우리와 일치하는 부분이 있다. 즉 중국이 일관되게 주장하는 한반도 비핵화, 한반도 평화와 안정, 그리고 외교적인 방법으로 문제 해결 등은 우리와 이견이 없다. 이해가 일치하는 부분에 대해 한·중 간 협력할 공간이 생기는 것이다.

우리가 북한에 편향된 중국을 움직여 우리의 대북 정책에 협조토록 하기 위해서는, 북한보다 한국과 친밀할 경우 중국에게 어떠한 이익이 있는가를 인식시킬 필요가 있다. 우리가 노력해야 할 부분이다.

셋째, 경제력의 무기화 반대이다. 중국은 자국의 광대한 시장과 희토류 등을 무기로 삼고 있다. 호주의 예에서 보듯이 호주가 중국의 영향력 확대와 내정간섭에 대해 문제를 제기하자 중국은 호주의 주력 수출품인 철광석과 석탄, 와인 등의 수입을 금지시켰다. 중국 무역의

존가 40.7%에 이르는 호주는 피해를 받을 수 밖에 없었다. 2010년 일본과 댜오위댜오(센카쿠 열도) 갈등에서 일본에 희토류 수출을 금지한 바 있다. 우리도 예외는 아니었다. 중국이 사드 배치에 대한 보복으로 시행하였던 단체관광 금지와 게임 및 드라마 수입 금지를 핵심으로 하는 한한령이 지금까지 지속되고 있다.

전문가들은 호주와 일본이 중국의 경제적 압력에 굴복하지 않고 정면에서 극복한 사례를 주목하고 있다. 중국도 피해를 보았기 때문이다. 우리도 2016년 중국이 한한령으로 우리에게 압력을 가하였을 때, 중국을 WTO(세계무역기구)에 제소하고 중국이 우리에게 했던 것과 똑같은 보복조치를 단행했더라면, 중국도 피해를 입기 때문에 중국의 보복은 그렇게 오래 지속되진 않았을 것으로 보고 있다.

우리가 중국에게 기대하고 요구한다고 해서 중국이 선뜻 받아들이지는 않을 것이다. 우리는 중국에게 앞서 언급한 우리의 세 가지 요구를 수용하였을 때, 중국에게 어떠한 이익이 있고, 거부하였을 때 어떠한 불이익이 발생하는지를 설명해야 한다. 이것이 전략적 대화이고 소통인 것이다.

3. 우리의 주권과 정체성 지키기

주권 및 정체성의 문제는 우리가 중국에 기대하고 요구하기 보다는 우리 스스로 지켜야 할 영역이다. 우선 외국의 사례를 보자. 호주와 유럽은 중국의 내정간섭을 직시하고 정면에서 대응하고 있다.

2018년에 호주에서 출간된 『중국의 조용한 침공』이라는 책은 중국이 자금력을 수단으로 호주의 각 분야에 영향력을 행사하고 있는 사례를 소개하고 있다. 원제목은 『소리 없는 침입, 중국이 어떻게 호주를 괴뢰국가로 만들었는가』(无声的入侵：中国如何把澳大利亚变成木偶国, Silent Invasion : How China Is Turning Australia into a Puppet State)으로, 자극적이다.

저자는 "중공의 최종목표가 호주와 미국의 동맹을 깨뜨리고 호주를 속국으로 삼는 것이고, 호주가 주권을 빼앗기는 과정이 발생할 수 있었던 것은 중국만이 경제적 번영을 보장해줄 수 있다는 믿음에 사로잡혔기 때문이며 베이징의 괴롭힘에 맞서길 두려워했기 때문이다."라고 강조하고 있다. 책에서는 '중국' 대신에 '중공' 즉 중국공산당이라는 용어를 사용하고 있다. 구체적으로 "중공은 이주 중국인을 활용해 호주 사회 전체를 중국의 가치에 공감하고 베이징이 수월하게 통제할 수 있도록 탈바꿈한다는 목표를 수립하였다. 장기적으로 한족(중국인)을 유권자 집단으로 동원해 중국을 지지하는 후보를 호주 의회와 고위 공직에 진출키고자 한다는 사실이 문서로 드러났다"라고 밝히고 있다.

최근 우리 법무부는 외부의 내정간섭 우려를 사전 방지하고자 외국인의 투표권 제한을 추진하고 있다. 즉, 현행법은 영주(F-5)비자 취득 후 3년이 지난 18세 이상 외국인에게 지방선거 투표권을 부여하는데, 영주권을 일단 따면 한국에서 생활하지 않고 자국으로 돌아가서 생활하더라도 우리 지방선거에 투표권을 갖는 상황을 개선하겠다는 것이다. 개선의 논리는 "우리 국민은 영주권을 가져도 해당국에서 투표권이 없는데 상대 국민은 우리나라에서 투표권을 갖는 상황이 생길 수 있다"라며 상호주의 원칙을 고려하지 않은 외국인 투표권 부여는 민의를 왜곡할 수 있다는 것이다.

호주뿐만 아니라 중국이 유럽에서도 주권과 정체성을 훼손하는 사례가 있어 비난을 받고 있다. 언론 보도에 의하면 중국이 중국어 강의를 명목으로 각국에 설치한 '공자학원'에 이어 '해외 서비스 센터'가 외교 분쟁의 대상이 되고 있다고 한다. 중국은 이 센터가 해외 체류 중국인의 운전면허 갱신 등을 지원하는 자원봉사 기구라고 주장하고 있지만, 유럽 일부 국가에서는 '중국 경찰의 비밀 거점'이라며 폐쇄를 요구하고 있다.

중국의 해외 경찰서 논란은 2022년 9월 스페인에 본부를 둔 국제인권단체 '세이프가드 디펜더스'가 중국이 전세계 21개국에 54개의 경찰센터를 운영한다고 주장하면서 본격화되었다. 이 경찰센터는 해외 체류 중국인을 감시하고 해외로 도피한 반체제 인사를 검거하는 활동을 한다는 것이다. 영국은 중국의 해외 경찰서 3곳이 영국 내에서 운영되고 있다는 보도와 관련하여 "영국법을 준수하지 않는 모든 행위는 중단되어야 한다"라는 반응을 보였다. 세이프가드 디펜더스에 따르면 동아시아에선 일본, 몽골, 캄보디아, 브루나이에 해당 센터가 있었고, 우리나라에서도 의혹이 제기된 1개소에 대해 당국이 확인 중이다.

중국에 대항하여 우리의 주권과 정체성을 지키는데 가장 중요한 사항이 중국에 한목소리를 내야하는 것이다. 우리 야당 대표는 2022

년 10월 중국공산당에 20차 당대회 축하 서신을 전달하였다. 해당 야당은 서신 내용은 밝히지 않고 중국공산당과 당차원의 교류라고 설명하였다. 필자는 우리 야당이 중국공산당과 교류를 하면서 정부 및 여당과 충분히 조율하고 역할을 분담하여 정부가 하기 곤란한 외교활동을 수행하였을 것으로 생각한다. 유사한 사례가 있다. 야당 국회의원 일부가 2016년 8월과 2017년 1월, 중국을 방문하여 사드 배치문제에 대해 중국 정부 관계자와 회담을 하는 등 활동을 한 바 있다. 이 행보 역시 당시 정부 및 여당과 조율된 역할 분담이었을 것으로 생각한다.

유럽 각국들은 중국의 경제적 침투를 경계하여 '중국은 경제적 안보에 최대 위협'이라고 하면서 자국 산업을 보호하기 위한 조치들을 취하고 있다. 영국은 10월 28일 수낙 총리가 "중국과 황금시대는 끝났다"라고 선언한 직후 '시즈웰C'라는 원전 프로젝트에서 중국 국영기업을 제외하기로 하였고, 캐나다는 자국의 리튬 생산업체에 투자한 중국 기업 3곳에 투자 철회 명령을 내렸다. 이들 국가는 불과 2~3년 전까지만 해도 중국과 황금시대였다. 중국에 호의적이었던 독일도 예외는 아니다. 숄츠 총리는 2022년, 11월 하원 연설에서 "(중국과 러시아에 에너지와 무역을 의존하는) 현상태를 수수방관한다면 그 대가는 비교 불가능할 정도로 클 것이다"라고 하였으며, 하베트 부총리도 9월에 "대중 관계에서 순진했던 시대는 이제 끝났다"라고 선언하였다. 이에 따라 독일은 함부르크 항구에 대한 중국의 투자 지분을 35%에서 25%로 줄였고, 반도체 생산 업체인 엘모스이아르에스(ERS) 중국 매각을 불허하였다. 중국은 2011년 ~ 2020년까지 10년 동안 독일 기업 243개를 매입하거나 지분을 사들인 것으로 알려지고 있다.

국내 언론은 "중국계 기업들이 새만금 해상풍력사업과 태양광 사업에 참여하여 국가 기간산업이 외국계 자본으로 넘어가는 것이 아닌가 하는 의혹이 일고 있다"라고 보도하였다. 외국의 사례로 볼 때, 주의를 요하는 부분이다.

호주의 사례를 언급한 저서『중국의 조용한 침공』의 저자 클라이브 해밀턴은 2021년 4월 한국어판 서문에서 "중국의 진정한 본질과 야망을 깨닫지 못하면, 한국도 위험하다"라고 우리에게 조언을 하였다.

2023년 한·중 관계 전망과 주요 과제

2023년에는 한·중 간 많은 영역에서 우호적이며 협력하는 모습보다는 대립하고 갈등하는 장면이 예상된다. 상호 기대와 요구가 다르기 때문이다. 우리가 중국의 기대와 요구에 부응하여 한미동맹을 완화해 나갈 가능성은 크지 않고, 3연임한 시진핑 주석이 기존의 정책을 유연하게 변화시킬 가능성 또한 크지 않다. 이러한 입장 차이가 갈등과 대립으로 발전해갈 것인가 여부는 국제정세 변화에 달려있다.

1. 외교 및 안보 분야

한·중 간 안보 분야 문제는 미·중 패권경쟁과 남북한 관계와 긴밀하게 연결되어 있어 복합적으로 접근해야 한다. 우선 대만 문제를 두고 미·중의 대립이 더욱 첨예화 된다면 우리는 어려운 선택의 순간을 맞이할 것이고, 한국 내 미군의 사드 추가 배치를 비롯하여 중거리 탄도미사일 배치 논의가 시작된다면 중국의 반발을 피하기 어려울 것이다. 북한이 7차 핵실험을 한다면 이는 중국을 곤란하게 할 것이며 동시에 한·중 간에도 갈등이 불가피하다. 이에 대해 살펴보겠다.

첫째, 우리가 대만 문제 개입으로 중국을 자극할 가능성은 낮다. 중국이 대만을 무력 침공할 가능성이 낮기 때문이다. 미국은 2022년 12월 '2022년 중국 군사력 보고서'에서 "현재 중국의 대만 침공이 임박했다는 징후는 없다"라고 하였다. 그리고 현상황은 중국이 스스로 정한 무력통일 조건에 부합하지도 않는다. 중국이 2005년 〈반국가분열법〉(反分裂國家法)에 무력에 의한 대만통일 조건으로 설정한 ① 대만 당국에 의한 독립 선언, ② '대만 독립'에 대한 국민투표 실시, ③ 미국의 대만에 대한 외교적 승인, ④ 대만의 핵무기 개발 ⑤ 대만 내 외국군 배치, ⑥ 대만 내 폭동 발생, ⑦ 평화통일 가능성의 완전 상실 등에 해당하지 않는다.

그리고 중국은 대만 내의 정치적 변화를 기대하고 있다. 즉 2024년 1월 총통선거에서 현재의 민진당에서 중국과 협력을 추구했던 국민당으로 정권이 교체되면 대만 독립 기도는 제어할 수 있으며 중국—대만 관계는 개선될 수 있다고 보고 있다. 2022년 11월에 치루어진 대만 지방선거에서 국민당이 승리함으로 2024년 대만의 정권교체 가능성을 높게 보고 중국은 대만에 대한 군사적 압박을 자제하면서 현상을 유지한 가운데 정치적 공세를 강화할 것으로 전망된다. 이런 상황에서는 대만을 둘러싼 미·중 패권경쟁은 소강상태가 될 것이며 우리가 대만 문제에 개입될 소지도 줄어들게 된다. 즉 중국을 자극할 가능성이 낮아진다고 할 수 있다.

둘째, 주한 미군의 사드 추가 배치 및 중거리 탄도미사일 배치 논의가 대두될 가능성은 크지 않다. 윤석열 대통령은 선거 기간에는 후보 입장에서 사드 추가배치를 약속하였지만 당선 이후 110대 국정과제에서 사드 추가배치를 제외시켰다. 중국이 이 문제를 얼마나 심각하게 보고 있는지 정확하게 인식한 결과이다. 미국 또한 중국을 자극하면서 사드의 추가 배치를 추진하거나 중거리 탄도미사일 배치에 대한 논의를 진행할 의도는 없는 것으로 보인다.

셋째, 북한 문제에서 시진핑의 중국과 협력할 수 있는 여지가 크지 않다. 북한은 7차 핵실험 준비를 끝내고 언제 할 것인가 하는 시기만 저울질 하고 있다. 준비를 끝낸 북한은 언제라도 7차 핵실험을 할 수 있다. 이때에 중국이 UN 안보리 대북 제재 결의안에 참여할 것인지 문제는 중국으로서는 어려운 과제이다. 북한을 후원하고 보호하는 중국이 북한을 제재하기에는 북한의 반발이 우려스럽고, 그렇다고 제재에 불참한다면 북한 핵을 용인하는 것으로 이 또한 국제적 비난을 면할 수 없다.

넷째, 중국의 한국방공식별구역 무단진입은 지속될 것이고 서해

상 경계선 문제는 잠재되어 있다. 중국은 우리의 방공식별구역 무단 진입을 당연시하고 있다. 2021년 한해 동안 약 70여 회에 이른다. 우리가 할 수 있는 것은 공군 전투기의 대응 출격과 외교적으로 항의한 것 이외에는 별다른 유효한 조치가 없다. 당분간 중국 공군기들이 우리 방공식별구역에 무단진입하는 불편한 현실을 계속 지켜볼 수밖에 없을 듯하다. 타결되지 않은 서해 상 해상경계선 문제는 2023년에 하시라도 돌출될 수 있는 민감한 사항들이다.

2. 경제 및 문화 분야

2023년도 우리는 대중 무역에서 금년에 이어 적자를 계속 볼 것이고, 기술도 중국이 계속 앞서갈 가능성이 크다. 무역구조와 기술수준은 일시적인 현상이 아니기 때문이다.

첫째, 전문가들은 우리의 무역 적자 추세는 일시적인 경기변동이라기 보다는 구조적인 문제라고 지적한다. 대외경제연구원은 "2022년의 무역적자는 중국의 경기 둔화, 한국의 높은 수입 의존도, 주력 수출 품목의 부진 등이 복합적으로 작용한 결과"라며 "반도체를 제외한 대중무역 수지는 2021년에 이미 적자로 전환됐다"라고 지적했다.

둘째, 반도체 및 디스플레이, 스마트폰, 전기차, 배터리 등 첨단과학 기술 분야에서 경쟁이 심화될 것이다. 특히 중국은 반도체 자립을 목표로 2015년부터 2025년까지 1,432억 달러(약 187조원)를 지원하고 있는 중이다. 중국은 미국의 제제로 반도체 수입과 해외에 맡겨 제조하는 파운드리 생산도 어려워지자 더욱 반도체 국산화를 서두르고 있다. 종전에는 중국산 반도체의 품질이 좋지 않아 외면하였지만 제재를 받는 상황에서는 품질이 떨어지더라도 자국 반도체를 사용할 수 밖에 없기 때문에 폐업되었던 중국내 반도체 공장이 다시 가동하기 시작했다고 한다. 이와 더불어 2021년 한해 동안 전국에 20개가 넘는 반도체 대학원과 학과가 신설되었고, 같은 해 개교한 칭화대 반도체대학은 석·박사생을 포함하여 매년 1,000여 명의 고급인재를 배출할 예정이다. 전문가들은 중국 정부가 직접 나서서 설계−제조−보완 등 기업별로 특화된 대학들을 연결해 반도체 인력을 전략적으로 육성하고 활용하고 있다는 점에 주목하고 있다.

반도체 정보기업 '테크인사이츠'는 최근에 "중국의 반도체 국영기업 YMTC가 2030년 이전에 메모리 반도체 글로벌 선두 주자가 될 수 있다"라고 밝힌 바 있다. 중국에는 정부가 전폭적으로 지원하고 광대한 내수시장을 기반으로 선진국의 산업을 추격해서 세계 수준에 도달한 사례가 한둘이 아니다. 대표적으로 우주굴기, 고속철 사업이 이에 해당된다. 지금은 낙후되었지만 중국의 반도체 산업 굴기를 무시해서는 안 된다. 내년부터 반도체 굴기는 시작한다고 볼 수 있다.

셋째, 한한령의 부분적 완화를 예상할 수 있다. 중국은 한한령이 한국인들을 분노케하여 중국 비호감을 증대시켰고, 반도체 등 몇몇 분야에서 한국과 협력이 요구되는 상황에서 한한령을 유지하는 것은 국익에 도움이 되지 않는다고 보는 것 같다. 한·중 정상회담 이후 OTT에 한국 드라마가 소개된 것은 한한령을 완화하겠다는 신호라고 생각한다.

글을 마치며

우리는 현재 미·중 패권경쟁이라는 국제질서 속에서 미국과는 동맹관계이고 중국과는 경제적으로 긴밀한 관계를 맺고 있다. 우리는 미국과 중국 양국 사이에서 향후 선택의 어려움에 처할 가능성이 크다. 우리가 취할 수 있는 가장 좋은 방법은 첫째, 선택을 강요당하지 않은 것이고 둘째, 현명하게 선택하는 것이다.

선택을 강요당하지 않는 것이 우리가 지향해야 할 최종 목표이지만 현 단계에서는 현명한 선택을 하는 것이다. 필자는 현명한 선택이란 '강한 자, 그래서 이기는 자'를 선택하는 것이라고 정의한 바 있다.

전문가들은 향후 미국의 우세가 지속될 것으로 본다. 일본 경제연구센터에 따르면 중국이 국내 총생산에서 2033년 무렵 미국을 앞지르겠지만 인구감소와 고령화 등 내부의 문제로 2056년에는 미국에 재역전 당할 것으로 예측한 바 있다. 최근에는 이 연구 결과를 수정하여 중국이 시진핑의 3연임 역풍과 제로 코로나 정책의 후유증으로 미국을 추월하지 못할 것 으로 전망하였다. 중국에서도 나라가 충분히 부강하기 전에 늙는다(未富先老)라는 우려가 나오고 있다.

그렇기 때문에 아직은 한·중의 전략적 협력동반자 관계가 한미동맹을 대체해 줄 수 없다. 한미동맹을 유지하고 강화하는 것은 현명한 선택이라고 생각한다. 문제는 이 과정에서 중국과도 원만한 관계를 형성하고 유지하는 것이다. 우리에게 운명처럼 주어진 안보의 고차방정식 해법은 뒤로 미룬 채, 다음을 강조하면 글을 마치려 한다.

첫째, 우리의 주권과 정체성을 지켜야 한다. 둘째, 중국과 전략적 대화 및 소통을 소홀히 해서는 안된다. 셋째 첨단 과학기술에서 중국에 앞서야 한다. 첨단 과학기술 우위의 힘이 중국에 맞설 수 있는 배경이 되기 때문이다.

(THE SECURITY SPECTRUM, 2023. 1. 1, 통권 제23호)

2023년 한·중 관계 회고

- 갈등 고조된 2023년 한·중 관계,
   새로운 관계 정립은 미완의 과제

한·미·일 안보협력 강화에 따른 중국의 견제,
대중 무역적자 심화를 숙제로 남겨

　2023년 한 해 동안 한국과 중국의 관계는 지난해에 이어 경색된 채 답보상태였으며, 2024년에도 큰 변화가 없을 것으로 전망된다. 올해 한·중 관계를 회고해 보면 양국은 "나와 함께 할 수 있는가"를 서로 탐색하면서 각자의 길을 걸어가는 모습이었다. 양국은 갈등 해소를 위한 노력은 했으나 한·중 정상회담이 불발되는 등 구체적인 성과를 거두지 못했다. 그만큼 상호 견해 차이가 크고 감정의 앙금이 깊어 보인다.

　중국은 올해 미·중 패권경쟁의 일환으로 전 세계적으로 자기편 확대를 추구했다. 시진핑 주석은 5월 시안(西安)에서 제1차 중국−중앙아 정상회의를 주관했고, 7월 온라인으로 열린 상하이협력기구(SCO) 정상회의에서 이란을 신규 회원국으로 가입시켰다. 8월 요하네스버그에서 개최된 BRICS 정상회의에서 이란, 사우디아라비아, 아르헨티나 등 6개국의 신규 가입을 결정했고 이어 중국-아프리카 정상회담을 개최했다. 10월에는 일대일로 3차 국제협력 정상포럼을 개최해 140여 개 국가와 30여 개 국제기구 대표단을 베이징으로 불러들였다.

한·중 관계 중시 요구에도 한미동맹 강화 등 미국 진영에 밀착

중국은 이런 흐름 속에서 우리에게 중국 편으로 합류할 수 있는가를 타진했다. 시진핑 주석은 9월 한덕수 총리와 회담에서 "한국 방문을 검토하겠다"라고 언급하면서 발표문에서 "한국이 중·한 관계를 중요시하고 발전시키겠다는 것을 정책과 행동에 반영하기 바란다"라고 밝혔다. 시 주석은 우리에게 "한·중 관계를 한·미 관계와 대등하거나 그 이상으로 중요하게 생각하고 행동하라"고 요구한 것이다.

5월에는 중국 외교부 아시아 국장 류진쑹(劉勁松)이 우리 외교부를 방문해 중국이 우리와 협력할 수 없는 4개 사항, 소위 '4대 불가'를 통보했다. 4대 불가는 ① 우리가 (대만 문제 등) 중국의 '핵심이익' 개입 시 협력 불가, ② 우리가 친미, 친일 외교정책을 지속 시 협력 불가, ③ 한·중 관계 긴장 지속 시 고위급 교류(시진핑 주석 방한) 불가, ④ 악화한 정세 아래 한국의 대북 주도권 행사 불가 등이다.

중국의 요구와 견제에도 불구하고 우리는 현재 한미동맹을 강화하는 등 미국 진영에 밀착하고 있다. 4월 한·미 정상회담과 8월 한·미·일 정상회담을 통해 한미동맹 강화와 한·미·일 안보협력 확대를 천명했고, 특히 '캠프 데이비드 정신' 공동 선언문에 '대만해협에서의 평화와 안정 유지의 중요성을 재확인하고 평화적 해결을 촉구한다'라고 한·미·일이 대만 문제에서 한목소리를 내고 있다.

이처럼 올해 중국과 우리의 안보정책은 접점을 찾을 수 없었고 공동의 이해관계도 미미했다. 이렇게 경색된 한·중 관계는 올해뿐만 아니라 중국의 시진핑 정권이 계속되고 한국의 보수 정권이 집권하는 동안 크게 변하지 않을 것으로 예상된다.

중국의 한국 정치 개입 및 영향력 확대 의혹에 경계심 일어

2022년 12월 동방명주(東方明珠) 사건이 발생했다. 당국은 잠실 한강변에 있는 중국 식당 동방명주가 중국의 해외비밀경찰서라고 2023년 5월 잠정 결론을 내렸다. 그러나 국내법령 미비로 동방명주는 영향력 확대 활동과 관련이 없는 '옥외광고물 설치 위반'과 '식품위생법 위반'으로 경미한 처벌만 받았다.

11월에는 당국이 중국의 홍보업체가 국내 언론사로 위장해 38개 사이트를 개설하고 '미국은 한국의 친구가 될 수 없다'는 등 반미친중(反美親中)의 콘텐츠를 유포한 사실을 적발한 바 있다. 이러한 일련의 사건과 더불어 공자학원의 활동과 차이나타운 건설, 재한 중국인 영주권자 지방선거 참여 등을 통해 중국의 영향력이 어디까지 미치는지에 대한 우리 사회의 경각심도 높아졌다.

6월에는 싱하이밍(邢海明) 중국 대사가 우리 야당 대표를 만찬에 초청하고 대사 관저에서 환담한 내용이 한·중 간에 외교 문제로 비화하기도 했다. 싱 대사는 "한국이 중국과의 관계를 처리할 때 외부의 방해에서 벗어나기 바랍니다. 미국이 승리하고 중국이 패배할 것이라고 베팅하는데…(한국은) 나중에 반드시 후회할 것입니다"라고 준비한 원고를 읽었다.

국내 정치권을 분열시키는 언급도 있었다. "더불어민주당은 대중 관계를 중요시하고… 양국의 호혜 협력을 대대적으로 추진해 왔습니다… 당 대표님이 계속해서… 적극적인 역할을 해주시기 바랍니다"라고 싱 대사는 야당의 당명을 거론하고 야당 대표를 지칭해 역할을 당부한 것이다. 이어서 "중국과 한국은… 일본의 원전 오염수 해양 방류를 최선을 다해 저지해야 합니다"라고 야당의 정부 비판에 호응하고 나섰다.

외교부 1차관은 싱 대사를 외교부로 불러 엄중히 경고했으며, 국가안보실장도 "국가 간 관계는 상호 존중이 기본이다. 건강한 한·중 관계를 만들어 나가겠다"라고 원칙을 밝혔다. 이에 대해 중국 외교부는 싱 대사의 발언이 "직무 범위 안에 있다"라며 싱 대사에 힘을 실어 주었다.

호주·미국·프랑스 등 서구에서 중국의 영향력 확대 우려하는 책자 발간

　호주에서는 『중국의 조용한 침공』이라는 책자가 2018년 발간됐고, 미국에서는 2021년에 『중국은 괴물이다. 중국공산당의 세계 지배 전략』이라는 책자가 출간됐다. 이외에도 프랑스, 뉴질랜드, 캐나다 등에서 중국공산당이 해당국 내정에 어떻게 개입하고 정치인들을 어떻게 친중으로 변화시키는지 사례를 밝힌 책자들이 발간됐다. 호주는 중국의 영향력 확대로 자신들의 정체성과 주권이 침해되는 현실을 자각하는 계기가 돼 대중국 정책을 전환했다.

　우리나라에서는 계명대 이지용 교수가 2023년 3월 '중국은 수단과 방법을 가리지 않고 전·평시를 구분하지 않는 새로운 전쟁개념을 적용하고 있다'라는 요지의 『중국의 초한전(超限戰)』을 발간해 중국공산당의 실상을 밝힌 바 있고, 경희대 주재우 교수는 『중국의 대(對)한국 영향력 공작 실상과 실태(가제)』를 출판할 예정이다. 주 교수의 책자가 중국의 영향력이 우리나라에 어떻게 확대되는지 밝혀 우리의 대중 경각심을 높여줄 것으로 기대한다.

윤 대통령의 대만 발언에 민감한 반응…
대중 무역적자와 원자재 의존 심화

　중국은 윤 대통령의 대만 관련한 발언에 민감한 반응을 보이며 막

말도 서슴지 않았다. 4월 19일, 윤석열 대통령이 로이터 통신과 인터뷰에서 대만해협 긴장 고조에 대해 "힘에 의한 현상 변경 때문이며, 대만 문제는 단순히 중국과 대만의 문제가 아니고 남북한 간의 문제처럼 전 세계적인 문제이다"라고 한 발언을 문제 삼았다.

외교부 대변인 왕원빈(汪文斌)이 윤 대통령의 발언을 두고 '불용치훼'(不容置喙)라는 사자성어를 사용했다. 직역하면 '주둥이를 놀리면 용서하지 않겠다'는 협박성 발언이다. 다음날 친강(秦剛) 외교부장은 '대만 문제로 불장난을 하는 자는 스스로 타 죽을 것'(玩火者,必自焚)이라며 대상을 특정하지는 않았으나 윤 대통령의 발언을 겨냥했다. 우리 외교부는 "국제사회의 보편적 원칙을 언급한 데 대해 중국이 입에 담을 수 없는 발언을 했다"라며 "이는 심각한 외교적 결례"라고 반박했다.

올해 대중 무역적자는 180억 달러로 집계되고 있다. 반도체 흑자를 제외하면 적자 폭은 300억 달러 이상이라는 분석이다. 이러한 현상은 일시적인 경기변동이 아니라 중국 산업계가 첨단기술 개발과 혁신을 이룬 결과로 우리로부터 수입했던 중간재를 거의 국산화했기 때문이다. 전문가들은 "대중 무역적자는 한한령(限韓令) 등 정치적 이유가 아니고 순수한 '기술력 차이'로 혁신에 소홀하면 대중 우위를 점하고 있는 반도체마저도 역전될 수 있다"라고 경고한다.

또한, 산업통산부 자료에 의하면 1,000만 달러 이상 수입 품목 중 중국에 90% 이상 의존하는 품목은 161개이고 75% 이상인 품목은 330개 달한다고 한다. 요소수는 2년 전 요소수 대란을 겪은 후 수입

다변화를 통해 67% 정도로 의존도를 낮추었지만 최근 다시 91%로 증가했다. 중국이 요소수 수출을 통제할 조짐을 보이자 우리는 다시 대책에 부심하고 있다.

중국, 공군기 KADIZ 무단진입 증가와 동경 124도 일대 해군 활동 활발

12월 14일 중국 공군기가 KADIZ를 무단진입했다. 우리의 항의에 중국 국방부는 공식 소셜미디어 계정을 통해 "중·러 양국군은 연간 협력 계획에 따라 동해와 동중국해 공역에서 제7차 연합공중전략순찰을 실시했다"라고 밝혔고, 중국 외교부는 '국제 해역에서 진행한 국제법에 부합하는 정상적인 비행'이라고 매번 같은 주장을 되풀이하고 있다. 합동참모본부는 올해 전반기에 중국 공군기의 KADIZ 무단진입은 60여 회에 달하며, 2019년부터 매년 증가해 총 310여 회에 이른다고 말했다.

서해 상에서는 중국이 작전경계선으로 주장하는 동경 124도 일대에서 중국 해군의 활동이 활발하다. 이 지역에서 중국 해군은 매년 훈련 횟수를 증가시켜 2022년 8월 기준 10회에 달하고 있다. 우리는 문재인 정부 당시인 2017년~2018년, 2021년~2022년 4년간 이 일대에서 훈련실적이 없고 현정부 출범 이후 2022년에 3회 실시했다고 한다.

또한, 동경 124도 서쪽 지역에 중국이 설치한 부표가 발견되고 있다. 해군이 확인한 부표는 10개로 백령도 서쪽부터 이어도 서남방에 이르는 광범위한 해역에서 발견됐다. 이 중 한 개는 한·중 잠정조치수역 내에 있고. 나머지 9개 중 4개는 이어도 근해에 설치됐다. 이를 두고 중국이 한·중 잠정조치수역과 이어도 일대 관할권을 주장하려는 의도라는 해석이 나온다.

우리 국방차관이 10월 29일 중국 베이징에서 열린 제10차 샹산(香山)포럼에서 징젠펑(景建峰) 중국 연합참모부 부참모장(공군 중장)과 국방차관회담을 했지만, 군사적인 문제보다는 '탈북민 강제북송 문제와 관련한 우리 정부의 입장 표명과 북핵 문제 해결을 위한 중국의 건설적 역할을 당부한 것으로 전해지고 있다. 군사현안을 왜 제기하지 않았는지 의문이다.

중국의 의전과 발언에서 미세한 변화 나타나고 있으나 좀 더 지켜봐야

11월 20일 윤 대통령은 영국 방문을 앞두고 영국 일간 텔레그래프와 인터뷰에서 "우리는 대만해협과 남중국해 등에서 규칙 기반 해양질서 확립의 중요성을 강조해오고 있다"라고 언급했다. 이에 대해 중국 외교부 마오닝(毛寧) 대변인은 "대만 문제는 전적으로 중국의 내정"이라며 "어떤 외부 세력도 간섭할 수 없다"라고 논평했다.

시진핑 주석은 한덕수 총리와 회담에서 권력서열 5위 차이치(蔡奇)와 6위 딩쉐샹(丁薛祥) 등 정치국 상무위원 2명을 배석시켰다. 2017년 12월 문 대통령과 회담 시에는 상무위원보다 권력서열이 낮은 정치국원 2명을 배석시킨 것과 차이가 있다. 그리고 문 대통령 특사는 두 차례 모두 시진핑 주석의 하석에 앉았으나 이번 한 총리는 시 주석과 마주 보며 회담했다.

중국은 이제 사드 3불과 사드 포대 철폐를 요구하지 않으며, 한국 단체여행을 허용하는 등 한한령(限韓令) 일부를 해제하기도 했다. 중국은 한국에서 개최하려는 한·중·일 3국 정상회의에도 긍정적이다. 이렇게 중국은 의전과 발언에서 미세한 변화가 나타나고 있다.

경색된 한·중 관계 개선 노력과
중국의 영향력 확대 저지 노력 모두 미흡

우리는 2023년 내내 중국이 자기편으로 오라고 압력도 가하면서 미소도 보이는 특유의 이중 플레이를 보았다. 그리고 중국이 보이지 않게 영향력을 확대하면서 우리의 취약점인 정치권의 분열을 파고드는 활동에 대해 경계하기 시작했고, 요소수와 희토류로 우리 산업계를 교란할 수 있다는 현실도 다시 인식했다. 그리고 우리는 혁신을 통해 첨단기술력에서 우리를 앞서가는 중국과 계속되는 대중 무역적자 현상에 긴장하기 시작했다.

한국과 중국, 대등하다

국내 한 중국 전문가는 2023년 한·중 관계가 경색된 이유는 우리가 중국과 대화에 소극적이었기 때문이라는 견해를 밝히기도 했고, 어느 중국인은 필자에게 "한국은 G2로 성장한 중국의 국력을 제대로 인식하지 못할 뿐만 아니라 이에 상응하는 대우도 하지 않고 있다"라고 불만을 토로하기도 했다.

필자는 이 두 명의 견해에 동의하면서, 2023년은 우리가 정치권에 대한 중국의 영향력 확대 공작에 제대로 대응하지 못했고 경제 문제에 안이했으며, 동시에 중국과 관계 개선도 제대로 하지 못한 해로 평가한다. (뉴스투데이, 2023. 12. 19)

2024년 한·중 관계 전망

- 2024년 바람직한 한·중 관계 발전을 위한 제안,
"주고 받기 해야…"

    2024년 한·중 관계는 극적인 변화없이 2023년처럼 경색된 채 답보상태일 것으로 예상된다. 중국 시진핑은 5년 임기의 국가주석을 3연임을 하고 있고 장기 집권도 가능한 상황이다. 시진핑 주석이 추진하여 왔던 기존의 대한 정책이 지속될 것이고, 윤석열 정부도 3년 차에 접어들면서 2023년에 정립된 안보정책을 유지하되 그 기반 위에서 새로운 한·중 관계를 모색할 것으로 보인다.

2024년 중국은 한국의 총선에서
중국에 우호적 인사 정치권 진출에 관심 예상

    2024년 4월에 한국에서는 총선이 있다. 국가 전체가 벌써부터 선거 분위기에 휩싸여 들어가고 있다. 중국과 관련해서 우려되는 사항은 다음 두 가지다. 첫째, 현 정부의 안보정책에 대한 평가가 엇갈리면서 '친미(親美)인가 친중(親中)인가'라는 양극화된 정치 논란이 예상된다. 이 과정에서 정치권은 자기 진영의 논리만 앞세우고 상대를 매도할 것이고 국민들도 정치권이 의도하는 대로 양극화의 정쟁에 휩싸여 갈 것이다. 어느 선거보다도 중국과 관계 설정 문제가 이슈로 대두될 가능성이 높다.

둘째, 중국의 선거개입과 내정간섭 여부 문제이다. 중국은 한국에서 '자국에 우호적인 인사들이 정치권에 진입할 수 있도록 모종의 활동을 할 것이다'라는 관측이 우세하다. 이는 외국의 유사한 사례에서 추론이 가능하다. 대표적인 사례는 캐나다이다. 캐나다 보안정보국(CSIS)은 2023년 3월 "중국공산당이 2021년 총선에서 집권 자유당의 선거 승리를 돕고 친(親)중국 후보들의 당선을 위해 공작 활동을 벌였다"라고 폭로한 바 있다. "중국계 교민 사회와 각종 협회 등을 활용해 불법적으로 집권 자유당 후보들에게 현금을 기부했고, 유학생들을 동원해 야당 후보들에 대한 가짜정보를 퍼뜨리도록 했다"라고 밝혔다.

이에 대해 야당의 진상 규명과 책임소재 공세가 거세지자 쥐스탱 트뤼도 총리는 진상 조사를 위한 특별 보고관으로 데이비드 존스턴 전 총독을 지명했으나, 야당은 그가 친정부 성향이라며 정부 주도의 조사보다는 독립적 공개 청문회를 요구하고 있다. 캐나다 국민 대부분은 중국이 자국의 총선에 개입했을 것으로 보고 있다. 캐나다는 중국 외교관을 추방하고 정부기관에서 중국 동영상 공유 플랫폼 틱톡(TikToc)의 사용을 금지했다.

2023년 11월에 우리 당국은 중국의 홍보업체가 국내 언론사로 위장하여 38개 사이트를 개설하고 '미국은 한국의 친구가 될 수 없다'는 등 반미친중(反美親中)의 콘텐츠를 유포한 사실을 적발하였다. 위장 언론사는 중국의 영향력 확대 공작 사례 중 하나이다. 중국입장에서 볼 때, 우리의 지정학적 가치는 캐나다보다 더욱 중요하다. 따라서 중국은 우리에게도 캐나다에서 취한 정치적 영향력 확대 공작을 보다 은밀하고 더욱 치밀하게 전개할 가능성이 크다고 할 수 있다.

2024년 한·중 관계 극적인 변화는 시진핑 주석의 방한, 우리가 중국의 요구사항 충족 시 가능하고, 한·중·일 정상회의 개최도 중국의 전제조건 있는 듯

우리 정부는 2024년 시진핑 주석의 방한을 위해 많은 노력을 하고 있다. 필자는 중국이 시 주석의 방한을 위해 우리에게 제시한 요구사항이 있다고 분석한 바 있다. 그것은 우리에게 대만 문제에 중립을 유지하고, 반도체의 안정적 공급을 보장하며, 중국 호감도 증대 등이다. 중국과 논의해 볼 수 있는 사항이라고 생각한다.

중국은 한·중·일 정상회의에 긍정적인 것으로 알려져 있다. 시 주석은 2023년 9월 한덕수 총리와 회담에서 한·중·일 정상회의 개최를 위한 우리 정부의 노력을 평가하면서 "적절한 시기에 개최를 환영한다"라고 했다. 그러나 2023년 11월 26일 부산에서 개최된 한·중·일 정상회의 사전 준비 성격의 3국 외교장관 회의에서 왕이 중국공산당 중앙정치국위원 겸 외교부장은 예정된 공동기자회견과 만찬도 취소하고 귀국하였다.

중국 외교부는 발표문에서 "중·일·한 협력을 정상 궤도로 복귀시키자"며 "3국은 개방적인 지역주의를 견지하고, 이념적 편가르기에 반대하며 지역의 진영화를 저지해야 한다"라고 밝혔다. 미국 중심의 한·미·일 협력 강화에 대해 견제와 불만을 토로한 것이다. 또한 중국은 "3국은 정상회의 조건을 조성하고, 관련 준비를 서두르기로 하였다"라고 하면서 정상회의 개최 조건을 언급하였지만. 이 조건이 무엇인지는 밝히지 않았다. 그렇지만 그 조건은 한·미·일 안보협력 완화일 것이며 우리와 일본은 중국의 조건을 수용하기 쉽지 않을 것이다.

2024년 중국 '전기차 BYD'와 전자상거래 앱 '알리' 등은 한국에서 약진 예상

2024년에도 우리의 대중 무역적자는 지속될 것이다. 중국은 우리로부터 수입해야 하는 품목이 줄어들었고 우리는 중국에서 수입해야 할 원자재 및 희토류가 늘어났기 때문이다. 기술력에서도 최근 급성장하고 있는 2차전지 등 '5대 신성장(차세대 지능형 반도체, 디스플레이,

전기차, 2차전지, 바이오헬스) 산업' 분야에서는 중국에 이미 크게 밀리고 있다.

중국의 경제력이 우리에게 미치는 영향을 설명하려면 중국 전기차 '비야디(BYD, Build Your Dreams)'와 전자상거래 애프리케이션(앱)의 사례를 들여다 봐야 한다. 중국은 자신들의 낙후된 자동차 제조 산업으로는 선진국의 내연기관 자동차 산업을 추격하기 어렵다고 보고 친환경 추세에 착안하여 전기차 제조 사업에 투자하고 혁신을 거듭한 결과, 2022년에 전기차 BYD는 185만 대를 판매하여 테슬러를 추월하였다. 2021년 대비 BYD의 성장률은 무려 204% 달한다. 가격과 성능에서 세계 최고의 수준이기 때문이다. 국내 진입을 앞두고 있는 BYD 예상 가격은 1,000만~2,000만 원 정도로 보고 있다. 국내 자동차 업계는 긴장하고 있다고 한다.

2023년 한국 시장에서 가장 크게 성장한 앱은 중국 전자상거래 앱 알리익스프레스(알리)와 테무로 파악됐다. 한국의 민간 통계조사 기관이 한국인 스마트폰 사용자를 표본조사한 결과 11월 한달 간 707만 명이 중국 알리바바그룹의 알리를 사용한 것으로 나타났다. 이러한 중국 전자상거래 앱들은 '초저가'를 내세워 한국 시장에 빠르게 안착했으며, 빠른 배송과 무료 배송 서비스 제공, 그리고 국내 결제 시스템을 도입하여 사용자를 늘리고 있다.

전자상거래 앱은 특히 저렴한 상품을 찾는 젊은 소비자들에게 인기가 있어 이용이 급증했다. 알리가 국내 물류센터 가동까지 선언하면서, '가격'과 '배송' 모든 면에서 경쟁력을 높일 것이라는 전망도 나온다. 이로 인해 국내 온라인 쇼핑몰이나 판매자들이 타격을 입을 수 있다는 우려도 나오고 있다. 우리는 철강과 조선 등 제조업에서 뿐만 아니라 일상생활에도 중국의 기술력을 체감하는 것은 이제 시간문제일 것이다.

전략적 대화 시작하려면 국익 차원의 한목소리 내고 미국과 사전 조율해야

2023년에는 한·중 대화를 시작하기 위한 타진이 양측에서 있었다. 비록 구체적인 진전은 없었지만 그 흐름은 2024년에도 이어질 것이다. 최근 2023년 12월 19일 중국 선전(深圳)에서 우리 외교부 동북아 국장과 중국 외교부 아주국장이 만났다. 이 자리에서 2023년 한·중 관계를 점검하면서 양국 관계와 한반도 문제를 논의하였다고 한다. 우리는 양국 관계 발전의 중요성을 강조한 반면 중국은 대만과 남중국해 문제를 언급하였다고 전해진다. 만남에 의의가 있었던 협의였다.

우리 조태열 신임 외교장관 후보자는 2023년 12월 20일 인사청문회 준비단 사무실로 출근하면서 기자들의 질문에 "윤석열 정부 출범 후 한미동맹과 한·일 관계, 한·미·일 안보협력 복원에 매진하였다. 이제는 한·중 관계를 조화롭게 유지할 수 있는 방법을 찾도록 노력할 것"이라고 하였다. 중국과 전략적 대화에 적극성을 보일 것으로 기대되는 대목으로 2024년에는 한·중 전략적 대화가 시작될 수 있을 것으로 보인다.

따라서 여기에 즈음하여 한미동맹의 기반 위에 중국과 관계를 개선할 수 있는 절충점을 찾아내야 한다. 필자의 제안을 다시 다음과 같이 다시 한번 강조하고자 한다. 첫째, 우리가 지켜야 할 이익은 무엇이고 허용할 수 있는 한계선은 어디까지인가에 대한 원칙과 기준을 설정해야 한다. 즉 중국의 핵심이익과 같은 개념이다. 우선 이 원칙과 기준은 설정단계에서 국내 각계각층의 중지를 수렴해서 보수와 진보가 모두 동의해야 하고 집권당과 야당에서 이견이 없어야 한다. 이렇게 나오는 한목소리는 우리의 협상력을 높혀줄 것이다.

둘째, 전략적 대화는 서로가 주고 받는 것이다. 필자는 이에 대해 조금 양보하고 최대한 많은 것을 얻어야 한다고 주장한 바 있다. 우리가 우리의 원칙과 기준을 지키면서 중국의 핵심이익도 존중해주는 상호 이해의 조정이 필요하다. 이런 조정 과정 어디에선가 절충점과 타협공간이 나올 것이다. 셋째, 중국과 전략적 대화 이전에 우리는 미국과 사전 조율과정을 거쳐야 한다. 우리의 원칙과 기준 그리고 중국의 핵심이익은 한미동맹, 한·미·일 안보협력과 충돌될 수 있기 때문이다. 우리가 중국의 요구를 수용하는 것이 한미동맹을 훼손해서는 안되는 일이다.

미국과 중국 사이에서 국익을 극대화하는 베트남과 호주의 사례를 참고해야…

베트남은 2023년 12월 13일 시진핑 주석의 방문을 맞이하여 베트남-중국 관계를 '포괄적 동반자 관계'에서 '인류 미래 공동체'로 재정립하였다. 베트남은 중국이 요구하는 '운명공동체'보다는 구속력이 덜한 '미래 공동체' 개념을 채택한 것으로 알려지고 있다. 또한 양국은 영유권 분쟁 지역인 남중국해에서 공동 순찰을 시행하고 비상 연락체계를 마련하기로 했으며, 5G 이동통신망 구축과 해저 광케이블 설치에 협력하기로 하였다. 중국 일대일로 프로젝트인 중국 윈난성 쿤밍시(雲南省 昆明市)와 베트남 북부 항구도시인 하이퐁을 연결하는 철도 건설도 추진하기로 하였다. 시진핑 주석은 베트남을 중국 진영에 합류시키는 성과를 거두었다.

그러나 베트남은 불과 3개월 전 9월 10일에는 바이든 미국 대통령을 맞이하여 미국과 기존의 '포괄적 동반자 관계'를 한 단계 건너뛰어 '포괄적 전략적 동반자 관계'로 2단계 격상시켰다. 바이든 대통령은 "양국 관계는 최고 수준의 파트너십으로 진전을 이루었다"라고 자축하였다. 미국은 특히 양국 간에 탄력적인 반도체 공급망을 구축하는 새로운 파트너십을 체결했다. 이를 통해 반도체 산업의 밸류 체인을 높이는 동시에 중국을 대체하는 공급망 확보에도 기여할 것으로 보고 있다. 향후 미·베트남 간 국방·안보 협력 확대도 예상된다. 미국 항공모함은 2020년, 그리고 2023년 6월에 베트남에 기항한 바 있으며, 미국의 무기 판매 및 양국 연합 군사훈련이 늘어날 것이란 관측이 나온다.

호주는 대중 견제 안보협의체인 쿼드(Quad)와 오커스(AUKUS) 회원국이다. 미국과 영국으로부터 핵추진 잠수함 기술을 이전받아 총 8척을 건조할 계획이며 미국으로부터 2030년 까지 3~5척 도입할 예정으로 알려져 있다. 이 잠수함 기지는 호주 북부 다윈항 부근으로 예상되고 있으며 이 지역에는 미해병대가 약 2,500여 명 주둔하고 있고 미국은 해군기지를 신설할 예정이다.

호주는 이런 다윈항을 2015년 중국 민간기업과 99년 간 임대계약을 체결하였다. 중국의 영향력 확대에 대한 우려로 2022년 6월 신임 총리는 계약 해지를 밝혔지만 2023년 10월 호주는 중국과 관계가 호전되면서 "계약을 취소할 필요가 없다"라는 결론을 내렸다. 호주는 "국가 안보이익을 충분히 보호할 수 있는지 고려해서 내린 결정이다"라고 덧붙였다. 호주 다윈항 부근에는 호주의 핵추진 잠수함 기지와 미 해병대 주둔지, 해군기지, 그리고 중국의 임대 항만이 공존하고 있을 것이다.

베트남과 호주는 미국과 중국 양측과 모두 우호관계를 유지하면서 양측으로 지원을 받아 국익을 극대화하고 있는 사례이다. 2024년에는 우리도 보수와 진보, 집권당과 야당 모두 한목소리 내면서 한·미, 한·중, 그리고 미·중 사이에서 절충점을 찾아내고 타협 가능한 외교 공간을 발견하여 이를 확대하여 국익을 극대화하려는 고민과 노력을 배가하는 한 해가 되어야 하겠다. (뉴스투데이, 2023. 12. 26)

2024년 한·중 관계 회고와 2025년 전망

- 2024년, 대화에 대한 합의는 있었으나 답보상태, 우리의 대중 무역 적자 지속

한·중, 대화 필요성에 공감, 특히 중국이 강압적인 자세를 완화시키며 대화 분위기 조성

중국은 2024년 초반부터 우리에 대한 강압적인 자세를 완화시키면서 '대화하자'라는 신호를 보내왔다. 중국 왕이(王毅) 외교부장은 "(한국은) 독립자주를 견지하고 외부의 간섭을 받지 말아야 한다"라는 발언을 더 이상 하지 않고 있고, 사드 포대 철수도 요구하지 않고 있다. 중국이 2024년 11월 1일, 우리나라를 비자면제국으로 발표하였다. 우리 정부가 요청하지 않았는데 중국 정부로부터 이러한 통보를 받았다고 한다. 중국의 이러한 우호적인 조치는 대화를 하자는 신호 중 하나인 것으로 보인다.

중국의 신호에 호응하여 2024년 5월 26일에 개최된 윤석열 대통령과 중국 리창(李强) 총리 회담에서 양국은 안보분야에서 ① 외교 국방 2+2 안보 대화를 신설하여 그 다음달인 6월 중순에 첫 회의를 개최하기로 하였으며, ② 민·관 1.5 트랙 대화와 외교 차관 전략대화를 재개하기로 하였다. 경제분야에서는 ① 한·중 FTA 2단계 협상을 재개하기로 하였으며, ② 공급망 협력 강화를 위한 수출 통제 대화체를 출범시키고, ③ 투자협력위원회를 13년만에 재개하기로 합의하는 한편, ④ 한·중 경제협력 교류회 2차 회의를 2024년 하반기에 개최하기로 하였다.

양국 간 합의에 의해 2024년 6월 18일 한·중 외교안보대화가 개최되었다. 2024년 11월 16일(현지시간) 페루 리마에서 개최된 APEC(아시아태평양 경제협력체) 정상회의에 참석한 윤석열 대통령은 15일 시진핑 중국 국가주석과 정상회담을 하였다. 시진핑 주석은 "중국은 더 많은 한국 기업이 중국에 투자하고 사업을 시작하는 것을 환영한다"라며 한·중 FTA(자유무역협정) 2단계 협상을 조속히 개최하기로 합의하였다. 이러한 합의에도 불구하고 2024년에는 가시적인 성과가 없었지만 2025년에 안보와 경제 분야에서 대화와 교류를 기대해 볼 수 있겠다.

중국은 수입하던 중간재를 자체 조달하여 무역 수지 역전, 우리는 희토류 중국 의존 심화

대외경제정책연구원(KIEP)은 2024년 3월, '2023년 중국 대외무역의 특징과 한중 무역에 대한 시사점'이라는 보고서를 발간하였다. 이 보고서에 의하면 우리의 대중국 추출 경쟁력이 점차 약화되어 무역수지가 매년 지속적으로 하락하여 2023년에 180억 달러 적자를 기록하였다고 발표하였다. 반도체를 제외할 경우 2021년부터 대중국 무역에서 적자를 나타냈다고 한다.

주요 원인은 중국이 우리로부터 수입하던 중간재를 국산화하여 자체 조달하고 있는 것이다. 예를 들면 컴퓨터, 통신설비, 화학원료 및 제품, 전기기계 등의 제품은 오히려 우리가 중국으로부터 수입하고 있는 실정이라고 한다.

또한 우리의 리튬 등 희토류의 중국 의존도는 증가하고 있다. 중국이 세계의 최대 공급자 역할을 담당하고 있는 광물자원인 텅스텐, 바나듐, 마그네슘, 안티모니, 비스무스 등에서 한국의 대중국 수입의존도가 높은 수준이라고 분석하였다.

과학기술정보통신부가 2024년 2월 29일 개최한 국가과학기술 자문회의에서 발표한 '2022년도 기술 수준 평가 결과안'에 의하면 국가전략기술 50여 개 분야에서 중국과 기술격차가 더욱 커졌으며 특히 우리는 미래 산업인 인공지능(AI), 차세대 통신, 양자, 우주항공 및 해양 분야에서 현격히 뒤처지고 있다고 한다. 전문가들은 우리가 근소한 우위를 점하고 있는 반도체와 이차전지, 수소 및 디스플레이 등도 역전될 가능성이 크다고 지적한다.

민간 기업은 이러한 중국 위기로부터 생존하기 위해 매각처분 및 합병 등 구조조정에 착수하였고 기술 개발에 총력을 기울이고 있지만 정부는 우리 경제가 순항하고 있다고 자화자찬하면서 안이하게 판단하여 위기를 방치하다시피 하는 점이 더 큰 문제라고 할 수 있다.

- 2025년, 한국과 중국, 상호 이해와 존중 필요, 트럼프 2기 변수로 불확실성 증대

한국과 중국은 대화에 앞서 상호 이해와 존중 필요

2024년에 한중 대화와 교류에 진척이 없었던 것은 우리와 중국이 상대에 대한 이해와 존중이 부족했기 때문이다. 우선 우리는 중국의 핵심이익에 대해서 신중해야 한다. 한미동맹 또는 한·미·일 안보협력이 대만과 남중국해로 작전범위를 넓힌다면 중국은 이를 핵심이익을 침해하는 행위라 여기고 반발할 것이다. 중국과 대화를 이어가려면 이 문제를 가급적 자제하거나 회피해야 한다.

중국도 우리에 대해 다음 세 가지를 존중해야 한다. 첫째, 우리를 과거 중화질서의 종주국–번속국 관계로 바라 보아서는 안된다. 이 문제는 우리 주권과 정체성을 훼손하는 행위이다. 둘째, 한미동맹과 한·미·일 안보협력의 당위성을 인정해야 한다. 중국은 한국이 미국 진영에 가담할 수밖에 없는 역사적 배경을 이해해야 하며 북한핵 위협에 노출된 한국이 선택할 수 있는 안보정책이 한미동맹과 한·미·일 안보협력이라는 현실을 긍정해야 한다.

셋째, 북한을 일방적으로 두둔하는 데서 벗어나야 한다. 한국인들이 친구라고 여겼던 중국이 우리 편이 아니라고 충격을 받은 사건이 있었다. 바로 북한이 자행한 천안함 폭침과 연평도 도발 사건에서 중국은 무력도발을 한 북한을 감싸는 행위였다. 그리고 그 후에도 중국은 UN의 대북제재를 우회하여 간접적으로 북한을 지원하고 있다. 최근에는 탈북자를 그들의 의사에 반하여 북송하고 있다. 시진핑 주석 집권 이전에는 이들은 한국으로 왔다. 이런 문제에 대해 중국은 한국과 한국인의 입장을 살펴야 할 것이다.

2025년에 우리는 중국의 핵심이익을 인정하고 중국은 우리의 주권과 정체성을 존중하며, 우리의 안보 특수성인 한미동맹과 한·미·일 안보협력을 수용하는 중간지점 어디에선가 한·중 전략적 대화가 시작될 수 있을 것이다.

미국 트럼프 2기 변수와 한중 관계

미국의 트럼프 2기는 중국을 더 강하게 압박할 것으로 보인다. 첫째, 관세부과이다. 트럼프는 중국의 최혜국대우(MFN, MostFavoredNation) 지위를 철회하고 중국산 제품에 최대 60%의 관세 부과를 공언하고 있다. 전문가들은 이런 조치에 의해 미국의 대중 수입은 85%가 줄고 중국의 경제 성장률은 2.5%가 감소되어 중국의 경제성장률은 3% 이하로 하락할 것으로 전망하고 있다. 둘째, 첨단 기술 중국 유입 차단이다. 트럼프는 전임 바이든 정부가 취한 중국의 첨단 기술 접근을 제한하기 위한 정책을 계승하고 더욱 강화할 것으로 보인다. 즉 반도체 등 첨단 기술 관련 제품의 자국 내 투자 확대, 공급망 재편과 주요 기간시설에 대한 중국 자본 통제 등이다.

트럼프 2기는 한국에도 시련을 예고하고 있다. 트럼프는 한국을 '머니머신(money Machine)'이라고 지칭하면서 방위비 분담금 10배 증액을 호언하고 있고, 주한미군 감축과 철수도 협상 카드로 사용할 태세이다. 미국에 투자한 한국 기업에 대한 혜택도 폐기하겠다는 분위기이며 고율관세 부과도 잠복해 있다. 한국과 중국은 트럼프의 압박에 대해 어떻게 대응할 것인가 고민하고 있다. 이러한 상황에서 한·중 관계는 미국 트럼프 2기를 변수로 다음 세 가지의 예상 시나리오를 생각해 볼 수 있다.

시나리오 1 : 한미동맹 공고화, 한국은 미국 및 서구 진영과 일체화, 중국의 무역보복 예상

2025년 우리가 트럼프 2기의 요구를 수용하여 한미동맹을 공고히 한다면 중국은 더 이상 우리에게 대화 제의를 하지 않을 것이다. 한·중 관계는 경색될 가능성이 크며, 우리는 중국의 무역 보복에 대비해야 한다. 무역 보복 조치는 요소수 등과 한국이 중국에 의존하고 있는 희토류 등을 통제할 것이다. 또한 한국은 중국의 비협조로 중국시장 및 중국이 영향을 미치는 글로벌 사우스 등으로 진출하는 데는 한계가 있을 수 있다. 한국은 경제적으로 손실을 감수해야 하는데, 이를 미국 등 서방세계에서 만회할 수 있을지 의문이다.

시나리오 2 : 한미동맹 이완, 한국의 홀로서기와
한·중 협력 강화, 미국으로부터 보복 예상

우리가 미 트럼프 2기의 방위비 분담금 요구에 난색을 표하면 트럼프 2기는 주한미군 감축 및 철수 문제를 거론할 것이다. 이때에 중국과 협력을 확대한다면 미국으로부터 보복을 예상할 수 있다. 주한미군은 미국의 국익과 직결되는 문제이기 때문에 미국도 신중할 수 있다. 그러나 미국은 자국에 진출한 우리 기업을 제재할 수도 있고, 우리를 미국 중심의 공급망에서 퇴출시키려고 위협할 것이다. 우리에게 이러한 사항은 바람직하지 않다. 왜냐하면 중국이 우리의 안보와 경제면에서 미국을 대체할 수 없기 때문이다.

시나리오 3 : 한미동맹 공고화 및 한중 협력 증대

한미동맹도 공고화하면서 중국과 협력을 증대하는 것이다. 가장 바람직한 선택이다. 우리는 '우호적인 한중 관계를 형성하려면 공고한 한미 관계가 뒷받침 되어야 한다'는 사실을 잊어서는 안된다 우리는 아직 한미동맹을 완화시킬 준비가 되어있지 않기 때문이다. 우리는 미국 프럼프 2기와 협의와 소통을 통해 신뢰관계를 형성한 다음 중국과 관계를 증진시켜야 할 것이다. 이 과정에서 한·중 관계 확대 의도도 대미 협상카드가 될 수 있다. 그러나 이 카드가 미국의 국익을 손상시킨다면 신중해야 할 것이다. 우리는 외교의 전략적 자율성을 높이기 위해 대미 의존을 단계적으로 줄여나가는 문제를 고민할 때가 되었다. 그 첫 단계가 지금 보류되어 있는 전작권 전환이라고 생각한다. (뉴스투데이 2024년 12월 게재 예정)

한·중 대화를
시작해야 한다

리잔수(栗戰書) 중국 전인대 상무위원장, 한국을 방문하는 이유

미국과 다른 행보 요청하면서 경제적 특혜 제공과 대북정책 협조하겠다는 유인책 제시할 듯

중국 권력서열 3위인 리잔수(栗戰書) 전국인민대표대회(全人大) 상무위원장이 2022년 15일부터 17일까지 한국을 방문할 예정이다. 박병석 국회의장의 베이징 동계올림픽 참석에 대한 답방 형식이지만 실제 목적이 무엇인지 궁금하다.

그는 지난 7일 러시아의 블라디보스톡에서 개최된 제7차 동방경제포럼에 참석하고 이어 몽골과 네팔을 거쳐 한국에 오는데, 윤석열 정부 출범 이후 왕치산(王岐山)에 이은 두 번째 고위급 방한이다. 중국의 고위급 방한이 이어지는 것은 우리에게 할 이야기가 많다는 의미이다. 리잔수가 들고 올 중국의 제안에 관심이 끌리는 이유이다.

한국과 협력 필요한 세 가지 이유와 두 가지 유인책

현재 중국은 다음 세 가지 이유로 우리와 협력이 필요하다. 첫째, 국제정치적 측면에서 볼 때, 미·중 패권경쟁이 전방위적으로 확산되고 가열되는 상황에서 미국의 동맹국 한국을 자기쪽으로 끌어당기거나 최소한 대만 문제 등에서 중립을 지키도록 할 수 있다면 자신들의 입지가 강화될 수 있다.

둘째, 국내정치적 측면에서는 시진핑 공산당 총서기의 3연임을 앞두고 있다. 시진핑이 3연임을 해야 하는 명분이 약한 상태인 데다, 미국은 물론이고 유럽에서도 중국에 대한 비호감이 증대되는 상황에서 서방국가가 시진핑의 3연임을 축하하고 환영할 가능성은 크지 않다. 이러한 환경에서 한국이 긍정적 신호를 보내주면 시진핑 홍보 효과를 기대해 볼 수 있다.

셋째, 경제적 측면에선 미국이 중국을 배제하고 글로벌 공급망을 재편하고 있다. 만일 중국이 반도체 공급망에서 제외된다면 자국의 첨단산업에 타격이 불가피하다. 반도체의 안정적 공급을 위해서 우리에게 도움을 요청할 가능성이 크다.

이러한 목표를 달성하기 위해 리잔수 상무위원장은 우리에게 한미동맹에 얽매이지 말고 미국과 다른 목소리, 다른 행동을 보여달라고 요구하는데 가장 역점을 둘 것으로 예상된다. 한국에 경제적 특혜를 제공하고 윤석열 정부의 대북정책에 협조할 수 있다는 두 가지 유인책을 제시하면서 말이다.

미·중 패권경쟁, 총서기 3연임, 글로벌 공급망 등에서 협력 요청할 듯

2022년 8월 9일 한·중 외교장관 회담에서 중국 왕이(王毅) 외교부장은 우리에게 '마땅히 견지해야 할 5대 사항'을 언급하면서 첫 번째가 "한국은 독립 자주노선을 견지해 외부간섭을 배제하라"였다. 이어서 싱하이밍(邢海明) 중국대사는 8월 24일 한·중 수교 30주년 기념행사 인사말에서 "지금의 중·한 관계는 더욱 성숙하고 자주적이고 진중해져야 하고, 더 큰 활력이 있었으면 한다"라며 '자주(自主)'라는 단어를 사용했다.

중국은 오는 10월 개최 예정인 제20차 공산당 대회에서 시진핑 중국공산당 총서기의 3연임을 결정할 예정이다. 이에 대해 중국 국내는 물론이고 서방 주요국들의 환영과 지지가 필요하다. 그렇지만 국내에서도 이를 냉소적으로 보는 시각이 적지 않다. 겉으로 드러나지는 않지만, 시진핑이 3연임을 해야 하는 이유가 무엇인가 의문을 제기한다.

시진핑은 자기 스스로 '시진핑 신시대 중국 특색 사회주의 사상'을 만들었고, '역사결의'를 만들어 자신을 마오쩌둥과 덩샤오핑을 잇는 지도자로 부각시켰다. 이는 중국인들이 선뜻 인정하기 어려운 셀프 공적이다. 오히려 시진핑 시대 들어서 유럽은 중국을 경계하기 시작했고, 전 세계적으로 중국에 대한 비호감은 증가하고 있다. 따라서 미국의 동맹국이자 서방세계 주요국인 한국의 지지가 필요한 것이다.

미국은 중국을 배제하고 인도태평양 경제프레임워크(IPEF), 칩-4 동맹 결성 등 글로벌 공급망을 재편하고 있다. 우리는 IPEF 창립 멤버이고 칩-4 동맹 참여를 긍정적으로 검토하고 있다. 중국은 칩-4 동맹이 현실화되면 반도체 공급이 차단돼 자국 첨단산업에 미칠 부정적 영향을 우려하고 있다.

중국은 자체 반도체 생산량이 전체 소요량의 5.9%에 불과해 94%를 한국을 비롯한 대만, 미국 등으로부터 수입하고 있다. 중국 통계에 따르면 중국은 지난해 메모리 반도체 수입량 956억 달러의 약 절반인 448억 달러 분량을 한국에서 수입했다. 이처럼 한국 의존도가 높아서 한국이 공급을 줄여가면 중국으로선 대책이 없다. 대만과 미국이 대안이 될 수 없기 때문이다. 중국의 치명적인 약점이자 한국과 협력이 절실한 이유이다.

경제적 특혜 제공하고
대북정책에 협조하겠다는 제안 나올 듯

중국은 한국과 협력이 필요한 세 가지 이유를 관철시키기 위해 다음 두 가지 유인책을 제시할 것으로 예상된다. 첫째, 한국에 경제적인 특혜와 편의를 제공하겠다고 제안할 것이다. 최근에 미국이 '인플레이션 감축법'(IRA)을 통과시켜 한국 전기차는 대당 약 7,500 달러(약 1천만원)의 보조금을 받지 못하는 등 현재 미국 리스크가 대두된 상황이어서 의미가 남다르다.

한국무역협회가 지난 8월 18일 공개한 '최근 대중국 무역수지 적자 진단' 보고서에 의하면, 올해 전반기 대중 교역품목 5,448개 가운데 70%인 3,835개에서 한국은 적자를 내고 있다. 중국 수입의존도가 80%를 넘는 품목도 1,850여 개이다. 우리가 중국시장에서 흑자를 내던 시대는 이제 지나가고 있다.

그런데 만일 중국이 우리가 계속 흑자를 볼 수 있도록 관련 법령을 제·개정하고 행정력을 동원하겠다고 제안한다면 우리에게는 새로운 기회가 될 수 있다. 중국이 인접국의 지지를 받기 위해 경제 지원를 수단으로 사용한 전례도 있다. 1960년 초반 소련과 공산주의 주도권 다툼을 벌이던 중·소 분쟁 시기에 북한의 지지를 받기 위해 전폭적인 경제원조가 이뤄졌다.

둘째, 윤석열 정부의 대북정책에 협조하겠다는 제안을 할 것이다. 중국은 남북한과 외교 관계를 맺고 있고, 남북한 모두 긴밀한 관계이다. 중국은 북한과 전략적 소통을 하고 있으며, UN 등 국제사회에서 북한을 대변할 뿐만 아니라, 경제적으로도 유류와 생필품을 공급하는 국가이다. 중국은 북한을 움직일 수 있는 유일한 국가라고 해도 틀린 말이 아니다.

중국은 미국이 제공하는 확장억제력과 한미연합훈련보다 자신들의 대북 영향력이 더 효과적으로 북한을 억제할 수 있으며, 이를 통해 한반도 평화 조성과 남북 교류·협력도 지원하겠다고 제안할 수 있다. 동시에 한미연합훈련의 축소까지 요구할 수 있다. 한반도 안정과 평화는 중국의 국익과도 일치하기 때문에 중국이 한국에 이런 제안을 할 가능성은 크다.

유인책은 때론 압력 수단 돼…
사드 관련 '3불 1한' 논의서 제외해야

하지만 중국이 제시하는 유인책은 경우에 따라 압력 수단이 될 수 있다. 우리는 이미 2021년 중국에 90%이상 의존하는 '요소수' 부족 사태를 겪으면서 중국이 우리 경제를 교란시킬 수 있음을 경험한 바 있다. 그리고 우리 메모리 반도체의 80%는 중국으로 들어간다. 반도체 공급망 재편으로 중국 시장을 잃으면 우리에게도 큰 타격이다.

중국이 지난 2017년에는 UN 안보리에서 북한의 탄도미사일 발사 관련 제재 결의안을 두 차례나 통과시켰지만, 지난 5월에는 결의안 채택에 거부권을 행사했다. 중국이 한국의 국익에 반하여 북한을 지원할 수 있음을 보여준 것이었다.

리잔수 상무위원장의 이번 방한에서 사드 배치 관련 '3불 1한' 문제는 논의에서 제외돼야 한다. 우리는 사드 문제는 논의 대상이 아니라고 이미 밝힌 바 있다. 또한 일관되게 사드 배치 문제는 우리의 주권 사항이고 '3불'은 당시 우리의 입장 표명에 불과한 것으로 구속력 있는 약속이 아니라는 입장을 견지하고 있다.

따라서 리잔수의 방한에서 우리가 관심을 기울일 사항은 그가 제시할 것으로 예상되는 중국의 요구와 유인책이다. 한미동맹을 안보의 근간으로 삼고 있는 우리가 미국과 중국 사이에서 마주할 어려운 과제임에는 틀림이 없다. 그러나 이에 잘 대처한다면 또 다른 기회가 될 것이다. 우리 정부가 중국을 제대로 알고 국익을 기준으로 정확하게 판단하기를 기대한다. (뉴스투데이, 2022. 9. 13)

윤석열 대통령이 2022년 9월 16일(금) 방한 중인 리잔수(栗戰書) 중국 전인대 상무위원장을 접견하고 있다. (출처 : 구글)

한국특사가 중국에서 관철해야 할 사항과 신중해야 할 사항

　윤석열 대통령이 중국 특사단장에 주호영 국민의힘 의원을 내정했다. 14일 대통령실에 따르면, 윤 대통령은 주 의원에게 중국 특사단장을 맡아 달라고 요청했다고 한다. 다만 코로나19 확산에 따른 중국 측 방역문제로 특사단의 구체적인 방중 일정은 잡히지 않은 상황이다. 이는 중국과 소통을 위해 필요한 조치라고 생각한다.

　더욱이 중국은 윤 대통령 취임식에 중국 권력서열 실질적인 2인자인 왕치산(王岐山) 국가 부주석을 축하사절로 파견한 바 있다. 왕치산은 역대 중국 축하사절 중 최고위급이었으며, 이번 취임식에 참석한 외국의 축하사절 중 가장 직급이 높았다. 시진핑(習近平) 국가주석은 왕치산을 한국에 보내면서 여러 가지 메시지를 전하려고 했던 것이며, 이에 우리가 화답할 차례다.

　왕치산 부주석은 윤 대통령에게 "한반도 문제와 관련해 우리와 협력을 강화하고 민감한 문제를 타당하게 처리하자"라고 중국의 의중을 밝혔다. 여기서 '민감한 문제'는 한미동맹 강화와 한·미·일 협력 증대, 그리고 사드 문제 해결 등을 의미한다. 왕 부주석은 또한 윤 대통령의 중국 방문을 초청하는 시진핑 국가주석의 의사도 전달했다.

시진핑은 대통령 당선인과는 직접 소통하지 않는다는 관례를 깨고 지난 3월 25일 윤 당선인과 통화했다. 시 주석은 "올해가 중·한 수교 30주년으로 쌍방은 이를 계기로 상호존중을 견지하고 정치신뢰를 강화하며 민간우호를 증진해 중·한 관계를 안정되게 오래가도록 하자"라고 언급했다. 유상철 중앙일보 중국연구소장은 시 주석이 언급한 '상호존중'은 사드 추가배치를 하지 않는 것이라고 분석했다.

또한 '정치신뢰 강화'는 이전 한국정부가 중국과 충분한 소통 없이 사드를 배치함으로써 상호 신뢰가 훼손되었으므로 이를 회복해야 한다는 의미이며, '민간우호 증진' 역시 사드 문제로 중국인들의 감정이 상했는데 이를 회복하자는 의미라고 해석했다. 필자는 유 소장의 견해에 동의한다. 시진핑 주석은 이렇게 사드 문제에 집착하고 있다. 그의 의도는 결국 '사드 철거'인 것이다.

윤 대통령은 취임 10일 후인 지난달 21일 바이든 미국 대통령과 정상회담을 가졌다. 한·미 정상은 공동성명에서 "양 정상은 인도-태평양 지역 안보 및 번영의 핵심 요소로서 대만해협에서의 평화와 안정 유지의 중요성을 강조하였다"라는 내용을 포함시켰다. 왕원빈(汪文斌) 중국 외교부 대변인은 23일 정례 브리핑에서 "대만문제는 중국의 내정으로 중국의 내정에 간섭하는 것을 절대 허용하지 않는다"라고 발언했다.

중국은 문재인 정부 시절인 지난해 5월 한·미 정상회담에서도 "관련 국가들은 대만문제에서 언행을 신중해야 하며 불장난하지 말아야 한다"라며 원색적으로 비난한 바 있다. 이를 종합해 보면 중국이 우리에게 요구하는 것은 세 가지다. 첫째, 사드 철거, 둘째, 대만문제 개입 반대, 셋째, 한미동맹 강화 및 한·미·일 협력 반대이다. 시진핑이 우리 특사에게 요구할 사항이기도 하다.

우리 특사는 이와 관련해 다음을 관철시켜야 한다. 첫째, 사드 문제는 한국의 주권 사항으로 한국이 결정할 문제라는 입장이다. 중국이 지속적으로 요구하는 '사드의 단계적 처리'에 대해 문재인 정부는 "현 단계에서 문제를 일단락 짓고 봉합한다"라는 의미로 설명했다. 또한 2017년 10월 우리가 언급한 '3불 입장'은 약속이 아니라 우리의 입장 표명에 불과하다고 밝히고 있다. 이 두 가지 입장은 그대로 고수해야 한다.

둘째, 한미동맹 강화와 한·미·일 협력 증대 문제는 북한의 핵실험과 미사일 발사 등 북한의 도발로 인해 한반도 및 동북아의 긴장이 고조되는 상황에서 불가피성을 설명해야 한다. 중국이 동의를 하지 않더라도 우리의 입장을 명확히 할 필요가 있다. 이에 대해 중국이 우려하는 부분이 있다면 이를 경청해서 우리 내부의 검토 과정을 거쳐 대책을 강구해야 할 것이다. 중국에게 핵심이익이 있다면 우리도 우리가 지켜야 할 핵심이익이 있기 때문이다.

셋째, 상호존중의 의전 문제이다. 시진핑은 문 대통령 특사를 2차례나 자기보다 하석에 앉혀 알현하는 형식으로 대담을 한 바 있다. 2017년 5월 19일 이해찬 특사와 2018년 3월 12일 정의용 특사가 그런 대우를 받았다. 게다가 문 대통령이 2차례나 중국을 방문했지만 이에 따른 답방도 없이 윤 대통령의 중국 방문을 요청하고 있다. 이번 특사에 대한 의전을 계기로 상호존중 정신에 입각한 관계 정상화가 필요하다.

한편, 우리 특사가 우리의 입장만 일방적으로 주장할 경우 자칫 한·중 관계는 냉각될 수 있다. 중국과 관계를 악화시킬 필요는 없으며 중국과 좋은 관계를 유지하는 것도 한·미 관계 강화만큼이나 중요하므로 중국이 민감해 하는 사항에 대해서는 신중할 필요가 있다.

첫째, 사드 문제에서 추가배치 여부는 확답을 하지 않아야 한다. 사드 추가배치 여부는 북한의 위협 정도에 따라 우리가 결정할 사항으로 현 시점에서는 언급할 문제가 아니기 때문이다. 윤 정부는 선거 기간 사드 추가배치를 약속했지만 당선 이후 110대 국정과제에서 사드 추가배치를 제외시켰다. 중국이 이 문제를 얼마나 심각하게 보고 있는지 인식한 결과이다.

둘째, 중국은 한미동맹의 활동 범위가 대만문제로 확대되는 것에 아주 민감하다. 특사는 이러한 중국 입장을 고려해야 한다. 특히 시진핑 주석은 2017년 개최된 19차 당대회를 통해 대만문제의 완전한 해결, 즉 통일을 중화민족의 위대한 부흥이라는 '중국몽' 실현의 핵심 과제 중 하나로 명시했다. 시 주석에게는 자신의 국가주석 3연임과 장기 집권을 위해 대만 통일이라는 업적이 필요하기 때문이다.

중국에 특사를 파견한다는 이번 결정은 현 시점에서 필요한 조치이다. 미국과의 관계 발전도 중요하지만 국익을 위해 중국과 우호 관계도 소홀히 해서는 안 되기 때문이다. 우리는 중국과 관계 발전을 위해 첫째, 중국과 소통을 강화하여 우리의 입장을 충분히 밝혀야 하고, 둘째, 중국과 상호존중의 방침에 따라 우리도 중국을 존중해 주어야 한다.

윤 대통령은 취임 이전 미국에는 정책협의단을 파견했지만 중국에는 파견하지 않았다. 늦은 감은 있지만 이번에 특사를 파견하는 것은 바람직하다고 할 수 있다. (뉴스투데이, 2022. 6. 16)

한·중 정상회담을 보면서, "중국은 북한의 핵실험을 저지할 수 있을까"

　　윤석열 대통령은 2022년 11월 15일 G20 정상회의가 개최된 인도네시아 발리에서 시진핑 중국 국가주석과 정상회담을 하였다. 이 자리에서 윤 대통령은 시 주석에게 북한 핵문제 해결을 위해 중국의 건설적 역할을 요청하였다. 한·중 정상회담 하루 전에 개최된 미·중 정상회담에서 바이든 미국 대통령도 시 주석에게 동일한 요청을 하였다.

　　시진핑 주석은 우리에게는 "남북한 관계 개선이 우선이다"라고 거부 의사를 밝혔고, 미국에게는 "북한의 합리적 우려를 고려해야 한다"라고 다른 해법을 제시하였다.

　　우리는 이제 중국을 통해 북한핵과 북한 문제를 해결하겠다는 생각을 거두어야 한다. 중국, 특히 시진핑 시대의 중국은 미·중 패권경쟁에서 북한과 협력 강화가 자신들의 국익에 부합된다고 전략적 판단을 하고 있기 때문이다.

중국은 북한의 7차 핵실험을 저지할 이유가 없다. 북한과 더불어 핵실험의 효과가 극대화되는 그 시점을 가늠해 보고 있을 것이다. 단 이럴 경우 미국을 중심으로 한 한·미·일의 안보협력은 더욱 강화된다는 부담을 감수해야 할 것이다.

중국은 한반도 비핵화 기본 입장 포기한 듯, 북한의 핵탄두가 베이징을 향하지 않게 관리하는데 중점

중국은 자국 주변국이 핵보유국이 되는 것을 원치 않고 있다. 현재도 러시아와 인도, 파키스탄이 핵을 보유하고 있고, 바다를 마주하고 미국의 압박을 받고 있다. 북한이 핵보유국이 된다면 한국과 일본이 핵무장을 할 것이고, 대만도 핵무장의 유혹을 받을 것으로 보고 있다. 가장 피하고 싶은 상황이다. 중국은 공식적으로 북한을 핵보유국으로 인정하고 있지 않다.

마오쩌둥과 덩샤오핑도 북한의 핵개발을 반대하였다고 한다. 중국의 반대를 극복하며 북한은 6차까지 핵실험을 하였고, 2022년 기준 약 20여 기 이상의 핵탄두를 보유한 것으로 알려지고 있다. 중국도 북한의 핵보유가 부담스럽기는 마찬가지이다. 북한의 핵탄두가 언제 중국 베이징으로 향할지 모르기 때문이다. 중국이 일관되게 한반도 비핵화를 주장하는 이유이다.

시진핑은 북한은 이미 핵무기를 개발하여 보유하고 있으며, 이를 폐기하는 것은 가능하지 않다고 보고 있고, 북한 비핵화 과정에서 북한이 반발한다면 자신들의 국익은 손상된다고 판단하고 있다. 중국은 북한핵이 미국을 향하도록 하여 자신들과 함께 미국에 대항하는 수단으로 삼고 있다.

미국은 미·중 정상회담에서 북한 핵실험 및 미사일 도발 시 상응하는 대응을 언급

바이든 미 대통령은 미·중 정상회담 이후 기자회견에서 "중국이 북한의 핵·미사일 실험 결정에 어느 정도 영향을 미칠 수 있는지 확실하지 않다"면서 "나는 시 주석이 북한의 추가 도발을 원하지 않는다고 믿으며, 북한의 추가 도발이 이 지역 내 미국의 주둔에 무슨 의미가 있는지 강조했다"라고 말했다. 이어서 "시 주석에게 북한에 장거리 핵실험을 해선 안 된다는 것을 분명히 해야 할 의무가 있고, 북한이 그럴 경우 미국은 더욱 방어적인 어떤 행동을 해야만 하는데 이는 중국을 겨냥한 것이 아니라고 말했다"라고 밝혔다.

미·중 정상회담은 비공개로 진행되어 바이든과 시진핑 사이 오고 간 발언은 확인하기 어렵지만, 바이든의 기자회견 내용을 볼 때, 바이든의 북한 핵실험 저지 요청에 대해 시진핑 주석은 "북한은 자주독립국이기 때문에 중국은 북한의 핵실험을 저지할 수 없다"라고 응답했을 것으로 추정된다. 이러한 입장은 중국의 일관된 주장이기에 유추하기에 어려움이 없다.

미국은 북한이 핵실험 그리고 대륙간 탄도미사일 발사로 도발과 무력시위를 할 경우 미국은 상응하는 대응을 하겠다는 의지를 밝혔다. 한국과 일본을 안심시키고 중국을 간접적으로 견제하는 조치인 것이다. 미국은 어떠한 조치인지는 아직 밝히지 않고 있다.

중국은 북한 비핵화에 앞서 북한의 안보우려를 고려해야 한다고 언급

왕이(王毅) 중국공산당 중앙정치국원 겸 외교부장은 회담이 끝난 뒤 기자회견에서 "한반도 핵 문제에서 시진핑 주석이 중국의 기존 입장을 설명했으며, 한반도 문제의 매듭이 있는 곳을 정확히 봐야 한다고 강조하면서, 각자의 우려, 특히 북한의 합리적 우려에 대한 균형 있는 해결을 견지해야 한다고 말했다"라고 밝혔다.

중국 입장에서 북핵은 시급하지도 그리고 중국에 위협적이지도 않다. 북한과 관계 악화를 감수하면서 북한 비핵화와 북한의 핵실험을 저지할 이유가 없다. 오히려 북한핵 문제는 미국과 협상에서 유효한 카드가 될 수 있다.

중국과 북한의 관계강화에 대해 한미동맹으로 대응하되, 우리의 독자적 역량은 키워야

중국은 북한의 핵실험에 반대입장을 명시하지 않았고 북한의 합리적인 안보 우려를 거론하면서 북한을 두둔하고 있다. 최근 UN 안보리에서 북한의 미사일 도발을 규탄하는 의장성명서 채택에도 반대하였다. 북한의 7차 핵실험은 시간문제인 것이다.

우리는 두 가지를 준비해야 할 것이다. 첫째는 북한 7차 핵실험 이후 더욱 고도화되는 북한의 핵과 미사일 능력에 대한 대응이다. 둘째는 더욱 밀착되는 중국과 북한 관계에 대한 대응이다. 현재로선 한미동맹 강화 이외에는 효과적인 대응이 없다. 그렇지만 한미동맹이 모든 것을 해결해 주지는 않을 것이다. 장기적으로 중국을 위협할 수 있고, 그러면서도 중국이 우리를 필요로 하는 그 무엇을 갖추어 우리의 필요와 국익에 따라 행동할 수 있는 독자적 역량을 키워나가야 할 것이다. (뉴스투데이, 2022. 11. 16)

윤석열 대통령과 시진핑(習近平) 국가주석의 2022년 11월 15일 한·중 정상회담(출처 : 네이버)

제20차 중국 공산당 대회 이후 중국과 한반도 관계

중국은 북한과 더 가까워지고 한국과 갈등의 소지는 많을 것이다.
중국과 소통하고 전략적 대화를 해야 한다.

2022년 10월 22일 폐막된 제20차 중국 공산당 전국대표대회에서 예상 밖의 깜짝 상황은 없었다. 시진핑이 의도한 대로, 그리고 연구자와 언론이 예측한 대로 결과가 나왔다. 미래 또한 전망하기 어렵지 않다. 10월 16일 공산당 대회 개막식 때 행한 시진핑 총서기의 업무보고에 새로운 정책이 보이지 않았다. 현재 추진중인 사항을 계속하겠다는 것이다.

공산당 대회에 이어서 10월 23일 개최된 제20기 중앙위원회 1차 전체회의(1중전회)에서 새로 구성된 최고 지도부인 상무위원의 면면을 보면 모두 시진핑의 측근으로서 시진핑의 권력은 더욱 공고해 질 것이고, 장기 종신집권도 예상되는 상황이다.

필자가 주목하는 사항은 시진핑 3연임 시대의 중국과 한반도 관계이다. 결론적으로 중국은 북한과 더욱 밀접해질 것이고, 우리와는 갈등이 예상된다. 우리가 중국과 갈등을 사전에 예방하고 최소화하기 위해 중국과 소통하고 전략적 대화에 나서야 하는 시점이다.

미국과 패권경쟁에 대한 시진핑 주석의 결의

시진핑은 미국과 패권경쟁에서 강경한 입장을 취하고 있다. 2021년 7월 1일 공산당 창당 100주년 기념식에서 시진핑 주석은 "중국 인민은 외래 세력이 우리를 괴롭히고 압박하고 노예화하는 것을 절대 용납하지 않을 것이다. 이런 망상을 하는 사람은 14억 중국 인민이 피와 살로 건설한 강철 장성 앞에서 반드시 머리가 깨져 피를 흘릴 것"이라고 연설하였다. 미국을 겨냥한 강도 높은 발언으로 평가되었다.

그는 '시간은 중국편이다'라는 자신감도 표현한 바 있다. 시진핑은 미국의 압력이 생각했던 것보다는 강하지 않아 견딜만 하다"라고 평가하고, 2020년 10월 제19기 중앙위원회 제5차 전체회의(5중전회)에 이어 2021년 1월 중앙당교에서 "세계는 100년 만의 큰 변화를 겪고 있지만 시간과 정세는 우리 편이다(时与势在我们一边)."라고 반복해 강조하였다.

시진핑의 과거 이러한 입장에는 변함이 없다. 금번 20차 당대회에서 "사회주의 현대화 국가를 전면적으로 건설하고, 중화민족의 위대한 부흥을 전면적으로 추진하기 위해 단결분투 합시다"라고 하였다.

즉 건국 100주년이 되는 2049년에 사회주의 현대화 강국을 건설하고, 세계일류 군대를 육성하여 미국을 능가하겠다는 의도인 것이다.

한반도는 미·중 패권경쟁의 대결장

미·중 패권경쟁의 최첨단지역은 대만임을 부인할 수 없다. 특히 시진핑은 금번 당대회에서 대만에 대한 무력통일을 배제하지 않았다. 대만에 이어 중국이 미국과 첨예하게 부딪히는 지역이 한반도이다.

중국은 북한과 미국 견제 이해 일치, 북한과 더욱 친밀해 질 것이다.

최근 중국은 북한의 가치를 단순히 해양세력의 침략을 막아주는 방어적인 지정학 측면을 넘어서는 것으로 보고 있다. 즉 북한을 자신들과 협력하여 미국을 상대하는 동반자, 또는 미국을 견제하는 자신들의 대리인으로 평가하고 있다. 북한의 가치가 방어위주에서 공세적으로 전환되었다고 할 수 있다.

금번 중국공산당 대회를 전후하여 북한은 탄도 및 순항미사일, 그리고 포병사격, 공군기 등으로 대남 무력시위를 연속으로 감행하였다. 그 배경에는 중국의 묵인과 옹호가 있다고 보여진다. 북한은 도발을 하더라도 UN에서 어떠한 비난 성명이나 제재 결의안이 채택되지 않을 것이라고 판단하고 있다. 중국과 러시아 특히 중국이 UN을 비롯한 국제사회에서 자신들을 보호한다는 사실을 잘 알고 있기 때문이다. 실제로 10월 5일 유엔 안보리는 중국과 러시아의 반대로 북한의 미사일 도발을 비난하는 의장 성명도 채택하지 못하였다. 북한의 판단은 정확하였다.

북한의 무력시위 모습은 중국이 펠로시 미 하원의장 대만 방문에 대한 항의표시로 시행한 대만 포위훈련과 유사한 측면이 있다. 중국은 대만을 대상으로 했지만 미국을 겨냥했듯이 북한도 한국을 향한 무력시위로 미국과 일본을 위협하였다. 중국으로서는 대미 견제에 동참하고 있는 북한을 제재할 아무런 이유가 없는 것이다.

중국과 북한은 공산당 독재체제에 1인 절대권력의 공통점이 있다. 남북경쟁은 미·중 패권경쟁의 축소판이라고 할 수 있다. 북한이 한국에 압도당하는 상황은 상징적으로 중국은 미국과 체제 경쟁에서 수세에 처한다는 의미를 내포하고 있는 것이다. 중국이 북한과 친밀해질 수밖에 없는 또 다른 이유이다.

중국은 한국을 한미동맹으로부터 이완시키려 할 것이다.
갈등이 불가피하다.

시진핑 3연임 시대 중국이 우리에게 던지는 문제는 크게 두 가지로 나누어 볼 수 있다. 첫째는 한국과 중국 양자 문제이고, 둘째는 미·중 패권경쟁 속에서 대립되는 문제들이다.

한국과 중국 양자 간 문제

한국이 사드 배치를 결정한 2016년부터 한·중 관계는 급격히 악화되기 시작하였다. 그 중심에는 중국 국가주석 시진핑이 있었다. 사드 배치로 인한 한한령(限韓令)은 현재까지도 진행형으로. 시진핑의 지시가 있어야 해제될 것이다. 중국에서는 이러한 상황을 잠규칙(潛規則)이라고 한다. 잠수함처럼 보이지 않는 규칙이라는 의미로 보이는 현규칙(現規則)보다 더 위력을 발휘하고 있다. 그리고 명령권자의 지시가 있어야 해제되는 중국 사회의 독특한 규칙인 것이다.

시진핑은 한한령을 해제할 의도가 없는 듯하다. 중국 측에서는 계속 '사드 3불 1한' 문제를 제기하고 있다. 우리는 이 문제에 대해서 분명하게 사드 3불 1한은 협상대상이 아니리고 밝히고 있지만. 시진핑 집권 기간 계속 현안이 될 것으로 보인다.

한미동맹과 중국 간 문제

중국은 한국 땅에 주둔하고 있는 주한미군 존재 그 자체가 중국에 위협적이라고 여기고 있다. 더욱이 주한미군이 한반도를 벗어나 미·중 분쟁지역으로 전환되는 것을 우려하고 있으며, 주한미군뿐만 아니라 한국군과 일본 자위대까지 포함된 한·미·일 군사동맹 결성 가능성에 촉각을 곤두세우고 있다. 우리는 중국의 우려를 고려해야 한다. 한미동맹의 군사적 조치를 우선적으로 중요시하면서도 중국의 안보우려도 고려하는 고차원 외교안보 방정식을 풀어내야 한다.

한미동맹은 범위와 영역을 넓혀서 경제안보로 까지 확대되었다. 미국은 중국을 글로벌 공급망에서 배제시키기 위해 인도태평양 경제프레임워크(IPEF), 칩-4 동맹 등 경제협력체를 재편하고 있다. 우리는 IPEF 창립멤버이고 칩-4 참여를 긍정적으로 검토하고 있다. 중국은 칩-4 동맹이 현실화되면 반도체 공급이 차단되어 자국 첨단산업에 미칠 부정적 영향을 우려하여, 우리로부터 반도체를 안정적으로 공급받기를 원하고 있다. 우리 또한 우리의 메모리 반도체 생산량의 약 80%를 수출하는 거대한 시장을 유지해야 한다. 이 역시 고차 방정식이다.

우리는 중국과 소통을 강화하고 전략적 대화에 나서야 한다.

중국은 몇 차례 우리에게 전략적 대화를 하자는 의사를 간접적으로 전해온 적이 있다. 중국은 2022년 5월 윤석열 대통령 취임식 축하사절단 단장으로 왕치산(王岐山) 부주석을 파견하였고, 리잔수(栗戰書) 전인대 상무위원장이 9월에 한국을 방문하였다. 중국이 우리에게 전략적 대화를 요청하는 형국이었다. 언론보도에 의하면 의미있는 대화는 없었던 것으로 전해지고 있다.

우리는 한미동맹을 강화하면서 동시에 적극적으로 중국과 소통하고 전략적 대화도 추진해야 한다. 한국을 방문한 중국 고위 인사와 충분한 소통을 할 뿐만 아니라 우리가 주도적으로 특사도 파견해서 예상되는 갈등을 사전에 조율해 나가야 한다. 중국은 우리에게 광대한 시장이면서 요소수 및 희토류 등 우리 산업에 영향을 미칠 수 있는 원료와 자원 공급국이기도 하다. 그리고 무엇보다 안보 측면에서는 중국은 북한과 소통하고 있는 유일한 국가라고 해도 과언이 아니기 때문이다.

전략적 대화에 앞서 우리는 철저하게 준비해야 한다. 우선 우리가 양보할 수 없는 사항들은 무엇이고, 우리가 중국에 요구해야 하는 항목은 무엇인지 명확하게 선정해서 중국에 지속적으로 한목소리를 내야 한다. 주권, 정체성 등은 양보해서는 안될 것이고, 중국에 한미동맹의 당위성을 설득해야 할 것이다. 이것이 안보와 경제적인 고차 방정식을 푸는 해법의 출발점이다. (뉴스투데이, 2022. 10. 24)

중국공산당 제20차 대회 모습 (출처 : 구글)

'신(新) 한·중 대화' 시대에 필요한 4가지 전략적 구상

다가오는 중국과 협상에서 줄 것은 조금 주고 최대한 많이 얻어내는 전략적 거래 준비해야

중국에 일엽지추(一葉知秋)라는 말이 있다. '나뭇잎 하나 떨어지는 것을 보고 가을이 오고 있음을 안다'라는 의미이다. 최근 중국의 정책 변화를 시사하는 몇 개의 나뭇잎이 떨어졌다. 우선 중국은 2023년 8월 10일 한국 단체여행 금지 조치를 해제했다. 그리고 7월 28일 중국 건군절 96주년 기념행사에서 싱하이밍(邢海明) 대사와 왕징궈(王京國) 국방무관은 기념사를 통해 '대화 재개'를 시사했다.

1. 대화 신호 보내며 다가오는 중국, 담긴 의도 간파하고 대책 강구해야

싱 대사와 왕 국방무관은 양국 대화의 중요성을 언급하면서, 시진

핑 주석의 '글로벌 안보 이니셔티브(全球安全倡議)'를 강조하고 있다. 이 개념은 시 주석이 지난해 4월 보아오(博鰲) 포럼 화상 기조연설에서 "세계 각국은 국제 평화 및 번영을 공동으로 추구해야 한다. 중국은 이를 위해 세계 각국과 양자, 다자 간 안보협력을 적극적으로 추진할 방침이다"라고 밝힌 안보 구상이다.

중국의 왕이(王毅) 공산당 정치국위원은 지난달 14일 박진 외교부 장관에게 한·중·일 정상회담 재개와 관련해 "협의체 부활을 위해 적극 노력하겠다"라고 언급하였고, 이와는 별도로 중국은 우리 측에게 외교 및 국방차관이 참석하는 2+2회담 개최도 요구한 것으로 알려졌다. 한·중 대화의 시기가 점차 다가오는 것이다.

중국은 현재 미국의 압박에 대응하기 위해 우호국의 지지와 도움이 절실하다. 미국이 한·미·일 안보협력을 강화하면서 NATO를 아·태 지역으로 끌어들이는 움직임을 경계하며, 경제적으로도 미국이 8월 9일 주요 첨단기술 대중 투자를 금지하자 자국의 첨단산업에 대한 타격을 예상하고 있다. 중국 국내도 경제발전이 둔화하면서 시진핑 체제에 대한 불만이 잠재해 있고, 전 세계적인 중국 비호감도는 계속 증가하는 추세이다. 중국의 정책변화가 불가피한 상황이다.

우선 중국은 한국을 움직여 한미동맹과 한·미·일 안보협력을 이완시키고 우리로부터 반도체도 정상적으로 공급받으려 하고 있다. 그리고 윤석열 정부 출범 이후 우리에게 가했던 강압이 반발을 불러일으키면서 한·중 관계가 장기간 악화하는 것을 우려하고 있다. 한·중 관계 악화는 중국에도 부담이 되기 때문이다. 우리는 중국의 대화 제의 등 상황변화 조짐에 반기기보다 그 속에 담겨있는 의도를 간파하고 대책을 강구해야 한다.

2. 중국, 한·중 경제 번영 제안하며 특히 대만 문제에 개입 금지 요구할 듯

　중국이 대화를 통해 우리에게 요구할 것으로 예상되는 내용은 다음과 같다. 첫째, 경제적으로 공동 번영 방안을 제시할 것이다. 우리는 중국과 무역에서 계속 적자를 기록하고 있고 첨단기술도 대부분 중국에게 추월당했다. 그리고 요소수 사태에서 보듯이 중국은 우리 경제를 흔들 수 있는 희토류 대국이다. 중국은 한국이 이러한 중국을 배제하고 경제발전은 불가하다고 주장하면서 '한국의 경제발전은 중국과 협력이 유일하다'라는 논리를 제시할 것이다. 우리로서는 거부하기 힘든 제안이다.

　둘째, 한미동맹이 한반도 평화와 안정에 머물러 있기를 요구하면서 구체적으로 대만 사태 시 개입하지 말 것을 강조할 것이다. 한미동맹이 글로벌 전략동맹으로 진화하면서 대만 등 아·태 지역에서 미·중 충돌 시 전용될 수 있다는 가능성을 경계한다. 또한, 우리 서해안에 있는 평택 미군기지 등은 북한뿐만 아니라 서해 건너편의 중국 수도권도 겨냥하고 있다는 중국의 문제 제기에 대해 우리는 '아니다'라고 하기 어렵다.

셋째, 미국이 주도하는 한·미·일 군사협력과 NATO와 협력에 속도 조절이나 완화 등을 요구할 것이다. 8월 18일 미국에서 한·미·일 정상회담이 개최된다. 이때 한·미·일 3국은 연합훈련 정례화에 대한 의견 조율이 예상된다. 중국이 동북아에서 한·미·일을 상대하는 것은 최악의 시나리오 중 하나이다. 여기에 NATO 주요국이 동참한다면 중국에 더욱 위협적인 상황이다. 우리나라를 비롯해 일본, 호주, 뉴질랜드는 NATO의 아·태 파트너 국가(AP4)로서 정상회담에 2년 연속 참석했다.

넷째, 미국은 올해 3월부터 첨단 반도체와 관련 장비 등의 중국 수출을 금지하였고 지난 9일에는 중국의 AI, 반도체, 양자 컴퓨터 분야에 투자할 경우 사전 허가를 받도록 했다. 중국은 반도체 국산화를 추진하고 있지만, 빠른 시일내 달성하기는 어렵다고 한다. 외부로부터 반도체를 공급받아야 할 상황이므로 우리에게 협력을 요구하고 있다.

3. 우리의 요구사항 사전에 준비해 제안하고 중국과 타협안 도출해야

중국과 대화가 이루어질 경우, 우리는 우리의 요구를 사전에 준비하고 있어야 한다. 첫째는 '우리의 주권과 정체성 훼손 금지'를 요구해야 한다. 한미동맹은 우리 안보의 근간이므로 이 주제에 대한 논의는 배제해야 한다. 또한, 중국이 문제인 정부와 합의했다고 주장하는 '사드 3불 1한'은 우리의 군사주권을 훼손하는 문제로 폐기를 요구해야 한다.

둘째, 북한의 탄도 미사일 도발이나 핵실험 시, 이를 규탄하는 UN 안보리 결의에 찬성할 것을 요구해야 한다. UN 안보리 성명이 중국과 러시아의 반대로 채택되지 못하는 상황은 북한에 대량살상무기 개발을 허용하는 것과 같다. 북한의 전략무기는 중국을 향할 수 있음과 동북아 지역의 불안정을 초래할 요인임을 들어 중국을 설득하고 협조를 구해야 한다.

셋째, 앞으로 한한령 등 경제보복을 하지 않겠다는 약속을 받아야 한다. 한·중 관계가 악화한 이유가 중국의 한한령 발동임을 들어 양국 간 갈등과 문제가 발생하면 대화를 통해 해결하자는 약속을 받아야 한다.

중국이 우리에게 제안할 것으로 예상되는 문제들은 모두 미국의 전략적 이해와 긴밀하게 연계되어 있다. 미국도 동맹국 한국이 한미동맹이나 한·미·일 동맹을 이완시키는 어떠한 행동도 수용하기 어려울 것이다. 여기서 우리는 중국과 협상 이상으로 어려운 미국과 협상 과정을 거쳐야 한다.

4. 중국과 협의 과정에서 미국 입장 존중하고 사전에 협의 거쳐야

우선 중국에 '우리의 주권과 정체성을 존중해라. 사드 3불은 파기한다' 대신 '우리는 대만 문제에 개입하지 않겠다'라고 한다면 한·중 양측 요구사항 어느 지점에선가 타협이 가능할 것이다. 이 문제는 미국과 사전협의가 필요하다. 우리는 중국-대만 무력 충돌 시, 중국을 자극하지 않을 정도의 지원 범위를 사전에 미국과 협의해야 한다.

한·미·일 안보협력도 우리가 어느 정도 협력할 것인가를 사전에 명문화해야 한다. 대만해협에서 또는 남중국해에서 미-중 충돌이 있을 때 협력은 하되, 전면에 나서는 작전은 자제할 필요가 있다. 이 문제 역시 우리의 특수성을 들어 미국과 협의해야 할 문제이다. 이때 주의할 사항은 중국과 협상보다는 미국의 입장을 존중해야 한다. 미국은 현재 우리의 동맹국이면서 미·중 패권경쟁에서 중국에 우세를 점하고 있기 때문이다.

반도체 중국 공급문제도 미국의 방침과 우리의 경제적 이익에서 타협점을 찾아야 한다. 최근 미국 기업인들은 미국 정부의 방침과는 달리 중국을 방문해 사업문제를 논의하고 있다. 시장을 포기할 수 없기 때문이다. 우리 기업들도 같은 입장이어서 미국을 설득할 공간이 있을 것이다.

우리가 중국 그리고 미국과 협상하고 합의해야 할 문제는 필자가 앞에서 언급한 사항보다 더 많을 것이다. 중국으로부터 지킬 것과 양보할 수 있는 목록을 정밀하게 준비해야 하고 미국도 동시에 설득할 수 있는 논리개발이 필요하다. 바로 고차 안보 방정식이다.

중국에 포전인옥(抛瓦引玉)라는 말이 있다. '기와 한 조각을 주고 옥(玉)을 얻는다'라는 의미이다. 우리는 다가오는 중국과 협상에서 줄 것은 조금 주고 최대한 많이 얻어내는 전략적 거래를 준비해야 한다. 그러기 위해서는 정부 관련 부서와 전문가 여러분께 깊은 연구와 철저한 준비를 당부한다. (뉴스투데이, 2023. 8. 14)

2024년 한·중·일 3국 정상회담은 우리에게 기회이다

중국의 우려와 요구사항 적절히 해소하면서
우리의 요구사항 제시·관철하는 호기로 활용 필요

2024년 5월 13일 중국 베이징에서 개최된 한·중 외교장관 회담에서 한·중·일 3국 정상회담 의제에 대해 논의한 것으로 알려지는 가운데 3국 정상회담이 5월 26일 개최될 예정이다. 한·중 외교장관 회담에서 조 장관은 북한의 핵도발과 탈북자 북송문제에 중국의 건설적 역할을 요구했고, 왕 부장은 "중국의 한반도 정책은 변함이 없으며, 한국이 (외부) 간섭(방해)을 배제하고 중국과 윈윈(win-win) 협력하자"라고 언급했다.

중국은 3국 정상회담을 앞두고 '한국이 미국 편향의 현재 외교정책을 중국에 우호적인 정책으로 전환할 수 있는가'를 물어본 것인데,

이 질문은 정상회담에서도 계속 이어질 것으로 보인다. 이번 조 장관의 방중이 한·중 고위급 교류의 시작이라는 일각의 기대는 우리가 중국의 이 질문에 긍정적인 답을 줄 때 가능하며, 우리에게는 새로운 기회가 열리는 셈이다.

한·중·일 정상회담은 우리와 일본은 물론이고 중국에도 필요하다. 우리와 일본은 중국과 관련된 각종 현안에 대해 정상 간 소통을 해야 하고, 중국은 자국을 압박하고 있는 미국의 안보 포위망과 반도체 등 첨단 기술 제재 결속도 완화해야 한다. 이를 위해 중국은 미국과 동맹 관계를 강화하고 있는 한국과 일본의 안보 및 경제정책을 견제할 필요가 있다. 중국이 3국 정상회담에서 우리에게 요구할 사항은 다음과 같이 예측해 볼 수 있다.

대만 문제 개입 중단 요구하며
무역 확대와 탈북자 북송 보류 제시할 수도

첫째, 대만 문제 불개입 요구이다. 한미동맹은 한반도 방위에 국한돼야 하며, 한·미·일 안보협력이 대만해협과 남중국해 문제에 개입해서는 안 된다고 주장할 것이다. 한·미·일 안보협력이 대만과 남중국해로 확대되는 것은 중국에게 큰 부담이다. 특히 일본은 미국과 '군사 일체화'를 이루어가고 있고, 미국이 주도하는 지역 안보 대화체인 오커스(AUKUS) 참여를 논의 중이다. 중국은 자신을 향해 점차 강화되고 있는 미국 동맹국들의 결속을 완화할 필요가 있다.

둘째, 반도체의 안정적 공급 등을 요구할 것으로 보인다. 미국은 동맹국들을 동원해 첨단 반도체와 관련 장비들의 중국 수출을 제한하고 있다. 반면 중국은 첨단 반도체를 대만과 한국 등 외국에 의존하고 있어 공급망이 축소되거나 차단되면 자국의 첨단 산업 발전에 큰 타격이 예상된다.

중국은 이러한 요구를 하면서 유인책도 준비하고 있을 것이다. 첫째, 경제협력 등 무역 확대 방안이다. 우리는 중국과 교역에서 지난해부터 적자를 면치 못하고 있고 국내적으로 경제적 어려움에 있다. 중국이 자신들과 경제협력이 하나의 해결방안이 될 수 있다고 제안하면서 추후 구체적 논의를 하자고 할 수도 있다.

둘째, 탈북자 북송문제 보류 방안이다. 현재 중국은 자신들이 억류하고 있는 탈북자 2,000여 명 중에서 지난해에 약 500여 명, 올해에 200여 명을 북송했지만, 우리 정부는 속수무책이었다. 중국이 탈북자 북송을 보류하고 더 나아가 일부 인원을 한국으로 보내겠다고 하면 현 정부의 외교성과가 될 수 있다.

대등한 주권국가로 상호 존중할 것과
북한의 핵·미사일 위협 억제 요구해야

이와 같은 중국의 예상 요구사항을 심층 검토하면서 우리가 중국에 요구할 사항을 다듬고 유인책도 마련해야 한다. 첫째, 우리의 주권과 정체성 존중을 요구하고 관철해야 한다. 2012년 시진핑 주석이 '중화민족의 위대한 부흥'을 주창하며 집권한 이후, 중국은 우리를 불편하게 하고 있다.

왕이(王毅) 외교부장은 2022년 8월 박진 외교장관과 회담 후 "한중관계가 발전하기 위해서는 5개 사항을 마땅히 해야 하는데 이중 첫 번째가 독립자주를 견지하고 외부의 간섭을 받지 말아야 한다"라고 밝혔으며, 이번에 조태열 장관에게도 같은 발언을 했다. 중국 외교부 아시아 국장 류진송(劉勁松)은 2023년 5월 방한 시 "한국이 친미, 친일 외교정책 지속 시 중국과 협력이 불가하다"라는 소위 '4대 불가론'을 피력했다는 언론 보도가 있었다.

그리고 싱하이밍(邢海明) 중국 대사는 2023년 6월 8일 야당 대표와 대담 자리에서 "한국이 중국과의 관계를 처리할 때 외부의 방해에서 벗어나기 바랍니다. 미국이 승리하고 중국이 패배할 것이라고 베팅하는데… (한국은) 나중에 반드시 후회할 것입니다"라고 준비한 원고를 읽었다. 마치 우리를 과거 중화질서 속 번속국(藩屬國, 조공국)으로 보고 있는 듯하다. 우리는 중국에 주권국가로서 한국을 대우하고 상호 존중의 기본을 준수하도록 요구해야 한다.

둘째, 북한이 핵과 미사일 위협을 자제하도록 중국에 건설적 역할을 요구해야 한다. 최근 북한은 러시아로부터 첨단 기술을 이전받아 미사일을 발전시키고 실험을 하고 있다. 하지만 UN 안보리는 중국과 러시아의 비협조로 이를 억제하지 못하고 있다. 우리는 북한의 핵과 미사일이 전 세계적인 안보 불안요소로 중국 국익에도 도움이 될 수 없다는 점을 강조해 중국을 움직여야 한다.

중국의 요구사항은 조건부 타협이 가능하며 우리에게도 협상 지렛대 많아

우리가 요구할 것은 분명히 제시하면서 한편으로 중국의 요구사항도 전향적인 검토가 필요하다. 첫째, '한·미·일 안보협력이 대만해협과 남중국해로 확대되어서는 안된다'라는 중국의 요구는 조건부 수용이 가능하다. 중국이 군사력으로 현재 상황을 변경시키려는 시도가 없다면 받아들일 수 있는 사안이다.

둘째, 반도체의 안정적 공급문제도 미국 및 일본과 사전 협의를 거쳐 받아들일 수 있는 범위와 한계를 정하면 어느 정도 합의가 가능한 사항이다. 우리는 이러한 중국의 예상되는 요구사항에 대해 동맹국 및 우방국과 협의를 거친 방안을 사전에 준비해야 한다.

이번 한·중·일 3국 정상회담은 우호 협력만 논하는 자리가 아니다. 우리는 중국이 계속 우리에게 고압적 자세를 취한다면 이에 단호하게 대응하겠다는 결기를 보여줄 필요가 있다. 우리에게는 중국을 압박할 유효한 수단들이 많이 있다. 우선 기존의 한미동맹과 한·미·일 안보협력 강화 카드가 있다. 우리의 안보협력이 NATO 주요국, AUKUS 참여국, 그리고 인도가 포함된 Quad 참여국으로 확대되는 것도 중국을 긴장시킬 수 있다.

최근에 중국과 갈등을 빚고 있는 필리핀과 협력하는 방안도 있다. 이러한 카드들은 중국이 우리의 주권과 정체성을 훼손하고자 할 때 사용할 수 있는 수단들이다. 중국의 태도에 따라서 단계적으로 강화하거나 완화하면서 국익을 지켜야 한다. 왕이 부장을 비롯해 중국 외교 당국자들로부터 "한국이 외부 간섭에서 벗어나야 한다"라는 발언이 다시 나오게 해서는 안 되기 때문이다. (뉴스투데이, 2024. 5. 14)

2024년 5월 27일 서울에서 개최된 한·중·일 정상회담 (출처: 구글)

한·중 관계 개선 전략,
국익에 대한 개념정립과 원칙 먼저 세워야

2023년 5월 26일에 개최된 윤석열 대통령과 중국 리창(李强) 총리 회담에서 양국은 한·중 간 안보와 경제분야 대화를 활성화하기로 합의하였다. 그동안 경색되었던 한·중 관계가 개선되는 것은 긍정적이기는 하지만 우리는 국익을 극대화하기 위해 무엇을 어떻게 준비해야 하는가 하는 과제에 직면하게 되었다.

양국이 합의한 대화와 중국 의도…
한미동맹과 한·미·일 안보협력 완화 시 경제 혜택 제시

우리와 중국이 합의한 대화는 안보분야에서 ① 외교 국방 2+2 안보 대화를 신설하여 다음달인 6월 중순에 첫 회의를 개최하기로 하였으며, ② 민·관 1.5 트랙 대화와 외교 차관 전략대화를 재개하기로 하였다. 경제분야에서는 ① 한·중 FTA 2단계 협상을 재개하기로 하였으며, ② 공급망 협력 강화를 위한 수출 통제 대화체를 출범시키고, ③ 투자협력위원회를 13년만에 재개하기로 합의하는 한편, ④ 한·중 경제협력 교류회 2차 회의를 금년도 하반기에 개최하기로 하였다.

합의 사항을 살펴보면 첫째, 양국은 '외교 국방 2+2 안보 대화'와 '공급망 협력 강화 대화'를 신설하고, 기존에 진행되었던 대화는 재개하기로 합의하였다. 중국은 신설되는 안보대화를 통해 한미동맹과 한·미·일 안보협력의 완화를 요구하고, 역시 신설되는 공급망 대화에서는 반도체의 안정적 공급을 요청할 것으로 보인다. 왜냐하면 중국이 가장 필요한 사항이기 때문이다.

둘째, 양국은 외교 국방 2+2 안보 대화를 가장 먼저 개최하기로 합의하였는데, 이는 우리가 중국이 안보대화에서 요구할 것으로 예상되는 한미동맹과 한·미·일 안보협력 완화를 수용할 경우 후속되는 경제분야 대화에서 우리에게 경제적 혜택을 줄 수 있다는 의도로 읽혀진다.

우리의 대화 전략… 국익에 대한 개념을 정립하고 원칙을 고수하고 일관성 유지해야

우리는 중국과 대화에서 미국과 안보 관계를 우선시하여 중국의 요구를 거부할 것인가, 아니면 경제 이익을 중요시 하여 중국의 제안을 수용할 것인가라는 어려운 선택의 상황을 맞이 할 것이다. 그렇지만 중국의 제안에 우리의 선택 기준은 당연히 국익이다. 문제는 국익에 대한 개념이 다소 모호하고 처해있는 입장에 따라 차이가 있다는 것이다. 국가 안보를 최우선으로 해야 한다는 여론도 있으며 동시에 경제적 이익이 더 중요하다는 그룹도 존재하고 있다. 그리고 이념과 정치적 입장에 따라 견해가 항상 같지는 않다.

그렇기 때문에 어느 누구도 납득할 수 있는 국익에 대한 개념을 먼저 정립한 다음, 주권과 정체성을 양보할 수 없다는 원칙을 수립하고 이를 고수해야 한다. 그리고 비록 5년마다 대통령은 교체되지만 이와 관계없이 일관성을 유지해야 할 것이다.

우리의 지정학적 위치와 반도체 산업으로 중국을 움직일 수 있어… 중국과 타협점 찾아야

시진핑 주석 이전의 중국은 우리와 북한과 북한 핵문제에서 이해가 일치된 분야가 있어 안보분야에서 전략적 대화와 협력이 가능했

한국과 중국, 대등하다

고, 경제적으로도 상호 보완의 관계로 상생협력이 가능했지만, 오늘날 시진핑 시대의 중국은 그렇지 않다. 시진핑 주석은 북한을 지원하고 있고 기술력은 대부분 우리를 추월하여 우리가 중국과 협력할 수 있는 공간이 축소된 상태이다.

중국은 미국과 패권경쟁에서 지정학적으로 미국의 포위망을 벗어나야 하고, 경제적으로 반도체 등 첨단 기술과 장비의 공급망을 확보해야 한다. 우리는 중국의 이러한 요구를 충족시켜줄 수 있는 지정학적 위치와 반도체 산업을 보유하고 있다. 이 두 가지는 우리가 중국을 움직일 수 있는 자산이면서 지렛대이기도 하다.

그리고 중국이 양보할 수 없는 핵심이익은 외세의 대만 개입이다. 우리가 한·미·일 안보협력을 유지하면서 대만문제에 직접 개입을 자제한다는 입장을 표명하고, 중국 수도권을 겨냥하는 미국 중거리 미사일 한국 배치에 부정적 견해를 다시 한번 밝힌다면 중국과 안보대화가 가능할 것이다. 물론 우리는 중국에게 북한의 핵과 미사일 위협과 도발을 중지시키는 역할을 요구해야 할 것이다. 중국이 한·중 정상회담 다음날인 27일 개최된 한·중·일 정상회담에서 북한핵에 대해 우리와 입장 차이를 나타냈지만 안보대화를 통해 중국의 변화를 기대해 볼 수도 있겠다.

우리는 한·중 대화 재개 시대를 맞이하여 사전에 전문가의 의견을 수렴하고 정치권의 입장을 조율하여 한목소리로 중국을 상대해서 국익을 극대화하면서 동시에 경색되었던 중국과 관계를 정상화시켜야 할 것이다. (뉴스투데이, 2024. 5. 29)

중국이 한·중 외교안보대화를 통해
보내는 신호

　　우리는 2024년 6월 18일 중국과 외교안보대화를 하였다. 우리는
이 자리에서 북한의 핵 및 탄도미사일 위협 문제를 비롯하여 푸틴의
방북과 북·러 밀착 현상 그리고 최근 북한의 오물풍선 살포 등 전반
적인 안보현안에 대해 입장을 밝혔다고 한다. 이에 대해 중국은 "대
(對)한반도 정책에는 변함이 없다. 한반도 문제 해결을 위해 건설적인
역할을 하겠다"라는 기존의 원칙을 다시 언급한 것으로 알려지고 있
다. 즉 금번 외교안보대화는 양국이 자국의 입장을 밝히는 의견 교환
정도의 회의였다. 그렇지만 중국이 이 회의를 통해 우리, 그리고 북한
과 러시아에 보내는 신호는 '국익에 위배되면 견제하겠다'라는 의미를
담고 있다

중국은 우리와 협력이 필요해서 회의 개최를 요구, 당근은 경제협력이고 채찍은 경제보복

우리와 중국은 외교안보분야에서 다른 입장을 가지고 있다. 우리는 북한의 위협에 대응하기 위해 한미동맹을 강화하고 있고 한·미·일 안보협력을 증진시키고 있지만, 중국은 북한을 후원하고 있으며 한·미·일 안보협력이 대만과 남중국해로 확대되는 것에 반대하고 있다. 이러한 입장차이는 2022년 11월 윤석열 대통령과 시진핑 주석의 정상회담에서는 물론이고 2024년 5월 한·중·일 정상회담에서도 분명히 드러났다. 이러한 입장 차이는 외교부 차관급이 수석대표로 참석하는 금번 외교안보대화에서 좁혀질 수 있는 사안이 아니다.

중국은 한국과 외교안보분야에서 의견을 일치시키거나 합의를 이룰 수 없다는 사실을 알고도 한·중·일 정상회담에 앞서 5월 26일 개최된 한·중 정상회담에서 양국 간 외교안보대화의 6월 중순 개최를 요구하였다고 한다. 여기에 담긴 중국의 의도는 우리가 중국이 요구하는 '한미동맹 및 한·미·일 안보협력 완화와 반도체의 안정적 공급'을 수용할 경우 후속하는 경제분야 대화에서 우리와 경제협력을 확대할 수 있다'라는 신호이다. 이어지는 경제분야 대화는 ① 한·중 FTA 2단계 협상, ② 수출 통제 대화체, ③ 투자협력위원회, ④ 한·중 경제협력 교류회 2차 회의 등이다.

우리가 중국의 요구를 받아들이는데 주저한다면 이러한 경제분야 대화의 성과는 불분명할 것이며 중국은 더 나아가 요소수 등 우리가 중국에 의존하고 있는 몇 가지 품목을 통제하여 2021년 요소수 대란 같은 혼란을 야기할 수 있다는 신호를 보낼 것으로 보인다.

중국은 북한과 러시아에게 한국과 안보협력 가능성을 보여주어 북·러 밀착을 견제하고 있어

한·중 외교안보대화 다음날인 6월 19일 북한과 러시아는 정상회담에서 '포괄적 전략동반자 협정'을 체결하여, 양국 관계를 동맹수준으로 격상시켰다. 중국은 북·러 밀착이 동북아와 한반도에서 자신들의 영향력 축소로 이어질 수 있다는 우려 때문에 북한과 러시아가 급격히 가까워지는 것을 불편해하고 있다. 중국은 러시아 푸틴 대통령이 5월 중국 방문에 이어서 북한을 방문하겠다는 계획을 만류한 바 있다. 러시아가 중국이 독점적인 영향력을 행사하는 북한과 관계를 증진하는 것이 달갑지 않기 때문이다. 중국 입장에서는 향후 북한과 러시아가 중국의 국익에 도움이 되지 않는 방향으로 협력을 할 수 있다는 가능성을 배제할 수 없다. 특히 북한과 러시아가 바라고 있는 북·중·러 對 한·미·일 대결구도는 미국과 유럽의 반발을 초래할 수 있어 중국이 원하지 않는 상황이다.

한·중 외교안보대화가 북·러 정상회담보다 하루 일찍 열렸지만 중국은 북한과 러시아를 향해 한국과 외교안보 관계 개선과 증진 가능성이라는 신호를 보내 북·러 밀착을 견제하면서 북·중·러 협력에 참여하지 않겠다는 의사를 표시하였다고 보여진다.

중국의 요구를 수용할 수 있는 유연성 필요···
전략적 자율성 확대의 기회

　푸틴의 북한 방문과 북·러가 체결한 '포괄적 전략 동반자 협정'을 보면 한반도 정세는 긴장되고 안보위협이 가중되는 듯하지만, 한·중 외교안보대화 전후의 중국 상황을 살펴보면 긍정적인 모습도 보인다. 중국이 우리와 대화와 협력이 필요하여 접근하고 있을 때, 우리는 중국과 관계 개선과 증진의 기회로 삼아 우리가 허용할 수 있는 부분과 받아들일 수 없는 한계선을 명확히 하여 중국과 경제협력 관련한 대화를 발전시켜 나가야 할 것이다. 중국이 민감하게 생각하고 있는 대만문제 개입 문제에 신중을 기하고 반도체 공급 문제를 긍정적으로 검토할 필요가 있겠다.

　동시에 우리와 중국은 북·러 밀착 견제라는 외교안보 분야에서 공동의 관심사가 발생하였다. 이 문제는 미국도 이해가 일치하고 있다. 북·러 밀착 견제를 위해 한·중이 대화를 진행하면서 미국도 동참하는 상황이 불가능하지는 않을 것이다. 이렇게 되면 우리가 그동안 부족하였던 중국과 대화의 기회를 창출하면서 전략적 자율성을 확대할 수 있는 기회가 될 것이다. (뉴스투데이, 2024. 6. 20)

2024년 중국 건군절 리셉션 참석 소회

"중국을 정상적으로 대우해야 우리도 대우받을 수 있다"

필자는 금년도 7월 25일(목) 서울시내 한 호텔에서 개최된 중국 인민해방군 97주년 기념 리셉션에 참석하였다. 매년 중국 대사관 무관부에서는 자국의 국군의 날(建軍節)인 8월 1일 이전에 우리 국방부 및 각 군 고위인사, 그리고 국책연구기관 연구원 등 중국과 관계있는 많은 인사를 초청하여 우호를 돈독히 하면서 긴밀한 한·중 관계를 대내외에 과시하여 왔다. 이때에 우리 측에서는 국방차관 또는 정보본부장이 대표로 참석하여 축사를 하였다.

작년 2023년 96주년 기념 리셉션은 예년에 비해 다소 소원한 모습이었다. 원만하지 못한 한·중 관계를 보는 듯했다. 우선 우리 측 대표가 국방부 정책국장이었다. 격이 낮아진 것이다. 우리 군복을 착용한 장성 및 장교들은 보이지 않았다. 국군의 날 리셉션 행사에 현역은 군복착용이 관례이고, 초청장에도 현역은 군복 착용을 요청하였다.

금년 2024년 97주년 기념 리셉션은 한·중 관계가 호전되는 시점에 개최되어 작년보다 성황을 이룰 것으로 생각하였다. 그렇지만 웬일인지 작년보다 더 소원하였고 분위기는 다소 침울하였다. 우선 우리 측 대표가 없었고, 의례적이었던 축사도 없었다. 군복을 착용한 현역 장성과 장교들도 없었다. 특히 금년은 우리가 한·중 관계를 개선하겠다고 밝힌 바 있고, 이에 따라 한·중 외교안보대화가 6월 18일 열렸다. 경제분야에서는 각종 대화가 활발히 이루어지고 있는 시점이다. 필자가 모르는 양국 국방부 간 무슨 문제가 이유가 있는지 알수는 없지만 우리가 중국을 국방분야에서 너무 소홀히 여기는 것은 아닌지 하는 생각이 들었다.

2023년 행사 후에도 필자는 우리가 이래서는 안된다고 소회를 한중저널 17호(2023년 가을호)에 '리셉션을 군사외교 무대로 활용하는 전략적 판단 필요 – 관계가 어려울수록 소통 기회 늘려야'라는 제목으로 게재한 적이 있다. 그 이유는 세 가지였다. 그 이유를 요약하여 다시 인용하겠다.

첫째, 중국 무관부가 개최한 리셉션은 중국군에게 우리의 정책과 입장을 설명하는 기회이다. 관계가 좋지 않고 어려운 문제가 존재할수록 더욱 소통의 기회를 늘려야 한다. 회의 테의블이나 접견실에서 나누는 공식 대화도 중요하지만 행사장에서 격의 없는 의견교환도 소홀히 해서는 안 된다. 대화의 기회가 많으면 많을수록 소통이 원활해지기 때문이다. 오히려 관계가 좋지 않고 어려운 현안이 많을수록 소통이 더 필요하다고 할 수 있다.

둘째, 중국군 무관들과 개인적인 친분을 쌓을 수 있는 기회이다. 동시에 중국군 무관들에게 한국군의 좋은 인상을 줄 수 있는 기회이기도 하다. 한국에서 근무하고 있는 중국군 무관들은 모두 한반도 문제 전문가들이다. 향후 중국의 한반도 정책은 지금 우리 앞에 있는 무관들의 의견이 많이 반영될 것이다. 무관들은 임기를 마치고 귀국하면 국방부에서 한국 담당 또는 한반도 담당이나 동북아 담당 또는 과장을 할 것이고, 평양으로 파견되기도 한다. 이들은 남북한을 비교할 수 있다. 이들은 객관적으로 남북한의 국력을 파악할 수 있고 개개인에 대한 인성과 인품도 비교할 수 있다. 이들이 한국에 호의적인 감정을 갖도록 하는 것이 장기적인 관점에 필요하다. 홀대해서 섭섭한 감정을 갖게 하는 것은 우리 국익에 아무 도움이 되지 않는다.

그리고 중국은 지금은 우리와 관계가 다소 소원하다고 하더라도 G2 국가로서 우리에게는 변함없이 중요한 인접국가이며, 국제정세 변화에 따라 우리와 관계가 좋아질 수도 있고 북한 문제 등 우리가 협력을 요청할 수 있는 국가이다.

셋째, 베이징에 있는 우리 무관부의 입장을 고려해야 한다. 우리 무관부도 10월 1일 국군의 날을 전후하여 기념행사를 한다. 이때 중국 국방부에서 상호주의를 내세우며 우리 무관부를 의도적으로 홀대한다면 우리 무관부의 활동은 위축될 것이다. 우리가 중국 무관부에

한국과 중국, 대등하다

게 최대한 예우를 갖추어야 우리 무관부도 중국으로부터 상응한 대우를 받을 것이다.

중국인들이 인간관계를 형성할 때 사용하는 말이 있다. '특별한 일이 없을 때 식사하면서 친분관계를 돈독히 해라(沒事吃飯)'라는 말이다. 당연히 이런 평상시의 돈독한 관계가 있어야 필요할 때 도움을 받을 수 있는 것이다.(有事做成) 중국군 건군절 기념행사에 예년처럼 참석하여 중국 대사와 국방무관 및 무관부 인원들과 대화하면서 친분을 형성하는 것이 우리 국익에 도움이 되는 이유인 것이다.

내년 2025년 7월 말 무렵 다시 98주년 중국군 건군절 리셉션 행사에 참석한다면 한·중 관계의 부침에 관계없이 활발한 한·중 군사 교류의 모습을 보고 싶다. (한중저널, 2024. 7. 25, 통권 21호)

리셉션에서 필자와 중국 국방무관(임방순 사진 제공)

한·중, 대화의 시대를 열어야 한다

- 우리와 중국이 고려해야 할 사항 들

문제 제기 : 우리의 국익을 위해 중국과 대화가 필요하다

우리는 2012년 이전에 安美經中(안미경중)의 시대가 있었다. 안보는 미국, 경제는 중국과 협력한다는 의미였다. 시기적으로 중국 시진핑(習近平) 집권 이전인 장쩌민(江澤民)과 후진타오(胡錦濤) 시대 약 20여 년간이었다.

그러나 중국이 경제적으로 급성장하여 미국과 패권경쟁을 하는 G2 위치에 오르고, 첨단분야에서 우리를 앞서 나가자 상황은 바뀌었다. 안보는 미국 그대로인데 경제는 중국이 아닌 것이다. 오히려 우리는 중국에서 무역 적자가 발생하고 있고, 첨단 분야에서 중국이 우리를 추월하여 그 격차는 더욱 벌어질 것으로 보고 있다. 우리 경제인들은 이제 중국이 두렵다고 한다. 안보분야도 중국은 한미동맹과 한·미·일 안보협력이 자신들의 핵심이익인 대만해협과 남중국해로 확대될 가능성을 경계하면서 우리를 주시하고 있다.

우리는 우리 옆에 자리하고 있는 강대국 중국과 좋은 관계를 유지하면서 우리의 국익을 극대화시켜야 하는 상황에 직면하고 있다.

필자가 정의하는 국익은 '우리의 주권과 정체성을 지키고 경제적으로 번영하여 국민 삶의 질을 향상시키는 것'이다.

윤석열 정부는 이전 문재인 정부와 달리 '대중 저자세 외교'라는 우려는 없지만 중국과 소통이 부족한 것은 아닌가 하는 의문이 든다. 필자는 윤 정부가 현재까지 중국에 대해 우리의 원칙과 입장을 충분히 주장했다고 생각하며, 앞으로는 이러한 토대 위에서 국익을 위해 좀 더 유연한 자세로 중국과 대화하고 교류를 해야 한다고 생각한다.

중국 대외정책 변화 조짐과 중국이 우리에게 보내는 신호 들

중국 대외정책 변화 : 강압외교(戰狼외교)에서 유연한 외교로

시진핑 시대에 들어와서 보인 중국의 외교형태는 '강압외교'였다. 전임 후진타오는 주변국에 '선린외교(睦隣外交)'을 적용하였지만, 시진핑은 미국 중심의 기존 국제질서를 벗어나 자국이 하나의 극(중심)이 되어 미국패권에 도전하는 과정에서 강압외교가 등장한 것이다.[1]

---

1 박병광, 「시진핑 시기 '주변외교'의 발전과정 및 시사점」(INSS 전략보고, 2022. 5), pp. 5-6, p. 9.

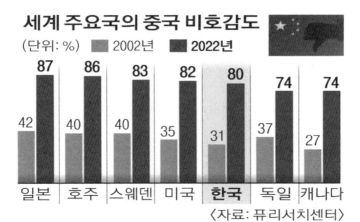

세계 주요국의 중국 비호감도

(단위: %) ■ 2002년 ■ 2022년

	일본	호주	스웨덴	미국	한국	독일	캐나다
2002년	42	40	40	35	31	37	27
2022년	87	86	83	82	80	74	74

〈자료: 퓨리서치센터〉

(출처: https://www.seoul.co.kr/news/international/2022/07/01/20220701010036, 검색일 2024. 10.5)

그리고 중국의 무역보복에 대부분의 대상국은 굴복하지 않았다. 우선 호주는 2020년 전체 대외 수출에서 중국이 차지하는 비율이 40%에 이르는 중국 의존도가 높은 국가였다. 2020년 4월 스콧 모리슨(Scott Morrison) 총리가 중국 우한에서 발생한 코로나바이러스의 기원과 전파 메커니즘에 대한 국제적인 조사를 주장하자, 중국은 호주산 석탄 등에 대해 수입제한과 금지 조치를 취하였다. 그러나 이 결과 호주에 경제적 피해를 주지못하였고[2] 오히려 중국이 석탄 부족으로 월동 난방에 어려움을 겪은 것으로 나타났다. 결국 중국은 2023년 5월 호주와 무역관계를 정상화하였다.

최근 일본에 대해서도 동일한 모습을 보이고 있다. 중국은 2023년

---

2 김기수, "실패로 끝난 중국의 대호주 경제 보복," 『세종논평』2021-14(2021. 11.30), pp. 1-2.

8월, 후쿠시마 원자력발전소 오염 처리수 해양방류 문제로 일본 수산물에 대해 전면 수입 금지를 하였지만, 중국도 수산물 부족과 가격 급등 문제 등으로 곤란을 겪자 약 1년 후인 2024년 9월 점진적으로 수입을 재개한다고 발표하였다.[3]

유럽에서 인구 280만 명의 작은 나라 리투아니아 사례는 우리에게 많은 교훈을 준다. 리투아니아는 2021년 자국에 설치된 대만 대표부 명칭을 유럽의 대부분 국가들이 '타이페이 대표부'라고 표기하는 것과 다르게 '대만'이라고 명명하였다. 중국은 하나의 중국 원칙을 위배한다고 반발하면서 전방위적 압력을 가하였지만 리투아니아는 오히려 대만과 IT와 반도체 협력을 강화하는 등 중국의 압력에 굴복하지 않았다. 결국 중국은 2년 후 2023년에 모든 무역보복 조치를 철회하였다.[4]

최근에는 이러한 중국의 강압외교가 나타나고 있지 않다. 필자는 중국이 공식적인 발표를 하지는 않았지만 강압외교의 효과가 크지 않고 중국 비호감이 증대하여 관련국에게 유화적으로 대하는 정책전환을 이룬 것으로 추정한다. 중국이 대외 영향력을 확대하기 위해 2013년부터 추진한 '일대일로'(一帶一路) 정책도 해당국을 부채의 덫에 빠뜨린다는 비난이 비등하자, 일대일로 사업 추진 10주년을 맞이

---

3 "中 "일본 수산물 수입 점진 재개"… 후쿠시마 원전 오염 처리수 갈등 봉합," 《조선일보》, 2024년 9월 22일.

4 "인구 280만 유럽소국 리투아니아는 왜 중국에 맞서나," https://www.yna.co.kr/view / AKR20211 130039100082, (검색일: 2024. 10.5).

하여 개최한 '2023년 국제협력 정상포럼'에서 시진핑 주석은 "작고 아름다운 민생사업을 함께 추진하고 공동 번영과 발전을 실현하자"라고 하면서 해당국에 부담이 작은 소형사업으로의 전환을 선포하였다.[5]

우리에게 보내는 대화를 시작하자는 신호 : 사드 철수 등 종전의[6] 주장을 보류

문재인 정부 시절 우리는 중국으로부터 정당한 예우를 받지 못하였으며, 우리의 주권과 정체성을 침해당하는 강압외교도 있었다. 사드 배치는 우리의 군사주권 사항인데도 중국은 한한령(限韓令)이라는 무역보복을 하였고, 더 나아가 중국의 의견이 반영된 소위 '사드 3불(不) 1한(限)'으로 타협되었다. 이뿐만이 아니었다. 문 대통령 특사는 2번이나 시진핑 하석에 앉았다.[7]

이러한 중국의 강압적인 자세는 지속되었다. 왕이(王毅) 외교부장은 2022년 8월 한·중 외교장관 회담에서 한·중 관계가 발전하기 위해서 우리에게 '5개의 마땅히 해야 할 사항(堅持五個應當)'을 강조했다

---

5 임방순, '中일대일로 vs 美인도태평양 전략', 「한중저널」(서울: 도서출판 오색필통, 2023. 12.29), p. 53.

6 '사드 3불 1한'이란 문재인 정부가 2017년 10월 말 중국에게 ①사드를 추가 배치하지 않고, ② 미국의 미사일방어체계에 불참하며, ③한·미·일 군사동맹을 맺지 않는다 라고 3가지를 하지 않겠다는 것이며, '1한'은 주한미군에 배치된 사드의 운용을 제한한다는 의미이다. 중국은 한·중 약속이라고 주장하는 반면 우리 정부는 우리의 입장이었다고 반박하고 있다. "중국, "한국, 사드 운용 제한 선서했다"… '3불'이어 '1한'까지 주장," 《한겨레》, 2022년 8월 11일.

7 시진핑 중국 국가주석 하석에 앉았던 문재인 대통령 특사는 ①이해찬 前국무총리 (2017. 5.19), ②정의용 국가안보실장 (2018. 3.12). 중국측은 새로운 관행이라고 설명했지만 그 후 일본이나 미국의 특사는 시진핑 주석과 마주앉아 한국 대통령 특사 홀대라는 논란을 초래하였다. "시진핑의 '자리외교'? 日 특사 마주보고, 韓 특사 하석 앉혀." 《조선일보》, 2019년 4월 26일.

한국과 중국, 대등하다

고 홈페이지에서 밝혔다. 중국이 제시한 '5개 응당' 중 첫 번째는 '마땅히 독립자주를 견지하고 외부의 간섭을 받지 말아야 한다'(應當堅持 獨立自主, 不受外界干擾)였다.[8] 우리에게 한미동맹의 이완을 요구한 것이다

'5개 응당'은 중국이 한·중 관계를 수평적, 호혜적 관계가 아닌 수직적이고 시혜적인 관계라고 생각하고 있다는 점을 드러내고 있는데, 이는 시진핑 주석이 우리를 과거 중화질서 속에서 종주국(宗主國)-번속국(藩屬國) 관계로 보는 인식의 연장선이다.[9] 우리는 중국의 이러한 인식을 받아들일 수 없다.

이렇게 강압적이던 중국이 최근에는 변화를 보이고 있다. 특히 2023년 9월에는 시진핑 주석이 항저우(杭洲) 아시안 게임 개막식 참석한 한덕수 총리와 회담을 하였고, 2024년 5월 서울에서 개최된 한·일·중 정상회담에 리창(李强) 총리가 참석하여 한·중 간 대화를 확대하기로 합의하였다.[10] 윤석열-리창 합의에 따라 1개월 후 6월에 서울에서 한중 외교안보(2+2) 차관급 회의가 개최되었다.

---

8 "CSF 중국전문가포럼, 아산정책연구원(2022-8-24) '중국의 5개 응당에 제대로 대응해야 한다'," https://csf.kiep.go.kr/studyReportView.es?article_id=47284&mid=a20300000000, (검색일: 2024. 1. 6).

9 유상철, 『시진핑 탐구』(서울: LiSa, 2023. 10), pp. 15-17.

10 한·중 간 합의한 대화는 안보 분야에서 ① 외교 국방 2+2 안보 대화를 신설해 오는 6월 중순 첫 회의를 개최, ② 민·관 1.5 트랙 대화와 외교 차관 전략대화를 재개, 경제 분야에서는 ① 한·중 FTA 2단계 협상 재개, ② 공급망 협력 강화를 위한 수출 통제 대화체를 출범시키며, ③ 투자협력위원회를 13년 만에 재개, ④ 한·중 경제협력 교류회 2차 회의를 하반기에 개최. "[임방순 칼럼] 한·중 관계 개선 전략, 국익에 대한 개념 정립과 원칙 먼저 세워야," https://www.news2day.co.kr/article/20240529500152, (검색일: 2014. 10.7).

왕이 부장은 우리 외교장관에게 더 이상 '당연히 해야 할 5가지 사항'을 언급을 하지 않고 있으며, 한·중 간 갈등의 시발점이 되었던 사드 포대에 대해 철수도 요구하지 않는다.

조태열 외교부 장관은 2024년 9월 1일 KBS 1 TV에 출연하여 "(외교)현장에서 (한·중 관계가 달라진 것을) 느끼고 있다"라고 언급하면서 "왕이 부장도 '중국은 한·중 관계의 중요성'을 잘 인식하고 있다"라고 답변하였다. 한·중 간에는 2025년 11월에 경주에서 개최 예정인 APEC(아시아태평양경제협력체)정상회의에 시진핑 주석의 방한과 한·중 정상회담 가능성이 대두되고 있는 실정이다.

중국의 변화는 다음과 같은 이유로 분석된다. 첫째, 윤석열 정부의 한미동맹 강화와 한·미·일 안보협력 의지가 강해 이를 약화시킬 수 없다고 인식하여, 3년 후 한국 대선에서 새로운 정부가 등장할 때까지 기다리고 있다고 볼 수 있다. 중국에서 3년은 긴 시간이 아니다. 둘째, 한국에서 비등한 중국 비호감을 개선하기 위해서이다.[11]

---

11 2023년 조사에 의하면, 한국인의 중국 비호감도는 80% 이상이며 특히 2030 세대는 90%를 육박하고 있다. "2030, 북한보다 중국에 반감크다." 《조선일보》, 2023년 4월 25일.

우리와 중국이 대화를 해야 할 이유 : 상호 공통의 이해가 있다

우리의 입장

우리가 중국과 대화를 해야 할 이유는 크게 세 가지이다. 첫째, 우리가 대북 정책을 추진할 때 중국과 협력이 필요하다. 중국은 UN 등 국제 외교무대에서 북한을 후원하고, 경제적으로 지원하고 있는 국가이다. 따라서 중국은 북한의 호전성을 완화시켜 개혁개방으로 이끌 수 있는 국가이다. 그리고 우리는 중국과 북한에 대해 공통의 이해가 있다. 그것은 북한핵 폐기와 한반도의 안정과 평화, 한반도 평화통일 등이다.

둘째, 우리에게 중국은 서울에서 여객기로 2~3 시간 이내에 있는 인구 14억의 주요 시장이다. 우리가 어떻게 하는가에 따라 경제적으로 큰 이익을 볼 수 있다. 특히 지리적으로 가까운 산동성과 동북 3성도 경제적 협력이 가능한 지역이다.

셋째 우리가 중국의 경제발전에 편승한다면 수출시장을 다변화할 수 있다. 중국이 주도하는 '일대일로 프로젝트'에는 약 150여개 국가와 30여 국제기구가 참여하고 있고,[12] 중국은 글로벌 사우스[13]와 상

---

12 중국이 2023년 10월에 발간한 '일대일로 백서' 共建"一带一路"：构建人类命运共同体的重大实践에서 제시한 참가국 현황이다.

13 글로벌 사우스(Global South)는 주로 남반구나 북반구의 저위도에 위치한 120여 개발도상국을 지칭하는 개념이다. 미·중 패권 경쟁, 기후변화, 코로나 팬데믹 등을 겪으며 독자적인 목소리를 내기 시작했고, 우크라이나 전쟁으로 급격히 존재가 부상하고 있다.

하이 협력기구[14] 지도국이다. 전세계에서 미국의 동맹국과 유럽 중심의 서방국을 제외하면 많은 국가들이 중국과 협력을 도모하고 있는 실정이다. 우리는 미국 및 미국 중심의 서방 진영과 협력도 필수적이지만 그 대척점에 있는 국가들과 교류와 협력을 활성화한다면 우리의 대외 진출 영역은 더욱 확대될 것이다.

중국의 입장

중국도 우리와 대화를 해야 할 필요가 크게 두 가지이다. 무엇보다 한국과 대화를 통해 한미동맹을 완화시킬 필요가 있다. 중국이 한미동맹의 틈을 벌려서 한국을 중국 쪽으로 약간만 끌어당길 수 있다면 중국은 미중 패권경쟁에서 다소 유리한 위치를 점할 수 있다. 한국은 미국과 상호방위조약을 맺고 있고, 한미연합사를 설치하여 연합방위체제를 이루고 있으며 2만 8천명의 미군이 한국에 주둔하고 있다. 한국주둔 미군은 중국에게 부담스러운 존재이다. 따라서 주한미군이 중국을 겨냥하지 않도록 해야한다.

다음으로는 한국은 중국이 4차산업에 필요로 하는 첨단 반도체 생산국가라는 점이다. 미국이 중국의 첨단과학기술 발전을 억제하기 위해 첨단 반도체의 중국 수출을 금지시키자 중국은 당분간은 한국

---

14 상하이 협력 기구는 중국이 주도하여 중앙아시아, 유라시아의 안전 보장 확립과 회원국 간의 정치, 경제, 군사, 문화 등 협력 강화를 목적으로 한다. 이러한 이유 때문에 상하이 협력 기구가 북대서양 조약 기구(NATO)를 견제하기 위해 만들어졌다고 보는 시각도 있다. 회원국은 현재 중국을 포함하여 러시아 등 정회원 10개국이며 점차 회원국을 늘려가고 있다.

으로부터 반도체를 안정적으로 공급 받아야 첨단산업을 유지하고 발전시킬 수 있다. 중국이 우리에게 경제적인 공동번영을 주장하는 이유이다.

우리와 중국이 대화를 위해 고려해야 하는 사항 들

우리가 고려해야 할 사항들

중국이 우리에게 대화를 시작하자는 신호를 보내고 있지만 구체적인 진척이 없다. 그 이유는 우리와 중국이 대화 이전에 상대를 이해한 다음, 고려하고 배려해야 할 사항들이 있기 때문이다. 우선 우리가 염두에 두어야 할 사항은 세 가지이다.

첫째, 우리는 중국의 핵심이익[15]에 대해서 신중해야 한다. 중국은 자신들의 주권과 영토 문제에서 만큼은 한치의 양보도 없다. 청조 말기에 러시아에 흑룡강과 연해주 일대 영토를 빼앗기고, 이어서 서구와 일본의 침략으로 반식민지로 전락했던 역사를 기억하고 있기 때문이다. 한미동맹 또는 한·미·일 안보협력이 대만과 남중국해로 작전범위를 넓힌다면 중국은 이를 핵심이익을 침해하는 행위라고 여기고 반발할 것이다. 윤 대통령이 대만해협 문제에 대해 일반적인 언급을 했음에도 그들은 "함부로 말하지 마라"라는 등 원색적으로 비난한 바

---

15 중국은 핵심이익을 ①국가주권, ②국가안전, ③영토완정, ④국가통일, ⑤중국 헌법이 정한 정치제도와 사회안정. ⑥경제사회 지속 발전 보장이라고 규정하고 있다. (출처 : 百度 中國憲法用辭)

있다.[16] 중국과 대화를 이어가려면 이 문제를 가급적 자제하거나 회피해야 한다.

둘째, 중국이 첨단산업 분야에서 우리를 크게 필요로 하지 않는다는 현실을 직시해야 한다. 중국은 현재 AI, 전기차, 우주개발 등 첨단산업과 과학기술 분야에서 우리보다 앞서있다. 중국은 과거에는 우리의 중간재를 필요로 했고 우리에게 첨단기술에 대해 협력하고자 하였지만 이제는 아니다. 한국경제는 중국에서 존재감이 갈수록 작아지고 있다.

셋째, 외교정책의 일관성을 유지해야 한다. 정권 성향에 따라 큰 폭으로 대외정책, 특히 대중국 정책이 달라진다면 우리는 중국과 대화에 신뢰를 유지하기 어렵다.

중국이 고려해야 할 사항들

중국도 우리와 대화에 앞서 다음 세가지를 고려해야 한다. 첫째, 우리를 과거 중화질서의 종주국–번속국 관계로 바라보아서는 안 된다. 한국이 이를 수용할 수 없기 때문이다. 우리가 중국을 존중하는 만큼 중국도 우리를 배려해야 한다.

둘째, 한미동맹과 한·미·일 안보협력의 당위성을 인정해야 한다.

---

16 중국 외교부 대변인 왕원빈(왕원빈)이 윤 대통령이 2023년 4월 미국방문을 앞두고 로이터통신과 인터뷰에서 대만해협 문제와 관련하여 "국제사회는 힘에 의한 현상변경을 반대한다"는 원론적 발언에 대해 "대만문제에 대해 주둥이(喙,훼) 놀리지 마라"라는 의미의 언급을 하였다. "외교부, 윤석열 발언 '주둥이(喙)'에 비하한 中에 발끈," 《주간조선》, 2023년 4월 21일.

중국은 한국이 미국 진영에 가담할 수밖에 없는 역사적 배경을 이해해야 하며 북한핵위협에 노출된 한국이 선택할 수 있는 안보정책이 한·미·일 안보협력이라는 현실을 긍정해야 한다. 한미동맹은 중국이 생각하듯이 과거의 유물[17]이 아니고 우리에게는 현재 진행형이라는 의미이다.

셋째, 북한을 일방적으로 두둔하는 문제이다. 한국인들이 친구라고 여겼던 중국이 우리 편이 아니라고 충격을 받은 사건이 있었다. 바로 북한이 자행한 천안함 폭침과 연평도 도발 사건에서 무력도발을 한 북한을 감싸는 행위였다. 그리고 그 후에도 중국은 UN의 대북제재를 회피하여 간접적으로 북한을 지원하고 있다.

글을 마치며 : 한미동맹 지속시키며 외교적 자율성 확대 필요, 내부 한목소리는 필수 사항

한·중 대화와 교류는 상호 공통의 이해가 있어 우리와 중국 모두에게 필요하다. 동시에 대화에 앞서 고려해야 할 사항도 존재한다. 우리는 중국의 입장을 고려하면서 중국에게도 우리를 고려하고 배려해

---

17 친강(秦剛) 중국 외교부 대변인은 이명박 대통령의 방중 기간인 2008년 5월 27일, "한미 군사동맹은 지나간 역사의 유물"이라며 "시대가 많이 변하고 동북아 각국의 상황도 크게 변한 만큼 낡은 사고로 세계 또는 각 지역이 당면한 문제를 다루고 처리하려 해서는 안 된다"고 언급하였다. "한미동맹은 과거의 유물" 반격나선 중국, https://www.ohmynews.com/NWS_Web/View/at_pg.aspx? CNTN_ CD=A0000911508 (검색일: 2024. 10.3).

야 한다고 제안해야 한다. 이러한 노력과 동시에 우리는 다음과 같은 내부 문제의 중요성도 소홀히 해서는 안되겠다.

첫째, 중국과 대화는 자칫 미국에게 동맹관계 완화 또는 이탈이라는 잘못된 신호를 보낼 수 있다. 미국 및 일본과 유럽 등 기존 우방국 관계에 손상이 가지 않도록 세심한 주의가 필요하다. 중국과 대화는 대부분 한미동맹에 영향을 주는 문제들이다. 기존 동맹을 유지하면서 그 토대 위에 중국과 관계를 형성해야 할 것이다.

둘째, 우리의 외교적 자율성을 확대시켜야 한다. 이를 위해 전시작전권 전환문제를 긍정적으로 검토해야 한다. 북핵위협이 심각한 상태이기 때문에 당장은 아니라 하더라도 장기적인 계획으로 자체 능력을 증대시켜 미군에 대한 의존성을 줄여나가야 한다.

셋째, 국익에 대한 정의 및 공감대, 대외정책의 원칙과 우선순위를 정립해서 공유해야 할 것이다. 이때에 보수와 진보, 여당과 야당 모두가 동의해서 한목소리를 내야 할 것이다. 우리 내부에서 한목소리가 나오지 않고 정권 교체에 따라 정책과 우선순위가 쉽게 바뀐다면 외세 개입의 여지를 마련해 주는 것이다. 그렇다면 구한말 망국의 사례와 다를 바가 없다.

우리는 베트남의 '대나무 외교'와 인도의 '모두를 친구로 하는 외교'를 높게 평가하고 있다. 이들 나라의 공통점 중 하나는 국내에서 친미 또는 친중 논란과 분열이 심하지 않다는 점이다. 정치권을 포함하여 사회적으로 국익에 대한 공감대가 형성되어 있어서 정권이 교체되어도 외교안보정책은 대체로 일관성을 유지하고 있다고 할 수 있다.

우리도 베트남과 인도의 사례에서 보듯이 한미동맹을 유지하면서 중국과의 협력 범위도 확장하는 전략을 통해 국익을 극대화해야 할 것이다.

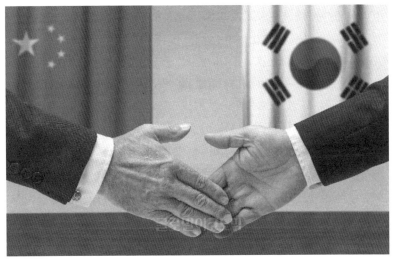

한국과 중국은 대화 시대를 열어가야 한다 (출처 : 구글)

〈참고문헌〉

김기수, "실패로 끝난 중국의 대호주 경제 보복," 『세종논평』2021-14(2021. 11.30).

박병광, 『시진핑 시기 '주변외교'의 발전과정 및 시사점』(INSS 전략보고, 2022. 5).

유상철, 『시진핑 탐구』(서울: LiSa, 2023. 10).

임방순, '中일대일로 vs 美인도태평양 전략', 『한중저널』(서울: 도서출판 오색필통, 2023. 12.29).

"중국, "한국, 사드 운용 제한 선서했다"… '3불'이어 '1한'까지 주장," 《한겨레》, 2022년 8월 11일.

"시진핑의 '자리외교'? 日 특사 마주보고, 韓 특사 하석 앉혀." 《조선일보》, 2019년 4월 26일.

"中 "일본 수산물 수입 점진 재개"… 후쿠시마 원전 오염 처리수 갈등 봉합," 《조선일보》, 2024년 9월 22일.

"2030, 북한보다 중국에 반감크다," 《조선일보》, 2023년 4월 25일.

"외교부, 윤석열 발언 '주둥이(嗦)'에 비하한 中에 발끈," 《주간조선》, 2023년 4월 21일.

"CSF 중국전문가포럼, 아산정책연구원(2022-8-24) '중국의 5개 응당에 제대로 대응해야 한다'," https://csf.kiep.go.kr/studyReportView.es?article_id=47284&mid=a20300000000,(검색일: 2024. 1. 6).

"[임방순 칼럼] 한·중 관계 개선 전략, 국익에 대한 개념 정립과 원칙 먼저 세워야," https://www.news2day.co.kr /article/20240529500152, (검색일: 2014. 10.7).

"인구 280만 유럽소국 리투아니아는 왜 중국에 맞서나,"https://www.yna.co.kr/ view /AKR20211 130039100082, (검색일: 2024. 10.5).

"한미동맹은 과거의 유물" 반격나선 중국, https://www.ohmynews.com/NWS_ Web/View/at_pg.aspx? CNTN_ CD=A0000911508 (검색일: 2024. 10.3).

(CSF 전문가 오피니언, 2024. 10. 24)

시진핑 주석이 한·중 정상회담을 통해 한국과 북한, 미국에 보내는 신호들

우리에게는 대화와 교류 활성화 제안, 북한에게는 북·러 밀착 견제, 美 트럼프에게는 대항 의지 과시... 우리는 중국과 대화와 교류 활성화하면서 트럼프 2기에 대한 협상 카드 마련해야

2024년 11월 16일 페루 리마에서 개최된 APEC(아시아태평양 경제협력체) 정상회의에 참석한 윤석열 대통령은 15일 시진핑 중국 국가주석과 정상회담을 가졌다. 2023년 11월 미국 샌프란시스코의 APEC 정상회의에서 중국은 우리의 정상회담 개최 요청을 거절하였지만, 이번 정상회담은 중국 측이 제안한 것으로 알려졌다.

2023년과 달라진 상황은 북한과 러시아가 밀착하여 북한이 군병력을 러시아에 파병한 것이고, 미국에서 2025년 1월 트럼프 정부가 출범하는 것이다. 중국은 이러한 상황 변화에 대응하기 위해 우리에

게 정상회담을 제안한 것으로 보인다. 중국은 한국에게 대화와 교류 활성화를 제안하면서 동시에 한국 대통령과 마주 앉아 정상회담하는 모습을 통해 북한과 미국 트럼프 차기 정부에게 전하려는 신호가 있었다고 생각한다.

우리에게는 대화와 교류 활성화하 신호, 중국이 경제와 안보 분야에서 적극성 보여

필자는 '비자 면제국에 한국 포함한 중국의 결정, 분명한 대화 신호로 긍정적 검토 필요하다'(뉴스투데이, 2024. 11.4) 칼럼에서 중국이 우리에게 보내는 대화와 교류의 신호를 언급한 바 있다. 중국은 금번 정상회담에서 이러한 신호를 보다 분명히 했다고 할 수 있다. 시진핑 주석은 "중국은 더 많은 한국 기업이 중국에 투자하고 사업을 시작하는 것을 환영한다"라고 언급하면서 한·중 FTA(자유무역협정) 2단계 협상을 조속히 개최하기로 합의하였다.

김태효 국가안보실 1차장은 "한·중 정상은 양국 경제협력, 문화, 인적 교류 활성화를 위한 다양한 방안에 대해 논의했다"라고 밝히면서 "금년 5월 윤석열 대통령-리창(李强) 중국 총리 회담 이후에 한·중 간 고위급 대화 채널이 활성화되기 시작했고, 한·중 관계 활로를 적극적으로 모색해보자는 중국 당국의 의지가 강하게 느껴지고 있다"라고 언급하였다.

안보 측면에서도 대화의 가능성이 보이고 있다. 시진핑 주석은 2022년 정상회담에서 북한 핵문제 해결을 위해 중국의 건설적 역할을 요청한 윤석열 대통령에게 "남북한 관계 개선이 우선이다"라고 거부 의사를 밝혔으며, 우리 정부의 대북지원 정책을 지지해 달라는 요청에 대해서도 "북한이 호응할 경우 지지한다"라고 역시 거부하였다. 그렇지만 금번 정상회담에서 시 주석은 "중국은 역내 정세의 완화를 희망하며 한반도의 긴장을 원하지 않는다. 당사자들이 정치적 해결을 위해 대화와 협상으로 평화적으로 해결해 나가기를 희망한다"라고 다소 완화된 발언을 하였다.

북한에게는 북·러 밀착을 견제한다는 신호, 우리와 이해 일치되어 협력 확대 필요

중국은 북·러 밀착에 대해 '이는 러시아, 북한 두 국가 간 문제'라는 모호한 입장이다. 그렇지만 중국은 북한의 러·우전쟁 참전으로 형성되는 북·러 혈맹관계가 기존의 북·중 혈맹 관계를 희석시키면서 북한에 대한 자국의 영향력 약화를 우려하고 있다. 또한 북한이 러시아로부터 첨단 군사기술을 이전받아 군사력을 강화하여 동북아 안정을 위협하는 것도 부담이다. 러시아에 파병된 북한군을 철수시키도록 중국이 역할을 하라는 미국과 유럽의 요구도 중국을 곤란하게 한다. 중국은 북한군의 러시아 증파를 억제해야 하고 북한의 핵능력을 증강시키는 등의 민감한 첨단군사기술 이전을 막아야 하는 입장이다.

시진핑 주석은 "한반도 역내 불안정을 야기하는 북한의 행동에 대해 중국이 건설적인 역할을 해달라"라는 윤 대통령의 요청에 대해 "지역의 평화, 안정을 위해 더 많은 기여를 해야 한다. 윤 대통령과 역할을 함께 해나가겠다"라고 언급하였다. 북·러 밀착 견제는 우리의 정책 목표와 일치하기 때문에 중국과 협력을 확대할 수 있는 분야이다.

美 트럼프 차기 정부에게는 중국 압박에 대항하겠다는 신호. 우리는 한미동맹을 훼손하지 않는 범위내에서 협력 고려

시 주석은 정상회담에서 "양측이 국제 자유무역체제를 수호하는 데 함께 힘써야 한다"라고 하면서 "글로벌·지역 산업 공급망의 안정적이고 원활한 흐름을 유지하고, 우호 증진에 도움이 되는 활동을 더 많이 수행해야 한다"라고 하였다. 미국 트럼프 2기의 미국우선 정책과 보호무역주의를 겨냥하여 함께 대응하자는 의도인 것이다.

중국은 트럼프 2기가 동맹 관계를 비용과 편익 관점에서 접근하면서 기존의 동맹체제가 약화될 것으로 전망하고 이 틈을 활용하여 중국의 활동영역을 넓히고자 할 것이다. 특히 중국은 한국이 트럼프 2기의 과도한 방위비 분담금 요구와 한·미 연합훈련 축소 및 중단, 그리고 주한미군 감축과 철수 등의 압박 조치에 반발하면서 한미동맹이 이완될 가능성이 있다고 보는 것이다. 즉 중국은 '한국을 포함하여 일본, 그리고 유럽 등을 끌어당겨 미국에 대항하겠다는 의지를 피력하고 있다'라고 할 수 있다.

우리에게 향후 예상되는 미국 트럼프 2기와 협상과 거래에서 중국과 교류와 협력 활성화는 하나의 협상 카드가 될 수 있다. 그렇지만 이 카드는 중국과 패권경쟁을 하는 미국의 국익에 훼손되지 않는 범위에서 사용할 수 있는 제한된 카드임을 잊어서는 안될 것이다.

중국이 금번 정상회담에서 보내는 신호는 긍정적이다. 우리는 중국과 경제 분야에서 대화와 교류를 확대하면서 북·러 밀착도 견제하고 트럼프 2기에 대한 '협상 카드'도 마련해야 할 것이다. 트럼프에게 우리는 머니머신(money machine)이 아님을 보여줘야 할 것이다.

(뉴스투데이, 2024. 11. 18)

PART

3

중국의 중화질서
재현 의도와
우리의 대응

- 중국은 '우리가 4가지 사항을 지속하면, 협력이 불가하다'는 '4불 방침' 통보
- 시진핑 주석은 방한 성과를 확신할 때, 한국을 방문할 것이다
- 시진핑 주석의 2024년 한국 방문, 실현되기 어렵다
- 한·중 외교장관 회담에서 박진 장관이 직면할 현안들
- 우리에게 중화질서를 강요하는 중국 외교부장, 이번에는 바로잡아야

중국은 '우리가 4가지 사항을 지속하면 협력이 불가하다'는 '4불 방침' 통보

《한겨레 신문》은 2023년 5월 31일자에서 "2023년 5월 22일 중국 외교부 아시아 국장 류진쑹(劉勁松)이 우리 외교부를 방문하여, 현 정부가 미·일 편중외교를 지속한다면 '중국은 한국과 협력이 불가하다' 등 4대 불가를 통보하였다"라고 보도하였다. 현 정부가 한미동맹을 강화하고 한·미·일 안보협력을 증진하는 상황에서 예상되었던 중국의 반응이다. 우리는 전 정부의 대중국 저자세 외교 논란을 정리하고 상호주의에 입각한 대등하고 정상적 한·중 관계 정립을 위해 이러한 중국의 제안에 대응해야 할 것이다.

중국이 통보한 '4불 방침'은 첫째, 우리가 (대만 문제 등) 중국의 '핵심이익' 개입 시 협력 불가, 둘째, 우리가 친미, 친일 외교정책을 지속 시 협력 불가, 셋째, 한·중 관계 긴장 지속 시 고위급 교류(시진핑 주석 방한) 불가, 넷째, 악화된 정세 아래 한국의 대북 주도권 행사 불가 등이다.

중국이 첫째와 둘째 사항에서 언급한 '협력 불가'는 구체적으로 무슨 협력이 불가한 것인지 명확하지 않지만 주로 경제적 문제로 '제2의 한한령'을 고려하고 있는 것으로 보인다. 중국은 한국의 전 정부를 한한령으로 굴복시켜 '사드 배치 관련한 3불 약속'을 받아낸 성공사례를 잊지 않고 있을 것이다. 우리 정부는 '사드 배치 관련한 3불'은 약속이 아니고 입장 표명이었다라고 주장하지만 중국은 이를 인정하지 않고 우리에게 '사드 3불 약속'을 이행하라고 요구하고 있다.

세 번째에서 언급한 '한·중 관계 긴장 지속 시 시진핑 주석 방한 불가'는 중국이 우리에게 시진핑 주석의 방한 조건으로 사드 포대 철거를 요구하고 있는 것이다. 시진핑은 지속적으로 한국에 배치된 주한미군의 사드 포대 철거를 요구하고 있지만, 우리는 주권 문제인 사드 배치문제를 북한의 위협이 계속되는 상황에서 철수할 수 없다는 입장이다. 우리는 당분간 시 주석의 방한을 요청하지 않으면서 이 문제를 보류하고 있는 것이 좋을 것이다. 우리에게 시진핑 주석의 방한은 시급한 사항이 아니다. 중국이 필요하면 시진핑 주석이 한국을 찾을 것이다.

네 번째 사항인 '악화된 정세하에서 한국의 대북 주도권 행사 불가'이다. 중국이 '한국의 대북 주도권 행사'라고 한정한 것으로 미루어, 중국은 한국이 추구하고 있는 '남북 대화와 남북한 교류 분야'에서 협력하지 않겠다는 의도일 것이다. 중국은 국제사회가 우려하고 있는 북한 핵무기 고도화 문제나 7차 핵실험, 탄도미사일 시험발사 문제는 언급하지 않았다. 중국은 북한의 반발을 최소화하면서 한반도 문제에 개입하려 하고 있다. 중국이 남북한 화해나 대화, 교류 문제에 긍정적 역할을 한다면 바람직하겠지만 북한이 중국의 요청을 받아들여 남북대화에 응할 가능성은 크지 않다는 점에서 중국의 제안은 실효성이 크지 않다고 하겠다.

우리는 북한의 위협에 '한미동맹과 한·미·일 안보협력이 필요하다'는 원칙으로 설득해야⋯

우리는 중국의 제안에 대해 우리의 원칙과 입장을 밝히고 설득해야 한다. 첫째, 중국이 첫 번째로 언급한 중국의 핵심이익 (대만 문제 등) 개입 문제에 대해서, 우리는 '이 문제에 대해 개입할 의도가 없다. 우리는 하나의 중국 원칙을 존중한다'라는 일반적인 수준의 언급을 해야 한다. 중국이 이 문제를 들고 나오는 이유는 윤석열 대통령이 4월 〈로이터〉와 인터뷰에서 "대만 문제는 중국과 대만만의 문제가 아니고 남북한 문제처럼 세계적인 문제이다"라는 언급이 하나의 중국 원칙을 훼손했다고 보는 것이다. 즉 한국과 북한은 각각 UN 회원국이지만 중국과 대만은 남북한과 달리 중국만 유일한 정부라는 것이다. 중국이 민감해 하는 문제는 자극하지 않도록 신중을 기할 필요가 있다.

둘째, 중국이 문제를 삼고 있는 우리의 한미동맹 강화와 한·미·

일 안보협력 증진은 북한의 핵무기 고도화와 미사일 위협에 대비하기 위한 수단임을 강조하고 설득시켜야 한다. 중국이 우리의 주장에 동의하기는 쉽지 않겠지만, 중국의 보복을 피하기 위해 우리 안보의 주축인 한미동맹을 약화시키거나 일본과 협력을 축소할 수는 없다. 중국이 수용하지 않더라도 우리의 입장을 주장하고 설득하려는 노력이 필요하겠다.

우리는 중국과 상호주의를 적용하고 상호존중의 대등한 관계를 회복해야

중국은 한·중 관계의 기준을 '시진핑─문재인 시대'로 삼고 있다. 중국에 우호적이었던 문재인 전 대통령은 국내에서는 보수론자들로부터 대중 저자세 외교로 비판받고 있다. 그렇지만 중국은 한국의 문재인 정부로부터 '사드 배치 관련한 3불'의 약속을 받아낸 성공사례를 기억하고 있다. 이 당시 한·중 관계는 대등하지 못하였다. 시진핑은 문재인 대통령 특사를 자신보다 한 단계 낮은 하석에 앉도록 하였다.

왕이 외교부장은 2022년 8월 한국 신정부 외교장관에게 한국이 당연히 지켜야 할 '5가지 사항'을 언급한 바 있다. 5가지 사항은 ① 한국은 독립자주 노선을 견지해야 한다. ② 서로의 중대 관심사를 배려해야 한다. ③ 공급망 안정을 수호해야 한다. ④ 내정에 간섭하지 말아야 한다. ⑤ 유엔 헌장을 준수해야 한다 등이다. 상호주의에 입각한 상호존중의 입장이라면 이런 외교행동은 나올 수 없다.

이번 중국 외교부 류진쑹 아시아국 국장이 제시한 4대 불가 방침에 대해 우리 정부의 원칙있는 대응을 기대해 본다. 중국의 계속되는 강압과 위협의 고리를 지금 끊어야 할 시점이다. 우리의 입장과 원칙을 분명히 밝히고 당당히 대응해야 할 것이다. 중국이 무역제재 등 제2의 한한령으로 보복해 온다면 우리는 중국 이외의 무역 파트너를 발굴하면 된다. 이 문제에 대해 《조선일보》는 2023년 5월 31일자부터 '중국을 벗어나니 세계가 보인다'라는 특집을 연재하고 있다. 중국을 대체하여 미국과 유럽, 인도 동남아 시장 등을 개척한 성공사례들을 예로 들고 있다. 중국만이 유일한 무역 파트너가 아니라는 의미이다. (뉴스투데이, 2023. 6. 1)

시진핑 주석은 방한 성과를 확신할 때, 한국을 방문할 것이다

시 주석이 언급한 "방한을 진지하게 검토하겠다"라는 의미는 우리에게 "방한 성과를 조성해 달라"라는 제안이다.

항저우에서 개최되는 아시안게임 개막식에 참석하기 위해 중국을 방문한 한덕수 국무총리는 2023년 9월 23일 항저우(杭州) 국빈관에서 시진핑 중국 국가주석과 약 20여 분간 회담을 하였다.

한덕수 총리는 시 주석에게 한반도 문제와 관련하여 "중국이 건설적인 역할을 계속해달라"라고 요청하였고, 시 주석은 "남북한 양측의 화해, 협력을 일관되게 지지한다. 중국도 노력하겠다"라고 답변하면서, 한국이 추진 중인 한·중·일 정상회담에 대해서 "적절한 시기에 개최를 환영한다"라고 언급하였다.

그리고 한 총리가 '시 주석의 방한을 요청한다'라는 발언을 하지 않았지만, 시 주석이 주도적으로 "한국 방문을 진지하게 검토하겠다"라고 언급한 것으로 알려지고 있다. 이 발언의 의미는 시 주석이 한국을 방문할 용의가 있다. 단, 중국이 원하는 성과를 거둘 수 있을 때에만 방한하겠다. 한국은 시 주석의 방한을 성사시키려면 중국의 원하는 바를 이행하라라는 제안인 것이다.

중국이 원하는 바는 회담 당일 23일 오후에 중국 외교부가 공개한 회담 결과 발표문에 나타나 있다. 그것은 "한국이 중국과 함께 중·한 관계를 중시하고 발전시키겠다는 것을 정책에 반영하고 행동으로 보여달라"라는 시 주석의 발언 내용이다. 즉 한국에게 한·중 관계를 중시하는 가시적인 정책과 행동을 보이라고 요구한 것이다. 시 주석의 방한 조건이기도 한 중국의 요구는 다음 3가지로 정리할 수 있다.

중국은 시 주석 방한의 조건으로 한국이 대만 문제에 중립을 지킬 것과 반도체의 안정적 공급, 그리고 우리의 중국 호감도 증대를 요구할 것이다.

첫째. 우리에게 대만 문제에 중립을 지키라고 요구할 것이다. 현재 전문가들은 대만 유사시 주한미군의 대만 지역 투입, 그리고 한국군의 간접적인 개입이 불가피할 것으로 보고 있다. 한국과 미국은 2006년 주한미군이 한반도 이외 타 지역으로 전용이 가능하도록 '주한미군 전략적 유연성'에 대해 합의한 바 있으며, 최근 한미동맹은 강화되고 있고, 특히 한·미·일 안보협력이 증대됨에 따라 한·미·일 3국이 공동으로 대만 유사시에 대응할 가능성이 커지고 있다.

중국과 패권경쟁을 벌이는 미국은 대만을 양보할 수 없고, 일본은 대만 문제가 자국의 안보에 중요한 요인이기 때문이다. 그러나 한국은 미국이나 일본과 달리 대만 문제에 개입해야 하는 이유가 상대적으로 크지 않다. 중국은 한국을 대만 문제 공동 대응을 약속한 한·미·일 3국 중 가장 취약한 지점으로 보고 한국을 이탈시킴으로 한·미·일 3국 안보협력을 약화시키려고 하고 있다.

둘째, 중국이 필요로 하는 반도체의 안정적 공급을 요구할 것이다. 미국으로부터 첨단기술과 반도체, 그리고 관련 장비 및 민간 투자 등의 제재를 받고 있는 중국은 자국의 첨단산업을 위해 우리로부터 첨단 반도체의 안정적 공급이 절실하다. 중국은 이러한 상황을 '한덕수-시진핑 회담 결과 발표문'에서 "중·한 경제는 관계가 밀접하고 산업망, 공급망이 깊게 엮여있어 양국이 호혜적 협력을 심화해야 성과를 낼 수 있다"라고 표현한 것이다.

셋째, 한국 내 중국 호감도 확산을 요구할 것이다. 현재 한국인의 중국 비호감도는 약 80% 정도이며 특히 젊은 세대의 거부감은 더욱 크다. 시 주석이 2014년 한국 방문 시, 대대적인 환영을 받았으며 그 이듬해 2015년 중국 비호감도는 37%로 가장 낮았다. 그렇지만 현재의 중국 비호감을 고려한다면 정부 차원의 환영행사와 달리 국민들은 냉담한 반응을 보일 것이다. 시 주석은 이런 분위기 속에서 한국을 방문할 것인지 망설일 것이다. 우리 정부에게 중국 호감도를 증대시키고, 동시에 시진핑 주석 환영 분위기 조성을 요구할 것이다.

중국의 유인책(당근)과 압박수단(채찍)은 경제적 협력, 그리고 대북협력일 것이다. 이에 대해 우리는 중국에게 우리의 주권과 정체성 존중을 요구해야 한다.

중국은 우리에게 시진핑 방한이라는 카드를 제시하면서 동시에 유인책(당근)과 압박수단(채찍)을 사용할 것으로 보인다. 그리고 우리는 중국에게 우리의 주권과 정체성을 존중해 줄 것을 요구하고 북한 핵 폐기에 적극적인 역할을 주문해야 한다.

시진핑 주석의 방한 문제는 국익을 우선하여 중국과 대화하고 협상해야 할 것이다.

시 주석이 한덕수 총리와 마주앉아 회담을 한 것은 중국이 한국과 대화하겠다는 적극적인 의사표시이다. 한·중·일 정상회담 개최도 환영한다고 하였다. 중국과 대화의 시간이 다가오고 있다.

특히 시 주석의 방한 문제는 향후 우리와 중국의 주요 현안으로 조율과 협상이 진행될 것이다. 우리는 이 대화의 기회를 활용하여 한·중 관계를 상호 존중과 상호주의 관계로 정상화시켜야 한다. 그리고 중국의 요구는 한미동맹과 관련이 있는 사안들이다. 중국과 협상해 가면서 미국과 긴밀한 의사소통이 필요하고, 중국과 관계발전을 위해 미국과 관계를 이완시켜서도 안될 것이다.

또한 전임 정부에서 문 대통령의 중국 방문을 성사시키기 위해 '사드 3불'을 협의했다는 의혹이 있는데, 앞으로는 정권 차원의 성과를 위해서 국익을 훼손하고 국가의 명예를 실추시키는 일이 있어서는 안되겠다. 중국의 대화 제의는 받아들이면서 시진핑 주석의 방한 문제는 국익을 우선하여 중국과 협상하여야 할 것이다.

9월 13일 한덕수 국무총리와 중국 시진핑 주석과 회담에서 시 주석은 한국방문까지 검토하겠다고 발언하였으며 한·중·일 정상회의의 개최를 환영한다고 하였다. 중국은 한국을 강압적으로 억누르면 한국은 오히려 한미동맹을 강화하고 한·미·일 안보협력을 확대한다는 사실을 확인하였기 때문에 강압이 아닌 유화책을 택한 것으로 보여진다. 이것이 중국이 우리에게 대화를 제의한 배경인 것이다.

중국 반관영 언론 환추스빠오(環球時報)에서는 "중국이 한·중·일 정상회담을 지지한 것은 선의를 보여준 것이며, 한국은 이를 양보의 신호로 받아들여서는 안된다"라고 주장하였다. 중국이 대화를 통해 한국의 미국 편향을 억제할 것이지만 여의치 않을 경우 다른 수단도 강구할 수 있다라는 행간의 의미가 있다. 다른 수단은 중국이 무역보복 조치일 가능성이 크다. (뉴스투데이, 2023. 9. 25)

시진핑 주석의 2024년 한국 방문, 실현되기 어렵다.

- 차선책을 강구해야 한다.

우리 정부는 2023년부터 시진핑 중국 국가주석의 한국 방문을 기대하고 있다. 조태용 국가안보실장은 2023년 9월 11일 채널A 방송에 출연하여 "시 주석의 방한을 외교적으로 풀어서 성사시켜 보겠다"라고 언급하면서, 시점에 대해 "올해(2023년)가 될지는 모르겠지만 기대해도 괜찮다"라고 밝혔다.

그렇다면 시진핑 주석은 과연 한국을 방문할 것인가, 필자는 그 가능성은 높지 않다고 보고 있다. 시진핑 주석의 방한을 기대하기 보다는 차선책인 제3의 장소에서 한·중 정상회담 추진이 보다 현실적이라고 생각한다.

시진핑 주석의 방한을 기대하는 우리의 관점 :
중국이 방한할 차례

시진핑 주석의 방한을 추진하는 우리 정부의 논리는 다음과 같다.

첫째, 시진핑 주석이 방한할 차례라는 것이다. 박근혜 정부 시절인 2014년 7월 시 주석의 한국 방문 이후, 박근혜 대통령이 1회, 문재인 대통령이 2회 중국을 방문했는데 이에 대한 답방으로 시 주석이 한국에 와야 한다는 것이다.

둘째, 시진핑 주석이 한국 방문을 언급했다는 점이다. 시진핑 주석은 한덕수 총리와 2023년 9월 23일 항저우(杭州)에서 개최된 회담에서, "한국 방문을 진지하게 검토하겠다"라고 언급하였으며, 1년 전 2022년 11월에 인도네시아 발리에서 열린 한·중 정상회담에서도 윤 대통령에게 "코로나 상황이 안정되면 윤 대통령의 방한 초청에 기쁘게 응할 것"이라고 언급하였다.[1]는 것이다.

셋째, 중국과 관계개선을 추진하는 우리 정부의 정책이다. 윤석열 정부가 출범한 2022년 5월 이후, 우리 정부는 미국과 동맹관계를 공고히 하고 일본과 관계를 개선하였지만 이 과정에서 중국과 관계는 다소 소원해졌다. 조태열 외교장관 후보자는 2023년 12월 20일 인사청문회 준비단 사무실로 출근하면서 기자들의 질문에 "한·중 관계도

---

1 "시진핑, '이태원 참사 희생자 애도'… 코로나 안정 뒤 방한 뜻 밝혀,"
https://www.hani.co.kr/arti/politics/politics_general/1067412.html. (검색일: 2024.
1. 7).

한미동맹 못지않게 중요하다. 이제는 한·중 관계를 조화롭게 유지할 수 있는 방법을 찾도록 노력할 것"이라고 답변하였다.[2] 한·중 관계 개선의 성과가 바로 시진핑 주석의 방한인 것이다.

시진핑 주석 방한과 관련한 중국 입장 : 방한 성과 불확실

그렇지만 우리 측 관점이나 논리와 달리 중국 측 입장은 시진핑 주석이 2024년에 한국을 방문해야 하는 명분과 필요성이 별로 없다. 그 이유는 다음 세 가지이다.

첫째, 방한 성과가 불확실하다는 점이다. 중국은 시진핑 주석의 2014년 7월 방한에 대해 큰 성과 있었다고 평가하고 있다. 중국은 이 방한을 통해 한·중 관계를 '전략적 협력동반자 관계'에서 '성숙한 전략적 협력동반자 관계'로 부분적으로 상향시켰으며, 양국 간 '자유무역협정(FTA) 타결'과 '원(圓)-위안(元)화 직접 결제'에 합의하였고,[3] 그리고 '일본을 겨냥한 역사문제에 인식을 함께하였다'라고 긍정적이었다. 이 외에도 이 당시 한국 국민들의 시진핑에 대한 호감은 상승하였

---

2 "조태열 '한중관계도 한미동맹 못지않게 중요…조화 방법 찾겠다(종합)',"
  https://www.yna.co.kr/view/AKR20231220052051504, (검색일: 2024. 1. 7).

3 한중 자유무역협정은 2015년 12월 공식 발효되었으며, 원-위안화 직거래는 2015년 12월부터 시행되었다. "[TOPIC] 원·위안화 직거래 규모는 커졌지만…한·중 무역결제 늘어야 위안화 허브 가능,"
  https://www.mk.co.kr/economy/view/2015/423361, (검색일: 2024. 1. 7).

다.[4]

그렇지만 2024년의 상황은 10년 전 2014년과 차이가 있다. 우선, 현재의 경색되어 있는 한·중 관계를 볼 때, 양국 관계를 기존의 '성숙한 전략적 협력동반자 관계'에서 중국이 설정한 다음 단계인 '운명공동체 관계' 또는 '미래공동체 관계'로 상향될 가능성이 별로 없다.[5] 우리가 시진핑 주석의 방한을 위해 중국과 운명공동체나 미래공동체 관계에 합의할 수는 없을 것이다. 우리는 한미동맹을 뛰어 넘거나 한·미·일 안보협력을 훼손할 수도 있는 중국과 관계 증진에는 신중할 수밖에 없다.[6] 한·중 관계가 중국이 요구하는 수준으로 향상되지 않는 한, 시 주석은 방한 성과가 없다고 볼 수 있다. 더욱이 한국인들의 대중국 비호감도는 80%를 초과하고 있어 시 주석이 한국에 와도 2014년도와 달리 대대적인 환영을 받기 어려운 상황이다.

둘째, 시 주석이 "방한을 검토하겠다"라고 언급한 의도는 한국 측에서 여건을 조성하면 검토해보겠다는 조건부 검토의 의미이다. 그

---

4 김지윤 외, "시진핑 방한의 성과와 과제," 『issue BRIEF』, 2014–17호, (2014, 아산정책연구원), pp.2–3.

5 한중 관계는 다음 4단계로 발전되었다. 1992년 수교, 선린우호 관계 (노태우-양상쿤), 1998년 협력동반자 관계 (김대중-장쩌민), 2001년 전면적 협력 관계 (김대중-장쩌민), 2003년 전면적 협력동반자 관계 (노무현-후진타오) 2008년 전략적협력 동반자 관계 (이명박-후진타오),
　"[일지]文대통령, 23일 시진핑과 6번째 정상회담…역대 44번째,"
　https://www.donga.com/news/Politics/article/all/20191219/98872696/1,(검색일: 2024. 1. 6).

6 조태열 외교장관 후보자는 2024년 1월 8일 열린 인사청문회에서 "한미동맹이 훼손되지 않는 원칙위에서 중국관계를 다루어야 한다'라고 밝혔다. "조태열 '한미동맹 훼손되지 않는다는 원칙서 한중관계 다뤄야'," https://www.yna.co.kr/view/AKR20240108104451504, (검색일: 2024. 1. 9).

조건이 무엇인지는 중국 외교부가 회담 후 공개한 회담 결과 발표문에 나와있다. 발표문에는 "한국이 중국과 함께 중·한 관계를 중시하고 발전시키겠다는 것을 정책에 반영하고 행동으로 보여달라"라는 것이다.[7]

중국이 우리에게 정책으로 반영하고 행동으로 보여달라고 요구하는 내용은 다음 두 가지로 구분해 볼 수 있다. ① 우리에게 대만 문제에 중립을 지키라는 요구일 것이다. 전문가들은 대만 유사시 주한미군의 대만 지역 투입을 예상하고 있고, 한국군의 간접적인 개입 가능성도 배제하고 있지 않다. 한국과 미국은 2006년 주한 미군이 한반도 이외 타지역으로 전용이 가능하도록 '주한 미군 전략적 유연성'[8]에 대해 합의한 바 있으며, 최근 한미동맹은 강화되고 있고, 특히 한·미·일 안보협력이 증대됨에 따라 한·미·일 3국이 어떠한 형태로든지 대만 유사시에 대응할 가능성이 커지고 있다. 중국은 이에 대해 한국의 대만사태 개입을 억제하고 한·미·일 안보협력에서 한국을 이탈시키려고 우리에게 대만 문제에 중립을 요구할 것으로 보인다.

② 중국이 필요로 하는 반도체의 안정적 공급을 요구할 것이다. 미국으로부터 첨단기술과 반도체, 그리고 관련 장비 및 민간 투자 등의 제재를 받고 있는 중국은 자국의 첨단산업을 위해 우리로부터 첨

---

7 발표문에는 시주석의 방한 검토 언급은 찾아볼 수 없다. "한덕수 만난 시진핑 '한-중 서로 존중해야'… (발표문에) 방한 언급은 없어,"https://www.hani.co.kr/arti/international/china/1109799.html, (검색일: 2024. 1. 6).

8 "전략 적 유연성 이란 ?," https: //news.sbs.co.kr/news/endPage.do?news_id=N1000053388, (검색일: 2024. 1. 9).

단 반도체의 안정적 공급이 절실하다. 중국은 이러한 상황을 '한덕수-시진핑 회담 결과 발표문'에서 "중·한 경제는 관계가 밀접하고 산업망, 공급망이 깊게 엮여있어 양국이 호혜적 협력을 심화해야 성과를 낼 수 있다"라고 표현한 것이다.[9] 중국은 우리의 반도체가 필요한 것이다.

셋째, 최근 시 주석이 해외 순방을 최소화하고 있는 추세이다. 코로나 상황이 종료되었던 2022년 중반기에 시 주석은 카자흐스탄 (9월, 상해협력기구 정상회의), 사우디아라비아 (12월, 중-아랍 정상회의) 등 2차례만 외국을 방문하였고, 2023년에는 러시아(3월), 남아공(8월), 미국(11월), 베트남(12월) 방문 등 4차례에 불과하였다. 남아공 방문은 BRIC 정상회의와 중-아프리카 회의 참석이 목적이었고, 미국 방문은 APEC 정상회의 참석에 이어 미국 바이든 대통령과 정상회담을 하기 위해서였다. 해외방문을 최소화하는 시 주석 입장에서 한국은 반드시 방문해야 할 국가는 아닐 것이다.

---

9 "시진핑 주석 방한, 중국이 원하는 성과 거둘 수 있어야 성사될 듯."
https://www.news2day.co.kr/article/20230925500115, (검색일; 2024. 1. 8).

　　　　　　　　　　　　　　　　한국과 중국, 대등하다

시진핑 주석은 한국을 과거 중화질서의 '번속국(藩屬國)'으로 인식

시진핑 주석의 개인적인 역사관도 방한을 어렵게 하는 요인이다. 유상철 중앙일보 중국연구소장은 『시진핑 탐구』라는 저서에서 시진핑은 과거 중국과 한국은 중화질서 속에서 '종주국(宗主國)-번속국(藩屬國)'관계이었던 것처럼 현재도 우리를 번속국으로 여기고 있다고 주장하고 있다.[10] 시 주석의 이러한 역사관이 드러난 것은 2017년 미국에서 트럼프 대통령에게 "과거에 한국은 중국의 일부였다"라고 언급한 바 있고,[11] 문재인 대통령 특사를 두 차례나 자신보다 하석에 앉게 하였다.[12] 대등한 주권국가로 이루어진 현대 국제관계에서 좀처럼 보기 힘든 의전상 결례가 발생한 것이다.

시진핑 주석 이전의 장쩌민(江澤民)과 후진타오(胡錦濤) 주석은 이렇지 않았다. 장쩌민 주석은 1995년 11월 방한하였고 후진타오 주석은

---

10 유상철, 『시진핑 탐구』(서울: LiSa, 2023. 10), pp.15-17.

11 중국 외교부 대변인 루캉(陸慷)은 2017년 4월 21일 정례브리핑에서 이 문제와 관련한 질문에 대해 "한 국 국민은 우려할 필요 없다. (미국 플로리다) 마라라고 회담에서 양국 정상은 한반도 문제에 대해 매우 깊게 충분한 의견을 교환했다."라고 답변하였다. "中'한국은 중 국의 일부' 발언 논란에 '워싱턴에 알아봐라'," https://www.joongang.co.kr/article/21501546#home, (검색일: 2024. 1. 10).

12 "중국 시진핑, 또 한국 문재인 특사 하대… 두 번 당하고도 입다문 청와대," https://www.mediawatch.kr/news/article.html?no=253073, (검색일: 2024.1.10).

2005년 11월과 2008년 8월, 2차례 국빈방문을 하였다.[13] 장 주석은 "한국은 나라가 작고 자원도 없지만 30년의 짧은 세월 동안 이같은 수준까지 발전한 원인이 무엇인지 생각해야 한다"라고 하면서 "우리가 한국에서 교훈을 얻어야 한다"라고 밝혔다. 장 주석은 우리를 존중해주었던 지도자였다.

후진타오 주석은 우리와 한·중 간 실질협력관계 증진 방안과 6자회담 대책, 한반도 및 지역정세, UN 등 국제무대에서의 협력 등 상호 관심사에 대해 폭 넓게 협의하였고, '전략적 협력 동반자관계로'의 격상에 따른 구체적 실행 방안에 대해 주로 논의하였다. 후 주석은 주석 재임기간 2차례 방한하면서 우리와 협력을 논의하였던 지도자였다.

한국과 중국, 전략적 이해 조정 쉽지 않아, '시진핑 주석 방한' 어려워

시진핑 시대의 중국은 장쩌민과 후진타오 시대와 달리 우리와 대외정책에서 공통점을 발견하기 어렵다. 윤석열 대통령은 2022년 11월 15일 시진핑 중국 주석과 정상회담에서 시 주석에게 북한 핵문제 해결을 위해 중국의 건설적 역할을 요청하였지만, 시 주석은 "남북한

---

13 "CSF 중국전문가 포럼, 지역별정보, 한중관계."
    https://csf.kiep.go.kr/smartKeyArea.es?mid=a20500000000, (검색일: 2024.1.5).

관계 개선이 우선이다"라고 거부 의사를 밝혔고, 우리의 담대한 대북지원 정책에 대해 지지를 요청했지만 "북한이 호응할 경우 지지한다"라고 역시 동의하지 않았다.

내용뿐만 아니라 형식에서도 원만하지 못한 한·중 관계를 극명하게 보여주었다. 첫째, 회담 일정이 현지에서 결정되었다. 이는 정상회담을 앞두고 소통이 원만하지 못했다는 의미이다. 둘째, 26분에 불과한 회담시간이다. 인사말, 통역 시간 등을 제외하면 내실있게 논의할 수 있는 시간이 아니었다. 시 주석뿐만아니라 외교부장 왕이(王毅), 외교부 아시아국장 류진송(劉勁松)도 우리와 이견을 보인 것은 마찬가지였다.

중국 왕이 외교부장은 2022년 8월 한·중 외교장관 회담에서 한·중 관계가 발전하기 위해서 우리에게 '5개의 마땅히 해야 할 사항(堅持五個應當)'을 강조했다고 홈페이지에서 밝혔다. 중국이 제시한 '5개 응당' 중 첫 번째는 '마땅히 독립자주를 견지하고 외부의 간섭을 받지 말아야 한다'(應當堅持獨立自主, 不受外界干擾) 였다.[14] 우리에게 한미동맹의 이완을 요구한 것이다.

중국 외교부 아시아국장 류진쏭은 2023년 5월 우리 외교부를 방문해 중국이 우리와 협력할 수 없는 4개 사항, 소위 '4대 불가'를 통보

---

14 "CSF 중국전문가포럼. 아산정책연구원(2022-8-24) '중국의 5개 응당에 제대로 대응해야 한다'." https://csf.kiep.go.kr/studyReportView.es?article_id=47284&mid=a2030 0000000,(검색일: 2024. 1. 6).

했다는 언론보도가 있었다.[15] 4대 불가는 ① 한국이 (대만 문제 등) 중국의 '핵심이익' 개입 시 협력 불가, ② 한국이 친미, 친일 외교정책을 지속 시 협력 불가, ③ 한·중 관계 긴장 지속 시 고위급 교류(시진핑 주석 방한) 불가, ④ 악화한 정세 아래 한국의 대북 주도권 행사 불가 등이다. 시 주석의 방한을 성사키려면 현재의 미국과 일본 위주 대외정책을 변경하라는 고압적인 자세였다.

'5개 응당'과 '4대 불가'는 중국이 한·중 관계를 수평적, 호혜적 관계가 아닌 수직적이고 시혜적인 관계라고 생각하고 있다는 점을 드러내고 있는데, 이는 시진핑 주석이 우리를 과거 중화질서 속에서 종주국−번속국 관계로 보는 인식의 연장선이다. 우리는 중국의 이러한 인식을 받아들일 수 없다.

'시진핑 주석 방한'에 집착하기 보다 '제3국에서 정상회담' 추진이 현실적

이러한 상황에서 시진핑 주석이 한국을 방문하여 윤 대통령과 마주앉아 정상회담을 한다면 무슨 대화를 할 수 있을까 ? 국제정세와 한반도 정세에 대해 의견이 일치할 수 없는 상황에서는 시진핑 주석의 방한은 오히려 우리에게도 부담인 것이다.

---

15 "중국 '시진핑 방한 기대말라'… 4대 불가 방침 통보." 《한겨레신문》, 2023년 6월 2일.

그렇다고 중국과 전략적 대화를 멈출수는 없다. 시진핑 주석의 방한에 초점을 맞추기 보다는 제3지역에서 정상회담 추진이 현실적이다. 이를 위해 의제를 사전에 조율하여 우리가 중국에게 줄 것은 무엇이고 얻을 것은 무엇인지 분명히 밝혀야 한다. 그렇지 않으면 26분만에 끝난 인도네시아 발리에서 개최된 한·중 정상회담의 재판이 될 수 있고, 2023년 11월 미국 샌프란시스코 APEC 정상회의에서 벌어진 사례처럼 한·중 정상회담이 무산될 수 있다.

〈참고문헌〉

유상철, 『시진핑 탐구』(서울: LiSa, 2023. 10).
김지윤 외, "시진핑 방한의 성과와 과제," 『issue BRIEF』, 2014-17호, (2014, 아산정책연구원).
"중국 '시진핑 방한 기대말라'… 4대 불가 방침 통보," 《한겨레신문》, 2023년 6월 2일.
"CSF 중국전문가 포럼, 지역별정보, 한중관계."
　　　https://csf.kiep.go.kr/smartKeyArea.es?mid=a20500000000.
"CSF 중국전문가포럼, 아산정책연구원(2022-8-24) '중국의 5개 응답에 제대로 대응해야 한다'," https://csf.kiep.go.kr/studyReportView.es?article_id=47284&mid=a20300000000.
"시진핑, '이태원 참사 희생자 애도'… 코로나 안정 뒤 방한 뜻 밝혀,"
　　　https://www.hani.co.kr/arti/politics/politics_general/1067412.html.
"조태열 '한중관계도 한미동맹 못지않게 중요…조화 방법 찾겠다(종합)',"
　　　https://www.yna.co.kr/view/AKR20231220052051504.
"조태열 '한미동맹 훼손되지 않는다는 원칙서 한중관계 다뤄야',"
　　　https://www.yna.co.kr/view/AKR20240108104451504.
"[TOPIC] 원·위안화 직거래 규모는 커졌지만…한·중 무역결제 늘어야 위안화 허브 가능," https://www.mk.co.kr/economy/view/2015/423361.

"[일지]文대통령, 23일 시진핑과 6번째 정상회담…역대 44번째,
https://www.donga.com/news/Politics/article/
all/20191219/98872696/1.

"한덕수 만난 시진핑 '한–중 서로 존중해야'…(발표문에) 방한 언급은 없어,"
https://www.hani.co.kr/arti/international/china/1109799.html.

"전략적 유연성 이란 ?," https://news.sbs.co.kr/news/endPage.do?news_
id=N1000053388.

"시진핑 주석 방한, 중국이 원하는 성과 거둘 수 있어야 성사될 듯,"
https://www.news2day.co.kr/article/20230925500115.

"中'한국은 중국의 일부' 발언 논란에 '워싱턴에 알아봐라',"
https://www.joongang.co.kr/article/21501546#home.

"중국 시진핑, 또 한국 문재인 특사 하대… 두 번 당하고도 입다문 청와대,"
https://www.mediawatch.kr/news/article.html?no=253073.

(CSF 전문가 오피니언, 2024. 1. 18)

한·중 외교장관 회담에서
박진 장관이 직면할 현안들

상호주의 원칙으로 대응하고 진통 있더라도 우리가 원하는
것 요구해야

    2022년 8월 5일 외교부에 따르면 박진 장관은 왕이 중국 국무위원 겸 외교부장의 초청에 따라 오는 8~10일 중국을 방문해 산둥성 칭다오에서 9일 한·중 외교장관 회담을 개최한다. 양 장관은 이번 회담에서 한·중 관계, 한반도와 지역·국제 문제 등 상호 관심사에 대해 논의할 예정이다.

회담 장소 칭다오 선정은 의문이나
현 정부와 우호협력 증대 원할 듯

시기적으로 볼 때 한국의 새로운 정부 출범 이후, 한·중 간 전략적 대화를 할 시점이 되었다. 현정부는 중국에게 우리가 왜 한미동맹을 강화하고 있는지 설명해야 하고, 중국이 우려하는 부분과 우리에게 원하는 것이 무엇인지 경청해야 한다. 금번 한·중 외교장관 회담을 기점으로 중국과 상호주의에 의한 정상관계를 정립하는 동시에 소통도 긴밀히 해야 한다.

그런데 장소가 산둥성 칭다오라는 것에 의문의 여지가 있다. 외국 정부 인사들이 방역 문제로 베이징에서 협의하지 않는 것이 관례화됐기 때문이란 일부 시각도 있지만 수도인 베이징에서 회담하고 시진핑 주석도 예방해야 국제적인 외교관례와 격식에 맞는다. 중국이 회담 장소를 칭다오로 선정한 진의는 알 수 없지만, 우리도 상호주의 원칙에 의거해 왕이 부장에게 동일한 의전을 적용해야 한다.

다음은 회담에 임하는 중국의 의도이다. 중국은 큰 틀에서 한국의 현 정부와 우호협력 관계를 증대시키려 할 것이다. 안보측면에서 볼 때 중요한 인접국인 한국이 중국에 비우호적 자세를 취한다면 미·중 패권경쟁 상황에서 결코 바람직스럽지 않다. 경제적으로도 중국은 반도체 주요 공급국인 한국과 우호협력이 필요하다. 단 중국의 국익을 해치지 않는 범위 내에서 말이다.

중국이 상정하는 자신들의 국익이 침해받는 범위란 한미동맹이 한

한국과 중국, 대등하다

반도를 벗어나 대만 문제와 남중국해 문제에 개입하는 것을 의미한다. 또한 한미동맹을 확대하여 한국이 일본과 안보협력을 강화하는 것도 이에 해당된다. 한·미·일 안보협력은 중국 견제를 지향하고 있다고 보기 때문이다. 이런 의도 하에서 중국이 제기할 주제는 크게 4가지로 분류할 수 있다.

소통과 전략적 이해 존중, '사드 3불' 이행, 경제 협력 요구 예상

첫째, 소통을 위한 전략적 대화의 증대를 원할 것이다. 이를 위해 고위급 대화부터 외교·국방 2+2 또는 외교·경제 2+2까지 다양한 방식이 거론된다. 중국은 한국의 외교안보 정책이 자신들의 전략적 이해에 어떠한 영향을 미칠 것인지 예의주시하고 있다. 따라서 한국으로부터 사전에 통보를 받거나 설명을 들어 자신들에게 불리한 상황이라면 조정하려 들 것이다.

중국은 오래전부터 북한에게도 동일한 요구를 하고 있다. 「중북 우호협력 및 상호원조 조약」 4조도 상호 협의를 규정하고 있고, 최고 지도자 회담 합의문에 '전략적 대화 강화'는 빠짐없이 포함되는 문구이기도 하다.

둘째, 자신들의 전략적 이해를 존중해 달라고 할 것이다. 대만 문제는 중국의 내정이고 댜오위다오(釣魚島)와 남중국해는 중국의 고유

영토로 영유권이 미치는 지역이기에 한국이 절대 관여하지 않기를 원하는 입장이다.

셋째, '사드 3불' 약속의 이행을 요구할 것이다. 중국은 한국과 '사드 3불' 협의를 통해 한미동맹의 이완을 추구했고, 어느 정도 성과가 있었다. '사드 3불'에는 중국에 불리한 내용이나 의무사항이 포함되지 않았다. 중국은 한국에게 정권이 교체됐지만 이를 이행하라고 당연히 요구할 것이다.

넷째, 경제적인 협력이 원활하길 바랄 것이다. 중국이 우리에게 필요한 것은 반도체 공급이다. 따라서 한국이 미국 주도의 글로벌 공급망인 'IPEF'(인도·태평양 경제 프레임워크)에 가입하고 '칩-4 동맹'에 참여하려는 움직임을 보이자 민감한 반응을 보이지 않을 수 없다.

상호주의 원칙으로 대응하고, '사드 3불' 이행 요구 해결해야

중국의 요구가 무엇이든 우리는 중국의 입장을 경청하고 존중하되 상호주의 원칙을 강조하고 관철시켜야 한다. 우리도 우리의 주권과 전략적 이해를 지켜야 하기 때문이다. 첫째, 소통과 전략적 대화 증대는 우리도 필요하다. 우리의 정책과 입장을 중국에게 설명하고 설득할 대화체가 있어야 하는데, 중국의 협력이 요구되는 북한 문제도 있기 때문이다.

둘째, 중국이 존중해 달라는 전략적 이해 문제는 신중한 접근이 필요하다. 우리의 동맹국 미국과 직접적인 연관이 있기 때문이며, 미국과 협의가 선행돼야 할 것이다.

셋째, '사드 3불' 이행 요구는 절대 수용해서는 안 된다. 중국의 주장처럼 설사 이전 정부가 약속을 했더라도 받아들일 수 없다. 중국도 1997년 영국으로부터 홍콩을 반환받을 때 '50년 자치'를 약속했지만 지키지 않았다. 따라서 우리의 군사주권을 제한하는 '사드 3불'은 국가 자존심을 걸고 무효화시켜야 한다.

넷째, 반도체 공급 문제는 중국 견제를 목적으로 글로벌 공급망을 재편하고 있는 미국과 사전 협의가 필요하다. 우리는 동맹국인 미국의 정책에 동참하면서도 중국 시장도 어느 정도 유지할 수 있는 타협안을 마련해야 한다.

북한의 정책 전환에 영향력 행사와 한국 존중하도록 요구해야

한편, 우리도 중국에게 요구할 사항이 있다. 첫째, 북한에게 대외 개방으로 정책 전환을 권유하고 설득하도록 요구해야 한다. 중국은 북한에게 영향력을 행사할 수 있는 유일한 국가로 한반도 안정이 국익에도 도움이 된다는 점을 강조하며 중국을 움직여야 한다. 또한 중국도 찬성한 UN 결의에 따라 북한 경제제재에 적극 참여하고 북한이 핵폐기 외에는 방법이 없음을 느끼게 만들어야 한다.

둘째, 우리가 중국을 존중하는 것과 동일하게 중국도 한국을 존중하라고 요구해야 한다. 한국인들의 중국 비호감도가 점차 증가하여 2022년 2월 기준으로 80%에 이른다는 미국 퓨리서치센터의 발표가 있었다. 중국의 고압적인 자세에 대한 반발로 야기된 비호감은 한국뿐만 아니라 전 세계적인 현상이지만, 바람직한 한·중 관계를 위해 중국에 공식적으로 요구해야 한다.

이번 박진 외교장관의 방중과 한·중 외교장관 회담에서 양국 간 현안을 해결하기는 어려울 것이며, 우리 입장을 분명히 천명하는 것만으로도 성과가 있다고 할 수 있다. 이전 정부와 다른 모습을 보여주고 상호주의에 의해 관계를 정상화하려면 시간도 필요하고 진통도 따를 것이다. 하지만 그렇기 때문에 이번 한·중 외교장관 회담이 중요하다. (뉴스투데이, 2022. 8. 5)

우리에게 중화질서를 강요하는
중국 외교부장, 이번에는 바로잡아야 …

조태열 외교장관은 2024년 1월 10일 취임 후 26일이 지난 2월 6일 중국 외교부장 왕이(王毅)와 첫 통화를 하였다. 미국, 일본 등 주요국 외교장관과는 취임 다음날 또는 10일 이내에 전화로 상견례를 하였고, 전임 박진 장관은 4일 만에 왕이 부장과 통화를 하였다. 왕이 부장은 의도적으로 전화통화를 지연하였던 것이다.

중국 외교부가 주중 대사들을 초청하여 개최한 2024년 1월 1일 신년인사회에서 왕이 부장은 미국, 러시아, 유럽연합(EU), 호주 및 사우디아라비아와 이란, 미얀마 등을 거론하며 관계 발전을 강조하였지만, 한국에 대해서는 한마디도 없었다. 역시 고의로 우리를 건너 뛴 것이다. 왕이 부장이 우리를 무시하는 것은 한두 번이 아니다. 우리가 중국으로부터 이러한 무시를 당하지 않으려면 사태의 심각성을 깨닫고 거국적인 대응이 필요하다.

중국 외교부장의 거듭되는 무례하고 오만한 발언과 행동

왕이는 1982년 외교부에 입사한 이후 2004년부터 2007년까지 3년간 주 일본대사를 역임하였고, 시진핑이 권력을 장악한 그 다음해 2013년 외교부장으로 발탁되어 10년 이상 재직하고 있다. 특히 시진핑 주석으로부의 신임이 두터워 2023년에 중국공산당 정치국위원으로 승진하면서 외교업무를 총괄하는 외사판공실 주임을 겸하고 있다. 부총리에 해당하는 위치이다. 그는 69세로 은퇴할 나이가 지났지만 시진핑은 그를 중용하고 있다. 그의 후임 외교부장 친강(秦剛)이 면직됨에 따라 다시 외교부장 직책을 수행하고 있는 중이다.

왕 부장은 현재까지 평균 약 2년 정도 재직하는 우리 외교장관 4명을 상대하였고 조 장관이 5번째이다. 그는 문재인 정부를 상대로 '사드 3불'을 주도했고 무역 보복 조치인 '한한령(限韓令)'을 장기적으로 지속시킨 강경파로 알려져 있다. 당시 중국 내에서는 '한국의 사드 배치는 대북한 위협에 대응하기 위해 불가피한 측면이 있다'라는 온건론이 있었고 '한한령이 지속된다면 한국과 관계가 손상될 수 있다'는 우려도 있었지만, 왕이 부장을 비롯한 몇 몇 강경파가 '한국을 강하게 압박하면 한국은 스스로 분열할 것이고, 알아서 저자세를 취할 것이기 때문에 중국에 아무런 위협이 되지 않는다'라는 의견을 제시하였다고 한다. 시진핑 주석은 왕이 부장의 의견을 채택하였다.

왕 부장은 2017년 12월 중국을 국빈 방문한 문재인 대통령의 팔을 툭툭 치는 결례를 범했고, 2020년 한국을 방문했을 때 강경화 외교장관과 회담에 24분 늦게 나타났다. 그는 2022년 8월 박진 외교장관과 회담에서 우리에게 "중국과 관계를 발전시키기 위해서 한국은 중국이 제시하는 5개의 당연한 방침을 준수해야 한다"라고 하였다. 그중 첫 번째는 '독립자주를 견지하고 외부의 간섭을 받지 말아야 한다'였다. 우리 외교에 대해 일종의 가이드라인을 제시한 셈이다. 이러한 오만한 자세는 대등한 주권국가 관계에서는 나올 수 없는 언행이다. 우리를 대등하게 보지 않는다는 반증인 것이다.

중국 외교부장이 이런 언행은 예하 직원들에게도 그대로 전수되고 있다. 중국 외교부 아시아국장 류진쑹(劉勁松)은 2023년 5월 우리 외교부를 방문해 자신들이 우리와 협력할 수 없는 4개 사항, 소위 '4대 불가'를 통보했다는 언론보도가 있었다. 그중 하나는 '한국이 친미, 친일 외교정책을 지속 시 중국과 협력 불가하다'라는 것이다. 2016년 12월 천하이(陳海) 중국 아시아국 부국장은 우리의 방한 연기 요청도 무시하고 한국을 찾아와 기업인을 대상으로 우리의 사드 배치를 비난하면서 '소국이 대국에 대항해서 되겠는가'라고 하였다. 이 모든 언행은 과거 중화질서 속에서 명(明)-조선(朝鮮) 관계를 연상시키고 있다.

시진핑 주석의 중화질서 세계관이 바뀌어야 중국의 대한(對韓) 인식이 정상화될 듯

왕이 부장과 외교부 직원들의 언행은 개인적인 돌출적인 행동이 아니다. 중국 최고 지도자 시진핑 주석의 중화질서 세계관 연장선에 있다. 유상철 중앙일보 중국연구소장은 「시진핑 탐구」라는 저서에서 시진핑은 과거 중화질서 속에서 중국과 한국이 '종주국(宗主國)–번속국(藩屬國)' 관계이었던 것처럼 현재도 우리를 번속국으로 여기고 있다고 분석하고 있다.

시 주석은 2017년 미국 방문 시, 당시 트럼트 대통령에게 "과거에 한국은 중국의 일부였다"라고 언급하였고, 문재인 대통령 특사를 두 차례나 자신보다 하석에 앉게 하였다. 중국이 한·중 관계를 수평적, 호혜적 관계가 아닌 수직적이고 시혜적인 관계라고 생각하고 있다는 점을 드러내고 있는데, 이는 바로 과거 중화질서 속에서 종주국–번속국 관계인 것이다.

중국의 이런 언행은 우리를 분노케 하였지만 문재인 정부는 중국 외교부에 사실 관계 문의만 하였고, 중국이 "한국 국민은 걱정할 필요없다"라는 동문서답식의 답변을 하자, 더 이상 문제를 제기하지 않았다. 그리고 우리 정부는 문재인 대통령 특사 의전 결례 문제에 대해 항의조차 없었다. 이를 지켜본 왕이 부장이 우리를 대등한 주권국가로 인식하겠는가. 우리는 이런 왕이 부장을 거의 국가원수급으로 예우를 하고 있는데 과연 왕이의 생각이 어떨지 궁금하다.

시진핑 시대 이전의 장쩌민(江澤民)과 후진타오(胡錦濤) 주석은 이렇지 않았다. 이들의 마음 속에는 중화질서 세계관이 자리잡고 있었지만 우리를 자주 독립국가로 예우하였다. 현대 한·중 관계를 왜곡시키고 있는 주요 원인은 시진핑 주석의 중화질서 세계관이지만, 그 빌미는 대중 저자세 외교로 일관한 우리 정부가 제공했다고 할 수 있다.

북한은 1990년 중반 절박함과 한목소리로 중국을 상대하였다. 대만 카드를 사용한 것이다.

필자는 중국의 압력에 굴하지 않고 국익을 관철시키고 있는 최근의 사례로 베트남과 호주를 예로 들었다. 이 외에도 1990년 대 중반 북한의 사례도 있다. 북한은 1993년 경제난인 소위 고난의 행군이 시작되자 중국에게 원조를 요청했지만 중국은 냉담하였다. 북한은 중국에게 '한국과 수교를 늦추어 달라'고 했지만 중국 덩샤오핑(鄧小平)은 북한의 의견을 받아들이지 않고 1992년 8월 한국과 수교를 단행하였다. 이로 인해 북한은 덩샤오핑을 사회주의 배신자로 비난하면서 중·북 관계는 악화되었고, 중국은 북한의 경제난에도 방관하고 있었다.

북한이 이런 중국을 움직인 것은 바로 '대만 카드'였다. 북한식 이이제이(以夷制夷)였던 것이다. 북한은 1996년 대만에게 방사성 폐기물 처리장(방폐장) 제공과 1995년 대만 관광 전세기의 평양─타이베이(臺

北) 취항을 협의하는 등 대만을 끌어들여 중국을 압박하였다. 결국 중국은 북한의 요구대로 북한에게 원조를 제공하고 그 대가로 북한-대만의 접근을 저지시켰다. 이때 북한에서는 대만 카드를 반대하는 목소리가 없었다. 중국은 북한 내부에서 친중 세력을 규합하여 정치권을 분열시키고 친중 목소리가 나오게 할 수 없었기 때문이었다.

태영호 의원은 북한 외교의 강점을 '생존을 위한 절박함'이라고 하였다. 중국은 한목소리를 내며 절박함으로 죽기 살기로 달려드는 북한이 부담스럽고 더 나아가 이런 북한이 미국 또는 러시아와 손잡으면 중국 안보에 위협적이 된다. 중국이 이 상황을 피하기 위해 북한의 요구를 수용했던 것이다.

우리의 한목소리는 중국을 동북공정에서 한 발 뒤로 물러나게 했다. 우리도 중국을 압박할 카드가 많다.

우리도 중국을 한발 뒤로 물러나게 한 사례가 있다. 중국 동북공정에 대응하여 고구려사를 지키자라는 외침에 전 국민이 호응했다. 이때는 보수도 진보도 한목소리였고 여당과 야당이 다르지 않았다. 이러한 우리의 일치된 외침에 따라 노무현 대통령이 2006년 9월과 10월에 당시 원자바오(溫家寶) 총리와 후진타오(胡錦濤) 주석에게 시정을 요구하게 이르렀다. 중국도 한국민의 일치된 분노를 외면할 수 없어 2007년 '한·중 구두 양해사항'을 교환하고 동북공정의 논란을 종식시키기로 하였다. 양해사항의 요지는 '중국은 이러한 사태에 유념하고, 정치 문제화를 방지하며, 학술교류를 통해 문제를 해결하겠다'라는 것이었다.

지금도 중국이 고구려사를 건드리면 똑같이 전국민적인 결기가 나올 것이다. 우리는 중국의 중화질서 강요에 대해서도 이 이상의 전국민적인 결기를 보이고 한목소리를 내야 한다. 고구려사 지키기가 우리의 역사를 보존하는 문제라면 중화질서를 거부하는 것은 현재의 주권과 정체성을 지키는 문제이기 때문이다.

또한 우리에게도 중국을 압박할 카드가 있다. 한미동맹을 더욱 강화하고 한·미·일 안보협력을 강화하는 것이다. NATO, 호주, 인도, 동남아 국가들과도 협력이 가능할 것이다. 필요하다면 중국을 겨냥한 중거리 탄도미사일 배치에 대해 미국과 협의를 시작할 수도 있다. 최종적으로는 핵무장 카드도 있다. 핵무장을 한다면 '베이징 불바다' 위협이 통할 것이다. 절박함과 결기, 그리고 한목소리가 뒷받침될 때 가능할 것이다.

조태열 외교장관은 2024년 2월 6일 중국 왕이 부장과 상견례 전화에서 "한중 양국이 갈등요소를 최소화하고 신뢰를 바탕으로 지속가능한 질적 성장을 도모하자"라고 언급하였다. 질적 성장을 위해서는 중국이 우리에게 하는 만큼 그대로 되돌려 주겠다하는 결기가 필요한 시점이다. 예를 들어 우리 외교장관이 중국을 방문했을 때, 시진핑 주석을 못만났다면, 왕이 부장의 우리 대통령 예방도 없을 것이라는 사실을 주지시켜야 한다. 중국의 중화질서 세계관을 지금 우리가 바로잡지 않으면 우리 후손들은 중국의 오만과 고압적인 자세를 계속 마주해야 할 것이다. (뉴스투데이, 2024. 2. 8)

2019년 12월 4일 한국 방문중인 왕이(王毅) 중국 외교부장 (출처 : 네이버)

한국과 중국, 대등하다

중국의 모략사상 구현
: 정찰풍선, 공자학원,
해외 비밀경찰서 등

- 중국 전략전술의 뿌리 모략(謀略), 모략을 알아야 중국이 보인다.
  - 정찰풍선. 해외비밀경찰서, 공자학원도 실체가 보인다.

- 모략(謀略)은 '전략적 사고'와 같은 의미, 오늘날에도 중국은 모략의 대가(大家)

- 중국공산당은 창당 초기부터 오늘날까지 모략사상을 구현하고 있다.

- 초한전(超限戰) 이론으로 발전한 모략사상, '한국형 전략적 사고'가 요구된다 .

중국 전략전술의 뿌리 모략(謀略), 모략을 알아야 중국이 보인다.

- 정찰풍선. 해외비밀경찰서, 공자학원도 실체가 보인다.

정찰풍선과 해외비밀경찰 그리고 공자학원은 독특한 중국식 전략전술이다. 서구의 관점으로 이해하기 어렵다.

중국의 정찰풍선과 해외비밀경찰 운용, 그리고 공자학원 설치는 각각 다른 기관이고 목적과 임무도 다른 것 같지만, 중국의 모략이라는 전통사상에서 출발한 같은 몸통인 것이다. 차이가 있다면 행동방식과 접근방법이 다를 뿐이다. 그러나 중국의 이익을 극대화시킨다는 목적은 동일하다.

정찰풍선은 가장 저렴하고 창의적인 첩보 수단이다.

중국이 정찰풍선을 미국을 포함하여 전세계 주요국으로 보내서 화제가 되고 있다. 미국은 중국이 기존의 저궤도 정찰위성으로도 첩보를 수집할 수 있는데 왜 속도도 느리고 노출되기 쉬운 풍선을 사용하는가 하고 의아해 한다. 해외 언론보도에 의하면 중국은 성층권에 여러 대의 정찰풍선을 고정해 놓고 전 세계를 들여다 볼 수 있는 네트워크를 구축하려는 것이 아닌가 추정하고 있다.

미국은 저궤도에 4천여 개의 정찰위성을 연결하여 '스타링크'라는 첩보 수집 네트워크를 운영하고 있는데, 중국은 정찰위성 대신 풍선을 이용한다는 의도인 것이다. 이럴 경우 가격과 비용은 스타링크와 비교할 수 없이 저렴하다. 그리고 풍선은 위성에 비해 낮은 고도로 한 장소에 오래 머무를 수 있어 목표물을 선명하게 촬영이 가능하다는 장점이 있다.

미국 국방부 대변인은 2023년 2월 8일 브리핑에서 중국 정찰풍선이 10여 년 전부터 5개 대륙 주요 국가에서 약 20여 차례 포착되었다고 설명하였다. 미국 언론은 주요 국가 중 아시아 국가로는 일본, 대만, 인도 베트남, 인도 필리핀이라고 밝히고 있다. 중국 정찰풍선이 우리 영공을 통과했는지, 그렇다면 얼마간 머물면서 정찰활동을 하였는지 여부는 밝혀지지 않고 있다.

미국이 공대공 미사일로 풍선을 격추시키고 세계적인 이슈가 되면서 중국의 시도는 실패한 것으로 보이지만, 그 발상이 독특하다고 할 수 있다. 접보수집을 위해 서구의 예상을 뛰어넘는 중국의 창의성에 주목해야 한다. 이 창의적인 방식은 계속 진화할 것이기 때문이다.

해외비밀경찰은 해외 거주 자국 반체제 인사 감시와 통제가 목적이다.

이 문제는 2022년 9월 스페인에 본부를 둔 국제인권단체 '세이프가드 디펜더스'가 '해외 110. 중국의 초국가적 치안 유지 난무'라는 제목의 보고서에서 중국이 유럽을 중심으로 해외 21개국에 54개의 비밀 경찰서를 개설했다고 폭로하면서 알려지게 되었다. 2개월 후인 11월에는 한국을 포함, 48곳에서도 추가 시설을 확인했다고 발표했다. 이 단체가 파악한 중국 비밀 경찰서는 우리를 포함하여 총 53개국에 걸쳐 102개 이상이다.

보고서에서 사용한 숫자 110은 한국의 '112'에 해당하는 중국 경찰 신고 번호이며 해당 비밀경찰서는 '해외 110 서비스 스테이션'이라는 명칭으로 운영하였다고 한다. 중국 당국은 해당 스테이션이 코로나19 사태로 해외 공관이 문을 닫아 행정업무가 지연되면서 어려움을 겪은 중국 국적자들이 많았기 때문에 자국민의 운전면허 갱신, 현지 주택 등록 등의 서비스를 제공하는 곳이며 국제법을 준수한다고 주장하고 있다.

그러나 세이프가드 디펜더스에 의하면 이 기구의 활동은 해외 거주 중국인을 감시하고 반체제 인사를 추적하며 본국으로 송환하는 데 있다고 한다. 또한 인권단체 관계자는 "중국 당국 데이터를 보면 2014~2022년 120개국에서 '여우사냥', '스카이넷 작전' 등으로 불리는 반체제 인사 본국 송환 작전을 벌여 1만 1,000명을 잡아들였다"면서 "대부분은 협박 등 불법적 방식을 동원한 송환이었으며, 국제적 공조 체계를 통해 합법적으로 송환된 인물은 전체의 1~7%에 불과하다"라고 말했다.

이 문제는 유럽에서 큰 파문을 일으키고 있다. 그 이유는 중국이 국제법과 해당국의 법을 준수하지 않아 주권 침해, 사법 방해 등의 외교적 마찰소지가 있기 때문이다. 서구에서는 중국이 왜 무리를 하면서 해외에 비밀리에 경찰서를 운용하는지 의아해 한다.

국내 언론이 잠실 한강변의 동방명주(東方明珠)라는 중국식당이 중국의 비밀경찰서라고 지목하였지만 중국은 부인하고 있다. 우리 당국은 문제가 제기된 이후 2022년 12월 중순부터 실태 파악에 나선 것으로 알려지고 있다. 그렇지만 2개월이 경과된 2023년 2월 하순 시점에서도 아직 결과 발표에 대한 언급은 없다. 중국은 법규 준수보다는 목적 달성이 우선이다. 그들 전쟁의 역사를 보면 알 수 있다. 모략 사상이 이러한 환경에서 형성되었고 발전되었다. 공산당의 집권과정과 행동도 별반 다르지 않다. 중국을 이해할 수 있는 핵심 개념인 것이다.

공자학원은 중국어 학습 및 중국 문화 보급과 동시에 중국공산당의 가치관도 전파

　최근 서구에서 비난받고 폐쇄당하고 있는 공자학원을 보자. 중국은 한국 강남에 공자 아카데미를 시작으로 우리나라에서는 총 23개소를 개설하였다. 이 가운데 22개는 전국의 국립 및 사립대학교 안에 있다. 중국은 해당 대학에 설립할 때 약 10억원을 지원하고 매년 평균 1억원 안팎의 운영 경비를 지원하며, 대학생 중국 탐방단, 장학금, 교수 연구비도 지원하는 등 많은 혜택을 주고 있다. 2020년 기준 전 세계적으로 160여 개 국가에 540개가 넘는 것으로 알려지고 있다.

　미국 등 서구에서는 공자학원이 본래의 설립 취지에서 벗어나 중국공산당의 가치를 전파하고 중국의 영향력 침투 창구이자, 현지 유학생 등을 단속·감시하고, 고급 학술 정보를 수집하는 정보 거점으로 결론내리고 공자학원을 폐쇄·퇴출시키고 있다. 2022년 10월 취임한 리시 수낙 영국 총리는 "영국 안에 운영 중인 공자학원 30곳을 모두 폐쇄하겠다"라고 밝힌 바 있으며 미국 국무부는 2020년 8월부터 공자학원을 세우려는 미국 기관·대학에 대해 인적 구성과 예산 및 지원금 사용 내역 보고를 의무화했다. 이러한 추세에 따라 최근 2년간 전 세계에서 문 닫은 공자학원은 150개에 육박한다.

　우리나라도 민간단체인 '공자학원 실체 알리기 운동본부'가 공자학원 퇴출운동을 전개하고 있지만 서구와는 달리 아직 크게 반향은 없는 상황이다.

정면대결 전통의 서구는 은밀하게 후방으로 치고 들어오는 중국의 전략전술 이해하기 힘들어

정찰풍선이나, 해외비밀경찰서 운용, 그리고 공자학원 설치 등 중국의 이런 행동의 특징은 비밀리에 은밀하게 추진하거나 아니면 대외적으로 표방하는 사항과 실제로 추진하는 내용은 다르다는 것이다. 이러한 행동은 서구의 관점에서 볼 때, 상대방을 속이는 기만인 것이다. 정면승부, 정면대결에 익숙한 서구의 시각으로는 이해하기 힘든 불법적이고 비정상적인 방법이다.

서구의 전략전술과 싸움의 방식은 정면대결 정면승부이다. 로마시대에는 방진이라는 4각형의 대형을 유지한 채 긴 창과 방패를 들고 앞으로 앞으로 전진하였고, 유럽에서는 검을 뽑아 정면에서 결투를 하였으며, 미국 서부개척시대에는 등을 마주대고 각각 앞으로 걸어가다가 돌아서며 동시에 총을 빼어 들고 사격하는 카우보이 맨의 정면승부가 있었다. 이런 서구의 전통은 후방으로 파고들고 옆구리를 치는 중국의 전략전술, 즉 모략을 이해하기 어려운 것은 당연하다고 할 수 있다.

한국전쟁에서도 유사한 사례가 있다. 미군을 포함한 유엔군이 주로 주간에 포사격을 하고 그런 다음 정면에서 적을 향해 한걸음 한걸음 전진해가는 방식이었다면, 중공군은 야간에 정면을 피하고 은밀하게 뒤로 돌아 들어와서 후방과 측방을 기습하는 것이었다. 미군은 중공군의 이러한 전투방식을 파악하고 극복하는데 몇 개월이 걸렸다.

중국의 행동은 오랜 세월을 거치면서 형성된 생존의 방식 즉 모략 사상을 그 뿌리로 하고 있다. 중국을 이해하려면 당연히 그들의 전통 사상인 모략을 통찰해야 한다. 중국의 관점에서 보아야 한다는 의미이다. (뉴스투데이, 2023. 2. 27)

모략에 능한 중국인 캐릭터 (출처 : 구글)

모략(謀略)은 '전략적 사고'와 같은 의미,
오늘날에도 중국은 모략의 대가(大家)

중국인의 얼굴에서 모략의 대가 손자(孫子)의 모습을 볼 수
있다.

중국 모략사상에 대해서는 중국인문경영연구소 유광종 소장이 권
위자이다. 그는 19세기에 중국에 장기 체류한 독일인 의사 '웨일즈'의
인상기를 인용하여 "중국인은 세 개의 얼굴을 가지고 있다. 첫 번째
는 공자(孔子)의 얼굴이요, 두 번째는 노자(老子)의 얼굴이며, 세 번째
는 도적의 얼굴이다" 라고 언급한 한 바 있다. 필자는 그의 통찰에 동
의하면서, 세 번째 도적의 얼굴을 손자(孫子)의 얼굴로 바꾸어야 한다
고 생각한다. 도적의 얼굴을 자세히 들여다 보면 공자나 노자와 버금
가는 모략사상의 대가 손자의 모습이 보이기 때문이다.

우리는 모략이라고 하면 중상모략을 떠올리며 부정적이지만 모략

을 지략(智略)으로 바꾸어 보자. 그렇다면 의미가 달라진다. 모략이란 바로 경쟁에서 이길 수 있는 '전략적 사고'인 것이다. '내가 살아남기 위해 상대를 멸망시키는 지혜'라는 의미이다.

모략사상은 중국의 오랜 전쟁 역사에서 탄생하였고, 상대를 멸망시키기는 방법이다.

중국은 문명의 발상지임과 동시에 전쟁의 발상지이기도 하다. 사마천(司馬遷)의 사기(史記)에 의하면 약 4,500년 이전, 대략 기원전 2,500년에 황제헌원(黃帝軒轅)은 치우(蚩尤)와 전쟁에서 승리하여 중국 역사의 시조가 되었다고 한다. 이후 전쟁의 역사는 주(周)나라가 쇠망해가면서 패권을 다투는 춘추전국시대(春秋戰國時代)가 기원전 770년부터 기원전 221년까지 약 500년 간 지속되었고 계속해서 중국 대륙은 북방민족의 침략, 왕권교체기의 혼란과 분열으로 크고 작은 싸움이 항상 끊이지 않았다. 최근에는 청(淸)나라 멸망 후 신중국 건립 이전 약 100여 년 기간도 군벌 할거와 북벌, 국공내전으로 편안한 날이 없었다. 통계에 의하면 4천년 중국역사 속에서 대규모 싸움의 횟수는 약 3,700여 회에 이른다고 한다.

이런 전란에서 살아남기 위해 중국인들은 병법을 연구하고 발전시켰으며, 주변 왕조와 공존하는 것은 필요에 의해서 잠시 숨을 고르는 것에 불과할 뿐이지 내가 멸망당하느냐 아니면 상대를 멸망시키느냐의 죽고 사는 문제는 어느 한쪽이 없어질 때까지 계속된다는 사실도 깨달았다. 그들은 이 모든 것을 병법에 담았다. 중국의 병법은 손자병법을 포함하여 약 3,000 종에 이른다.

강태공(姜太公)은 약 3000여 년 전에 군사와 정치, 경제를 통합한 모략사상을 정립하였다.

중국에서 모략사상을 처음으로 체계적으로 발전시킨 병법가는 강태공이다. 강태공 여상(呂尙)은 주나라 문왕과 무왕을 보좌하여 은(殷)나라를 멸망시키고 기원전 1046년에 주나라를 개국한 공신이다.

그는 이 과정에서 무력 사용에 앞서 정치와 경제에서 은나라를 약화시켜 나갔다. 강태공은 "전쟁의 승부를 결정짓는 요소는 인심의 향배이고, 인심을 움직이는 것은 추상적인 인의도덕보다는 물질적 이익이다"라고 주장하였다. 또한 그는 은왕조의 약점과 모순을 이용하여 지배층을 이권으로 유혹하고 부패시켜서 이들을 분열시키고 와해시켜나갔다. 온갖 이권으로 신하들을 유혹하여 놀이와 주색에 빠지게 하여 국고를 고갈시켜 경제력을 약화시켰다. 이 결과 은나라를 섬기던 속국들과 민심은 떠나갔다.

은나라가 자멸 직전에 있었지만 강태공은 "매가 먹이를 덥치려 할 때는 날개를 거두고 낮게 날며, 맹수가 먹이를 덥치려 할 때에는 귀를 내리고 몸을 낮추는 법이다"라고 하면서 자신을 숨기고 때를 기다리고 있었다. 싸우기 전에 이미 이겼고, 이미 이겨놓고 싸운 것이다. 바로 도광양회(韜光養晦)인 것이다. 이러한 모략사상은 강태공이 저술한 것으로 알려진 육도삼략(六韜三略)에 담겨져 손자병법으로 계승되어 '싸우지 않고 이긴다'라는 '부전승'(不戰勝) 사상을 탄생시켰다.

손자의 모략은 상대방을 기만하고, 상대의 허점을 이용하는 것이다.

손자는 자기의 고향 산동반도를 중심으로 벌어졌던 고대 전쟁을 연구하여 전쟁의 본질을 밝히고 승리할 수 있는 병법을 저술하였다. 중국에서는 '손자병법 이전에 병법없었고 손자병법 이후에 병법없다'라는 말이 있을 정도로 손자병법은 병법의 정수라고 알려지고 있다.

필자는 손자병법 중 앞서 언급한 부전승 사상을 제외하고 대표적인 모략사상 3개만 언급하겠다. 우선 "전쟁은 상대방을 기만하는 것이다"라는 개념이다. 즉 상대를 속이라는 것이다. 손자병법 13개 편중 첫 번째인 시계편(始計篇)에 "병자궤도야(兵者詭道也)"라고 '전쟁은 속이는 것이다'라고 하면서 속이는 구체적 방법을 적시하고 있다. 예를 들어 능력이 있으면서 무능해 보이게 하고, 가까이 있으면서 멀리 있는 것처럼 하라는 것이다. 또한 공기무비(攻其無備), 출기불의(出其不意)를 언급하고 있다. 상대방의 준비가 부실한 방향으로 공격하고 예상하지 못한 방향으로 치고 나아가라는 것이다.

그리고 그 다음은 창의적이고 기발한 계책을 활용하라는 것이다. 제5편 병세편(兵勢篇)에는 "범전자 이정합 이기승 (凡戰者 以正合 以奇勝)"을 강조하고 있다. 즉 "무릇 싸움이란 정면에서 정상적인 방법으로 상대하지만 기발한 방법으로 승리한다"라는 의미로 이기기 위해서는 기발한 계책이 필요하다는 것이다.

다음은 간첩을 활용하라는 것이다. 마지막 편인 제13편은 간첩의 활용 방법인 용간편(用間篇)으로 손자는 간첩의 중요성과 활용방법을 하나의 편으로 정리하였다. 손자가 제시한 간첩의 5개 유형에서 특히 내간(內間)은 상대국의 관리를 매수하고 포섭하라는 것인데, 오늘날에는 이 내간(內間)들은 첩보를 수집하는 단순 첩보원의 수준을 넘어 상대국을 분열시키고 부패시키는 공작원의 성격도 있다.

중국의 전통 모략사상은 손자병법에서 '병법 36계' 이어지고 '마오쩌둥'에 전수된다.

손자병법 이후 손빈, 오자 등이 각각 병법을 저술하였고, 조조는 손자병법을 해석한 '손자약해(孫子略解)'를 편찬하였다. 명대(明代) 말 또는 청대(淸代) 초에는 고사를 수집하여 편찬된 "병법 36계 (兵法三十六計)'가 병법의 전통을 이어 나갔다. '병법 36계'는 저자는 알 수 없지만, 이 책 속에는 병법을 포함한 처세술로도 사용할 수 있는 36개의 구체적인 계책이 담겨있다. 핵심 내용은 상대를 속이는 기만이다.

주요 내용은 우리에게도 잘 알려진 계책들이다. 36개의 계책 중 제5계는 진화타겁(趁火打劫)으로 "남의 집에 불난 틈을 타 도둑질하라"는 것이다. 제6계는 성동격서(聲東擊西)로 "동쪽에서 소리치고 서쪽을 공격하다"이며 제10계는 "웃음 속에 칼날을 품다"라는 소리장도(笑裏藏刀)이다. 제20계는 혼수모어(混水摸魚)로 "물을 흐리게 한 다음 고기를 잡아라"이다. 마지막 계책인 36계는 상황이 불리할 때는 무리하게 싸우지 말고 잠시 이탈하여 전열을 가다듬어라는 의미의 주위상계(走爲上計)인데 우리는 단순하게 "도망가라"라고 잘 못 인식하고 있는 부분도 있다. 당시 지식인들은 내용이 너무 직접적이고 세속적이기에 이 책을 책장에 진열하는 것을 꺼려하였지만 곁에 두고 애독하였다고 한다. 모략전통은 이렇게 이어져 내려오고 있다.

이러한 중국의 오래된 병법의 전통은 중국공산당으로 계승된다. 국공내전 시절 마오쩌둥은 손자병법과 사기 등 중국 역사서를 들고 다니며 유격전을 전개하였다. 그가 제시한 16자 전법은 모략사상과 맥이 닿아 있다. 16자 전법은 다음과 같다. "적진아퇴(敵進我退) 적이 전진하면 우리는 후퇴한다. 적주아교(敵駐我擾) 적이 야영을 하면 우리는 적을 교란한다. 적피아타(敵疲我打) 적이 피로를 느끼면 우리는 공격한다. 적퇴아추(敵退我追) 적이 후퇴하면 우리는 추격한다."

오늘날에도 중국은 모략의 대가이다.
정찰풍선, 해외비밀경찰서 운영, 공자학원이 사례이다.

　　다시 이야기를 오늘날로 돌아와 보자. 중국이 전세계에 날려 보낸 정찰풍선은 실효성이 의심되지만 서구의 예상을 뛰어넘는 창의성에 주목할 필요가 있다. 앞으로 어떠한 기발한 발상이 나올까 기대되는 바이다. 손자병법에 나오는 '출기불의'(出其不意)가 연상되는 대목이다. 해외비밀경찰서 운영은 역시 손자병법의 '이정합 이기승'(以正合 以奇勝)이 떠오른다. 정면에서는 정상적인 방법과 절차를 준수하지만 비정상적인 방법을 사용하여 목표를 달성하고자 하는 것이다. 공자학원 운영은 부전승(不戰勝)사상의 발로로 보아야 할 것이다. 중국은 공자학원을 통해 장기적으로 중국의 가치관을 확산시키고 친중인사를 늘려 영향력 확대를 도모하고 있다. 미·중 패권경쟁에서 미국의 가치관을 대체하겠다는 숨겨진 의도의 일환으로 볼 수 있다.

중국 모략사상과 어긋나는 시진핑의
"중화민족의 위대한 부흥"

　　현재 중국은 시진핑 공산당 총서기가 3연임에 성공하면서 "중화민족의 위대한 부흥"은 지속될 것이다. 이는 "향후 100년간 미국과 맞서지 마라"라며 도광양회를 당부한 덩샤오핑의 유훈을 저버리는 행동이

다. 그리고 3,000여 년 전에 모략사상의 시조 강태공이 설파했던 "맹
수가 먹이를 덥치려 할 때에는 귀를 내리고 몸을 낮추는 법이다"라는
가르침과 차이가 있다. 전통 모략사상을 이탈한 시진핑의 중국몽이
자칫 백일몽이 되지나 않을까 두고 볼 일이다. (뉴스투데이, 2023. 3. 6)

손자병법에 익숙한 중국은 모략의 일환으로 정찰풍선, 해외비밀경찰서, 공자학원을 설치하였다. (출처 : 구글)

중국공산당은 창당 초기부터 오늘날까지 모략사상을 구현하고 있다

중국공산당은 1921년 비밀조직으로 탄생하였고, 창당 초기부터 국민당의 토벌작전에 수차례의 위기를 겪었다. 이때마다 이들은 국민당 내부에 침투시켰던 간첩들의 적시적인 정보로 일망타진의 위기를 벗어나곤 하였다. 또한 1930년 대에는 장제스(蔣介石)가 대군을 동원하여 5차례의 공산당 토벌작전을 전개하였지만 이때에도 공산당은 간첩들이 보고하는 국민당군의 움직임을 파악하여 토벌을 피해가면서 오히려 국민당을 분열시키는 공작으로 살아남을 수 있었다. 1940년 대 후반 국공내전 기간에는 국민당 국부군 장군들을 포섭하여 이들을 앞장세워 장제스를 대만으로 몰아내었다.

이러한 사례는 대만 정보국 부국장을 역임한 옹옌칭(翁衍慶) 예비역 중장이 저술한 「중공정보조직과 간첩활동 1927~2018」이라는 책에 소개되어 있다. 국내에서는 이 책이 2022년에 「중국의 정보조직과 스파이활동 1927~2018」으로 번역되었다. 다음 사례는 이 책에서 인용한 내용들이다.

사례 1 : 1927년 10월 중국공산당은 상하이에 간첩조직인 '중앙특과(中央特科)'를 신설하고 간첩 첸짱페이(錢壯飛)를 국민당 중앙에 침투시켜 조사국 국장의 기밀비서를 맡게하였다. 간첩 첸짱페이는 자신들의 중앙특과 책임자 꾸순장(顧順章)이 체포되었다는 정보를 입수 즉시 저우언라이(周恩來)에 보고하였고 저우는 지체없이 상하이의 공산당 중앙을 도피시켜 국민당군이 현장에 들이닥쳤을 때에는 아무도 없어 일망타진을 면하게 하였다. 훗날 저우언라이는 "만약 첸짱페이가 아니었다면 중국공산당 역사는 새로 쓰였을 것이다"라고 회고한 바 있다.

사례 2 : 1934년 10월 국민당 군대가 제5차 공산당 토벌을 시작하기 전에 공산당은 간첩 판원위(潘文郁)을 통해 토벌계획을 사전에 입수하여 국민당군의 공격을 피해 대장정을 이어 갈 수 있었다. 이어서 1935년 국민당 국부군이 6차 토벌을 계획할 무렵 공산당은 장제스의 토벌 주력부대인 군벌 서북군 양후청(楊虎城)과 항일 연합전선 구축에 대한 비밀 협정을 맺었고, 이어서 1936년 4월에는 또다른 토벌 주력부대인 군벌 동북군 장쉐량(張學良)과 항일투쟁을 우선한다는 합의를 하여 국민당의 전열을 분열시켰다. 중국공산당을 이를 '통전책반(統戰策反)'이라고 한다. 이 결과 공산당은 장제스에게 내전을 멈추고 일본 침략에 공동 대응한다는 자신들의 요구를 관철시켜 6차 토벌 계획을 취소시키고 존망의 위기에서 벗어났다. 당시 공산당은 대장정을 마친

약 8,000여 명의 홍군 병력이 있었지만, 국민당은 군벌을 포함하여 약 100만 대군을 동원할 수 있는 상태였다.

사례 3 : 1948년 10월 국민당 국방부 작전부장 꿔위퀘이(郭汝槐)는 공산당 홍군과의 결전계획을 국부군에 하달하기 이전에 먼저 공산당에 제공하였다. 더 나아가 그는 홍군이 승리할 수 있도록 국부군의 작전계획을 변경하였다. 그 결과 국부군은 홍군에게 분할되고 포위되어 섬멸당하였다. 그는 1949년 쓰촨(四川)을 방어하는 22병단 사령관에 임명되었지만 반란을 일으켜 국부군의 서남지역 방어계획을 교란시켜 결국 장제스가 대만으로 철수토록 하였다. 국민당 정부는 꿔위퀘이에 대해 한명의 간첩 때문에 싸우기도 전에 이미 승패가 갈라졌다라고 평가하였다.

위에 사례에서 보듯이 중국공산당은 국민당 중심부에 간첩을 침투시켜 정보를 수집하는 방법 이외에도 국민당 주요인물을 포섭해 공산당에 협력하도록 하는 방법을 사용하여 국민당을 분열시켰다. 중국공산당은 전통 모략사상의 충실한 실천가라고 아니할 수 없다.

간첩을 활용하는 용간법은 국공내전 시기에만 국한되지 않고 최근까지 지속되고 있다. 다음 사례가 이를 말해준다

사례 4 : 2002년 중국공산당 국가안전부 여성 공작원 리페이치(李佩琪)는 대만 국방부 정보부 뤄셴쩌(羅賢哲) 대령을 포섭하여 2011년까지 약 10여 년간 정보를 제공받았다. 뤄 대령은 태국주재 대만대표부에서 무관 임무를 수행 중, 호주여권으로 태국에 들어온 리페이치의 미인계에 걸려들어 비밀을 제공하고 금전적 보상을 받았다. 뤄 대

령은 그 후 대만 국방부 정보부서에 근무하면서 여러 차례 미국 출장 기회를 이용하여 리페이치에 정보를 제공하였고, 2008년에는 소장으로 진급하였지만 2011년 대만 당국에 체포되어 무기징역을 선고받았다. '병법 36계' 중 하나인 '31계'가 바로 미인계이다.

최근에도 유사한 사례를 볼 수 있다. 2023년 2월 대만 중앙통신사는 "중국공산당에 충성을 맹세하고 중국-대만 간 무력충돌 시 중국공산당에 투항하겠다는 서약서를 작성한 대만군 대령 샹더언(向德恩)을 적발하였다"라고 보도하였다. 샹더언은 2020년에 매월 170만 원 금품을 제공하겠다는 대만군 예비역 장교인 샤오웨창(邵維强)의 유혹에 넘어갔다. 그는 검찰 조사 중에 "포섭된 장교가 더 있다"라고 언급하여 대만 군부에 충격을 주고 있다.

사례 5 : 우리를 대상으로 하였던 사례도 있다. 2011년 상하이 주재 한국 총영사관 영사 3명은 상하이 국가안전국 여성 등모(鄧某)의 미인계에 동시에 걸려 포섭당한 후, 한국 총영사관의 긴급 연락체계, 비자발급 기록, 그리고 청와대를 포함한 한국 정부와 정치권 고위층의 전화번호 등 개인정보를 모두 중국에 제공하였다. 이 사건은 3명의 영사와 등모(鄧某) 여성의 치정관계가 폭로되면서 밝혀졌다.

사례 6 : 중국은 상대국의 관료를 포섭하여 간첩으로 활용하는 방법을 중요시하면서 동시에 자국의 관료가 상대국에 협조하는 것은 엄벌에 처하고 있다. 우리와 관련된 사례를 인용하겠다. 중국공산당의 대외공작부서인 중앙대외연락부 아주 2국 한반도처장 장류청(張留成)은 후진타오(胡錦濤)와 김정일의 정상회담 내용과 비밀정보를 한국에 제공하였다는 이유로 2016년 비밀리에 처형되었다. 그는 2005년과 2006년 두 차례 후진타오–김정일 정상회담 통역를 하였다. 그리고 전 주한 중국대사 리빈(李濱)은 한국에 기밀을 누설한 죄목으로 행방불명되었다. 중국사회과학원 연구원 진시더(金熙德)와 리둔추(李敦球), 신화사 외사국장 우자푸(虞家復)은 국가기밀을 제공한 죄목으로 처벌을 받았는데, 특히 우자푸는 18년 형을 받았다.

다음의 해외비밀경찰서와 공자학원 사례는 국내 언론에 보도된 내용들을 발췌요약하였다.

사례 7 : 한국일보는 2023년 2월 28일 자에 한국에 있는 소수민족 위구르인들이 중국 비밀경찰에 감시당하고 협박받고 있다고 보도하였다. 그중 하나의 사례로 위구르인 유학생 A씨(30대)는 2018년 국내 한 인권단체 모임에 참석했는데, 채팅앱 위챗으로 '중국공안'이라고 밝힌 사람이 자신에게 모임에 왜 갔고, 누구를 만났고, 한국인 누구와 이야기를 나눴는지 꼬치꼬치 캐물었다고 한다. "회신하지 않으면 가족이 위험해진다"는 협박 메시지도 담겨 있었다. 위구르인 유학생 B(20대)씨는 2018년 해외여행을 다녀왔는데, 며칠 뒤 중국공안으로부터 "언제 누구와 무엇을 했는지 보고하고, 일주일 내로 중국에 돌아가라. 그러지 않으면 가족이 위험해진다"라는 메시지가 날아들었다고 한다. B씨는 아무런 답을 보내지 않았다. 그러자 중국 공안요원들이 B씨 집으로 들이닥쳐 "주한중국대사관으로 가서 여권을 다시 발급받고 귀국하라"라고 종용했으며 기존 여권을 폐기할 것이라며 B씨를 압박했다고 한다. 이 보도에 대해 중국대사관은 사실무근이라는 입장이며 더욱이 비밀경찰의 존재도 부인하고 있다. 위구르인들은 한국정부가 자신들을 보호해 줄 수 없다는 불안감으로 중국 비밀경찰에 시달리고 있다고 한다.

사례 8 : 우리나라에 설치된 공자학원의 활동 등을 살펴보자. 다음 사례는 2022년 9월 15일 자 조선일보 송의달(LIVE)에서 인용하였다. 제주한라대학교 공자학원은 2019년 개최한 제6회 한라중국영화제에서 '특수부대 전랑(戰狼) 2'를 개막 작품으로 상영했다. 이 영화는 중국 인민해방군의 활약을 찬양하는 내용이다. 영화제에는 중화애국주의 성향이 강한 '오퍼레이션 레드 시(紅海行動)'도 상영됐다. 2020년 11월 대전시 소재 우송대학교 공자아카데미가 주최한 '온라인 중국어 암송대회' 참가 주제시(主題詩)에는 마오쩌둥의 1936년 작품 '심원춘·설(沁園春·雪)'이 포함됐다. 마오쩌둥이 '무산(無産)계급을 칭송'해 중국 중학교 교과서에 수록돼 있는 이 시를 한국 학생들에게 암송하게 한 것이다.

시민단체 '공자학원 실체 알리기 운동본부'에 따르면, 우리나라 공자학원에서 사용된 교재 '나와 함께 중국어를 배워요(Learn Chinese with Me)'에 '홍호수랑타랑(洪湖水浪打浪)'라는 노래가 실렸다고 한다. 이 노래엔 '공산당의 은혜가 동해보다 깊다'는 가사가 나온다. 또한 운동본부 측은 공자학원 영문 홈페이지에 6·25 전쟁을 미국에 대항한 전쟁으로 표현한 영상이 올라왔다가 삭제된 사례도 있었다고 했다.

대학 안에 있는 공자학원은 대학을 기반으로 외부로 활동 범위를 확대하고 있다. 공자학원은 각급 학교·청소년 대상 교육기관에 '공자학당'을 세워 재정을 지원할 뿐만 아니라 중국어 교사도 지원하고 있다. 또한 지역의 초중고 교장·교감 선생님들을 중국으로 초청해 무료 선심관광을 시키는가 하면 경찰, 공무원 대상 무료 중국어 강의, 시군구 의원 상대 중국 초청 여행도 추진한다. 유력 인사들과 모임을 만들어 중국 비즈니스를 벌이고, 공짜 음식·영화 감상 등으로 중국에 대한 호감을 증대시키고 있다. 이러한 호감의 증대는 경계심과 비판의식을 무디게 한다

사례 9 : 중국이 상대국의 정치와 경제 등 전분야에 걸쳐 영향력 확대를 추구한 사례는 호주를 들 수 있다. 이 사례들은 호주 찰스스터트대학교 교수 클라이브 해밀턴 (Clive Hamilton)이 2018년에 저술한 「조용한 침공 : 호주에서 중국의 영향력」(Silent Invasion: China's Influence in Australia) 이라는 책에 기술되어있다. 책의 주요 내용은 다음과 같다.

1장 조용히 스며드는 영향력 : 중국공산당의 최종목표는 호주와 미국의 동맹을 깨트리고 호주를 속국으로 삼는 것이다. 호주 국민들은 중국만이 경제적 번영을 보장해줄 수 있다는 믿음에 사로잡혔기 때문에 중국공산당의 의도를 외면하고 있는 듯하다.

3장 해외에 있는 중국인들 : 중국공산당은 이주 중국인을 활용해 호주 사회 전체를 중국의 가치에 공감하고 베이징이 수월하게 통제할 수 있도록 탈바꿈한다는 목표를 수립하였다. 장기적으로 한족(중국인)을 유권자 집단으로 동원해 중국을 지지하는 후보를 호주 의회와 고위 공직에 진출시키고자 한다.

4장 밀려들어오는 돈 : 중국공산당이 호주 정치에 영향력을 행사하는 가장 확실한 방법은 정당에 기부하는 것이다. 그 결과 중국공산당과 밀접한 중국계 호주인 일부가 호주 정치 기구에서 중요한 자리를 차지하고 있다. 그 수는 점점 늘고 있다. 이 추세대로 가면 베이징 대리인들이 호주 정치를 장악해서 보이지 않은 영향력을 행사하지 않을까 염려스럽다. 중국이 호주 정치를 흔드는 중심지는 뉴사우스웨일스주 노동당이 될 것이다.

　5장 연구소부터 언론까지 : 중국관계 연구소의 세미나와 출판물은 중국공산당 선전물들과 비슷하다. 이들 연구소는 합법적인 연구 기관이지만 호주의 정계와 정책에 중국공산당의 영향력을 미치고자 하는 베이징의 지원을 받는 위장된 선전집단이다.

　이 사례는 맹수가 먹이를 덮치기 전에 몸을 낮추고 한발 한발 접근하는 모습 즉, 결정적인 때를 기다리며 정치와 경제 등 모든 영역에서 차근 차근 영향력을 확대해서 유리한 상황을 조성해 가는 모습과 유사하지 않은가. 중국 전통 모략사상이 배어있는 행동들이다.

　이 책 발간 이후 호주 국민, 특히 정치권은 위기를 느끼고 중국의 조용한 침공을 막아내기 위해 일치단결하고 있다. 그들은 이 책 내용이 사실임을 깨닫고 중국과의 관계를 재평가하였기 때문이다. 책의 저자 클라이브 해밀턴은 2021년 4월 한국어판 서문에서 우리에게도 한마디 한다. "중국의 진정한 본질과 야망을 깨닫지 못하면, 한국도 위험하다" 그렇다면 우리는 대책이 있어야 한다. (뉴스투데이, 2023. 3. 13)

초한전(超限戰) 이론으로 발전한 모략사상, '한국형 전략적 사고'가 요구된다.

오늘날 중국공산당은 자신들의 유구한 모략사상을 이어 받아 초한전(超限戰,unrestricted warfare) 이론을 탄생시켰다. 초한전이란 '한계(限界)를 초월한 전쟁'이라는 의미이다. 전쟁에서 수단과 방법을 가리지 않고 국가의 모든 영역을 전쟁의 수단으로 삼아 평시에도 보이지 않는 침공을 계속한다는 개념이다. 중국은 이를 위해 풍부한 자금력을 바탕으로 상대국의 정치, 경제를 포함하여 문화, 학술 등 국가 사회의 모든 분야에 침투하여 친중 여론을 형성하고 친중세력을 육성하고 있다. 중국공산당의 목표는 자국 중심의 중화질서를 점차 확대하여 미국을 능가한 패권국이 되겠다는 것이다.

초한전 이론은 중국군 공군 대령 차오량(喬良), 왕샹수이(王湘穗)가 1999년에 공동 저술한 군사전략서 「초한전」에서 유래되었다. 현재는 군사 필독서 차원을 넘어 '중국몽(中國夢)'이라는 세계 패권 달성을 위한 실천 교본으로 격상되었다. 국내에서는 2021년에 번역본이 나왔고 2023년 2월에 계명대학교 이지용 교수가 「중국의 초한전-새로운 전쟁의 도래」라는 책을 발간하였다. 우리는 최근에야 중국의 초한전에 관심을 기울이는 수준이다.

초한전을 수행하는 기구로는 중국공산당 직속의 통일전선공작부, 국무원 산하의 국가안전부, 인민해방군의 전략지원부대 등이다. 이 조직의 움직임들은 모두 은밀하고 잘 보이지도 않아 그 의도와 행동 주체가 모호하다는 특징이 있으며, 활동 방식도 나의 예상을 뛰어넘기 때문에 적시에 대응하기가 어렵다. 바로 중국의 전통적인 모략사상의 모습이기도 하다. 약 2,500여 년 전 손자병법에는 오늘날 이러한 전법을 '이정합 이기승(以正合 以奇勝)'이라고 제시한 바 있다. 풀이하면 '정상적인 방법으로 대립하고, 계책으로 승리한다'이다. 계책은 속임수를 포함하여 수단과 방법을 가리지 않는다.

최근 미국과 유럽연합 그리고 일본 등 서구에서 제기한 중국의 대표적인 계책은 화웨이(華爲) 통신 장비에 의해 통신기록 유출 가능성 의혹이다. 중국의 짧은 영상(숏폼) 플랫폼 '틱톡(tiktok)'도 사용자의 정보 유출 가능성을 의심받고 있다. 또한 서구는 중국산 대형 항만 크레인에 설치된 센서가 상대국 주요 항만의 물동량 이동 현황 파악 가능성 의혹 등도 제기하면서 중국이 크레인 본사인 상하이에서 평택항의 주한미군 군사장비 이동 현황 파악이 가능하고 심지어 항만의 기능을 교란시킬 수 있다고 지적하고 있다. 중국은 첨단 IT 과학기술을 적용한 계책을 창의적으로 계속 발전시키고 있다.

중국은 한반도를 중화질서에 포함시켜야 할 대상으로
인식하고 있어 우리도 초한전의 대상이다.

　중국 입장에서 한국은 전략적 요충지이다. 중화민족의 위대한 부흥을 이루기 위해서는 한국을 한미동맹에서 이탈시켜 중화질서에 포함시켜야 한다. 이럴 경우 중국이 얻는 이점은 ① 미·중 패권 경쟁에서 미국의 동맹을 이탈시킨 첫 사례로서 미국식 자유민주주의 체제보다 중국식 공산당 통치방식의 우월성을 입증할 수 있다. ② 미국의 대중 포위망을 뚫을 수 있다. 중국은 자국의 수도권과 동북지방에 근접한 한반도에서 미군을 철수시킨다면 안보위협을 감소시킬 수 있을 것이다. ③ 한미동맹이 흔들리면 미·일동맹도 틈이 생길 수 있다.

　중국공산당 총서기 시진핑은 2023년 3월 3연임을 확정하는 전인대회에서 중국몽 즉 중화민족의 위대한 부흥을 다시 강조하였다. 2012년 그가 집권한 이후부터 일관된 목표였다. 특히 최근에는 사회주의 현대화 강국을 추가하여 2050년 전후에는 미국을 능가하겠다는 계획을 공공연히 밝히고 있다. 이 과정에서 한반도가 중국에 우호적이고 협조적인 지역이 되도록 하는 것이 대한반도 정책의 목표이다. 그렇기 때문에 우리도 중국의 초한전 대상임을 재론할 필요가 없다.

　중국과 우호관계를 유지하면서도 국익과 주권·정체성을 지켜야 한다. 무엇보다 정치권의 한목소리가 시급하다.

　우리 입장에서도 중국은 중요하다. 중국은 미국에 버금가는 세계

2대 강국으로 미국과 패권경쟁을 하고 있다. 중국을 제외하고 안보와 경제를 논하기 어려운 상황이다. '중국과 어떻게 잘 지내야 하는가'하는 것이 국가 과제의 하나이다. 잘 지내면서도 우리의 국익이 손상되어서는 안된다. 여기서 우리는 국익이 무엇인가를 정립해야 한다. 국익이란 단순한 경제적 이익에 국한해서는 안된다. 국익이란 우리를 우리답게 하는 주권과 정체성의 문제임을 잊어서는 안된다.

중국이 우리의 주권 사항인 사드 장비 배치를 문제삼아 보복차원에서 한한령(限韓令)을 발동하였다. 문재인 정부는 '한한령 해제를 위해 3불을 중국에 약속하지 않았느냐'하는 의혹을 받고 있다. 만약에 그랬다고 하면 경제적 이익을 바라고 군사주권을 양보한 조치가 아닐 수 없다. 향후 중국과 갈등이 있을 경우, 경제적 보복을 사전에 피해야 하지만 최악의 경우 경제적 보복을 감수하면서 주권과 정체성을 지킬 것인가 아니면 경제적 이익을 위해 주권과 정체성 일부 양보할 것인가 하는 선택의 순간에 직면할 수 있다. 필자는 불가피하게 선택을 하라면 경제적 손실을 감수하더라도 주권과 정체성은 지켜야 한다고 생각한다.

호주는 중국의 '조용한 침공'에 맞서 주권과 정체성을 지킨 대표적인 사례로 들 수 있다. 호주는 중국에 매수당한 정치인들이 남중국해 문제에 중국을 지지하는 발언을 하는 등 국익에 반하는 움직임을 보이자 2017년 '외국 간섭 방지법'을 제정하여 친중 정치인을 제재하였으며, 2018년에는 미국의 화웨이 통신장비 제재에 영국과 함께 제일 먼저 동참하는 등 정치권이 한목소리로 대응해 나갔다. 호주는 이어지는 중국의 경제적 보복으로 큰 타격을 받았지만 중국에 양보하지 않았다.

중국이 호주에 부과한 석탄, 철광석 등 품목에 대한 금수 조치로 중국도 손실을 입었다. 호주의 석탄과 철광석은 중국 산업에도 필수품으로 호주산을 대체하기가 어려워 중국은 산업은 물론이고 전력난도 겪은 것이다. 그리고 호주는 미국의 대중국 견제 기구인 쿼드(Quad)와 오커스(AUKUS)에 참여하여 미국으로부터 핵잠수함 선단 창설을 약속받는 등 중국 안보에도 위협이 되고 있다. 중국은 2022년 12월 호주와 대화와 협력을 강화하기로 합의하고 수출금지 조치를 풀었다. 호주와 갈등은 중국 자신에게도 경제와 안보면에서 손해이기 때문이었다. 호주가 승리한 것이다.

사드 배치로 촉발된 중국의 경제보복 조치인 한한령(限韓令)에 대해 우리도 중국에 반도체 수출 금지로 대응했다면 어땠을까? 이를 위해 전국민이 고구려 역사를 지키자며 중국 동북공정을 규탄했던 그때처럼 한목소리를 낼 수 있었을까 의문이 든다. 특히 정치권은 사드 배치 문제를 두고 각각 다른 목소리를 내었다. 야당 국회의원 일부가 2016년 8월과 2017년 1월, 중국을 방문하여 사드 배치문제에 대해 중국 정부 관계자와 회담을 하는 등의 활동을 한 바 있다. 이 행보는 당시 정부 및 여당과 조율된 역할 분담이었을 것으로 생각한다.

비밀경찰 등 한·중 간 이슈가 되는 개별 사안에 대해서는
국내법을 적용하고 국제적 연대로 대응해야 한다.

이슈 1) 비밀경찰문제 : 폐쇄해야 한다.

우리 당국이 중국의 해외비밀경찰서로 보도되었던 한강변의 동
방명주(東方明珠)라는 음식점과 이와 관련된 서울 화조센터(華助中心,
OCSC: Overseas Chinese Service Center) 등에 대해 조사를 하고 있는
것으로 알려지고 있다. 이 문제가 처음 공개되었을 때, 서구는 중국
의 비밀경찰서 활동이 국내 출입국 관리법과 외교관계에 관한 비엔나
협약 위반, 그리고 주권 침해 행위로 규정하고 최소 5개소가 폐쇄조
치 되고 조사가 진행중이라는 보도가 있었다. 우리가 서구의 폐쇄조
치와 다른 결과를 내놓는다면 국제사회에서 우리의 위상이 손상됨은
물론이고 우리 국민도 납득할 수도 없을 것이다. 공식적으로 폐쇄하
는 것이 올바른 방법이라고 생각한다.

**이슈 2) 공자학원 문제 : 대학의 판단을 존중하되 중국공산당 선전 활동은 금
지시켜야 한다.**

이 문제에 대해 해당 대학의 입장은 일부 여론과 차이가 있다. 공자
학원이 대학에 주는 혜택이 크기 때문이다. 2020년 10월 충남대에서
열린 국정감사에서 "공자학원으로 인해 대학이 중국공산당의 체제 선
전 무대가 되는 것이 아닌가 우려된다"라는 질문에 대해 충남대 총장
은 "공자학원은 비교적 순수하게 중국어와 문화적 안내를 하는 곳으

로만 알고 있다"라고 답변했다. 서울의 한 사립대 공자학원 책임자인 한국인 교수도 "공자학원이 공산당 선전기관이라는 건 근거 없는 주장"이라며 중국과 똑같은 입장을 보였다. 그렇지만 우리는 미국을 포함한 서구가 공자학원을 퇴출시키고 활동을 통제하는 이유 또한 심각하게 고려해야 할 것이다.

이슈 3) 재한 외국인 지방선거 투표권 부여 문제 : 상호주의 적용해야 한다.

현재 우리나라는 2006년부터 영주(F-5)비자 취득 후 3년이 지난 18세 이상 외국인에게 지방선거 투표권을 부여하고 있다. 2022년 6월에 치러진 제8회 지방선거에서 외국인 유권자는 약 13만 명이었으며 이중 약 10만 명 이상이 중국인이었다. 이들은 서울과 인천 등 수도권과 경기도에 약 70% 이상 거주하고 있다. 이 지역이 근소한 표차로 당락이 결정되는 상황을 고려한다면 각 정당과 후보자들은 당선을 위해서 중국인의 표심을 공략하지 않을 수 없다. 이 과정에서 지방자치의 발전이라는 명분보다는 중국인의 이해가 반영되어 중국의 국내정치 개입을 초래할 수 있는 단초가 되는 것 또한 경계하지 않을 수 없다. 중국에 있는 우리 국민이 중국 지방선거에 투표권이 부여되지 않는 상황에서 중국인에게 일방적으로 투표권 부여는 형평성에 어긋난다고 할 수 있다.

이슈 4) 차이나타운 : 한-중 교류의 차원을 벗어나는 모략과 초한전의 의도는 없는지 살펴야

우리 나라에 크고 작은 차이나타운이 약 30개에 이른다고 한다. 이들은 현재 형성되어 있거나 아니면 지방자치단체와 관련 양해각서 (MOU)를 체결하고 투자를 약속한 지역 그리고 반대 여론에 부딪혀 잠시 중단된 지역도 포함되어 있다. 강원도 춘천-홍천 일대 차이나타운은 반대여론 때문에 추진이 중단되었고, MOU를 체결하고 중국이 투자를 약속한 대표적인 지역은 진도이다. 한-중 교류의 차원에서 차이나타운을 긍정적으로 본다면 아무 문제없지만 모략과 초한전에 능한 중국의 의도를 고려하지 않는다면 우리가 너무 단순한 것이다. 앞서 언급한 지방선거 투표권 문제와 연계해서 검토해야 할 문제이다.

중국의 모략과 초한전을 능가하는 '한국형 전략적 사고'가 요구된다.

중국인과 좋은 친구가 되어야 하고 중국과 교류하고 협력하는 것을 배척할 필요는 없다. 그들이 공자와 노자의 얼굴을 보이고 그런 마음으로 우리를 대할 때 그렇다는 이야기이다. 우리도 공자와 노자의 심성을 갖고 있어 우리가 중국과 함께할 수 있는 공간이 열리는 것이다. 그러나 중국이 도적의 얼굴, 즉 손자의 얼굴을 보일 때에도 우리가 공자를 이야기 하고 노자를 주고 받는다면 너무 한가롭다.

이때에는 중국의 모략과 초한전을 능가하는 '한국형 전략적 사고'로 대응해야 한다. 중국보다 더 모략적이고 초한전에 더욱 정통해서 중국의 예상을 뛰어넘는 계책을 준비하는 사고를 말한다. 필자는 이를 '부처님 손바닥 전략'이라고 언급한 바 있다. 중국이 아무리 모략과 초한전으로 날고 기어도 우리는 중국의 속셈을 다 파악하고 어떠한 상황에서도 대응이 가능한 대책을 마련하고 대비하고 있는 자세를 의미한다. 손자병법의 한 구절로 마무리 하고자 한다.

'적을 알고 나를 알면 백번 싸워도 위태롭지 않다.(知彼知己 百戰不殆)' 중국을 잘 알아야 하고 동시에 우리도 잘 알아야 할 것이다.

(뉴스투데이, 2023. 3. 17)

중국의 모략을 상대하는 한국의 전략적 사고 '부처님 손바닥 전략' (출처 : 구글)

한국과 중국, 대등하다

PART
5

중국문제 주요 이슈
(2022년 ~ 2024년)

중국과 우리 정치권

- 싱하이밍 중국 대사, 야당 대표 앞에서 국내정치 비난 발언 (2023. 6.12)
  - 정치권의 한목소리만이 한·중 관계를 정상화시킬 수 있다

- 문제는 싱하이밍 대사가 아니다.
  문제는 중국공산당 총서기 시진핑과, 분열된 우리 정치권이다 (2023. 6. 14)

- 이재명 대표의 '셰셰' 발언이 제기한 국익 논쟁 (2024. 4. 15)

중국과 북한 관계

- 최근 북·러 밀착에 대한 중국의 선택은 무엇일까 (2023. 9. 25)

- 2024년 북·중 갈등, 상호 공유하는 전략적 이해로 파국에 이르지 않을 듯 (2024. 8. 26)

- 중국, 북한군 러시아 파병에 전략적 모호성 유지할 듯 (2024. 10. 22)

중국과 대만 관계

- 펠로시 美 하원의장의 대만 방문이 우리에게 주는 시사점 (2022. 8. 4)

- 대만 국민은 중국과 경제협력보다는 미국의 안보지원과 민주주의를 택했다
  (2024.1.14)

- 중국의 대만 포위 훈련 (라이칭더 총통 취임사) (2024. 5. 27)

중국과 일본 관계

- 중국의 對일본 무역보복 조치, 반면교사 삼아야 (上) (2023. 9. 8)
  중국의 '일본 수산물 수입금지'관련

- 중국의 對일본 무역보복 조치, 반면교사 삼아야 (下) (2023. 10. 4)
  중국의 무역보복 카드는 우리에게도 예외가 아닐 것

중국의 반간첩법 개정

- 중국은 서구의 침투를 방지하고자 '반간첩법'을 개정하여 2023년 7월1일 부
  시행 (2023. 5. 15)
- 중국의 '(개정)반간첩법' 시행과 우리의 '외국대리인 등록법' 발의 (2023. 7. 3)

중국 국내 및 이스라엘-하마스 충돌 관련

- 시진핑의 제로 코로나 정책 (2022. 11. 29)
- 이스라엘-하마스 무력 충돌 상황에서 숨어있는 승자는 중국 (2023. 10. 18)

싱하이밍 중국 대사, 야당 대표 앞에서 국내정치 비난 발언

- 정치권의 한목소리만이 한·중 관계를 정상화시킬 수 있다.

싱하이밍 중국 대사, 공개적으로 내정간섭 발언, 정부는
싱 대사에 엄중 경고, 여야는 격돌

2023년 6월 8일 싱하이밍(邢海明) 중국 대사가 우리 야당 대표를 관저 만찬에 초대하여 공개적으로 발언한 내용이 문제가 되고 있다. 주요 내용으로 첫째, 우리 내정에 간섭하고 위협하는 사항이었다. 싱 대사는 "한국이 중국과의 관계를 처리할 때 외부의 방해에서 벗어나기 바랍니다. 미국이 승리하고 중국이 패배할 것이라고 베팅하는데 … (한국은) 나중에 반드시 후회할 것입니다"라고 준비한 원고를 읽었다. 둘째, 사실에 입각하지 않은 내용으로 "한국의 대중 무역적자는 '탈중국' 시도 때문이며, 한·중 관계가 어려운 것은 그 책임이 중국에 있지 않습니다"라고 발언하였다.

셋째, 국내 정치권을 분열시키는 언급도 있었다. "더불어민주당은 대중관계를 중요시하고… 양국의 호혜 협력을 대대적으로 추진해 왔습니다…. 당 대표님이 계속해서… 적극적인 역할을 해주시기 바랍니다" 야당의 당명을 거론하고 야당 대표를 지칭하여 역할을 당부한 것이다. 넷째, 야당의 정부 비판에 호응하고 있다. 싱 대사는 "중국과 한국은… 일본의 원전 오염수 해양 방류를 최선을 다해 저지해야 합니다"라고 선동적인 발언도 하였다.

중국 외교부는 싱 대사의 발언이 "직무 범위 안에 있다"라고 싱 대사에 힘을 실어주고 있다. 그러나 우리 정부는 어느 때보다 강하게 대응하고 있다. 외교부 1차관은 싱 대사를 외교부로 불러 엄중 경고하였으며, 국가안보실장도 "국가 간 관계는 상호 존중이 기본이다. 건강한 한·중 관계를 만들어 나가겠다"라고 원칙을 밝혔다.

정부는 싱 대사에 대해 절제된 대응을 하였지만 여당의 공세는 원색적이었다. "야당 대표는 (중국과) 짝짝꿍하고 백댄서를 자처했다", "야당이 대한민국의 국익을 지키는 정당인지 아니면 중국의 꼭두각시인지 의심케하는 장면이었다", "삼전도의 굴욕을 떠올리게 할 정도이다" 라는 비난이 이어졌다.

이에 대해 야당 대표는 "(싱 대사에게) 할 이야기를 충분히 하였다"라고 언급하였으며 이어서 "경색된 한·중 간 경제 협력을 복원해서 대중 교역을 살려내고 다시 경제 활로를 찾기 위해 중국 대사와 만나 많은 대화를 나눴다" 라고 언급하였다. 그러나 구체적인 대화 내용은 밝히지 않고 있다. 계속 논란이 일자 이 대표는 10일 "국익을 지키기 위해 (중국과) 공동 협조할 방향들을 찾아내는 것이 더 중요한 일 아니겠는가"라고 기자 질문에 답변하였다.

중국의 외교적 관례를 넘어서는 강압은 시진핑 집권 이후 심해지고 있어 …

중국이 우리에게 보이고 있는 태도는 시진핑 이전과 이후로 나누어 볼 수 있다. 시진핑 이전 후진타오 시기 2008년에 한·중 관계는 '전면적 협력 동반자 관계'로 격상될 정도로 가까웠다. 중국이 분류하고 있는 외교관계에서 러시아 다음으로 중요한 관계인 것이다. 시진핑 집권 이후 2012년부터는 사드 사태를 정점으로 중국의 강압은 점차 심해지고 있으며 한·중 관계는 급격히 악화되어 오늘날에 이르고 있다. 그 이유는 다음과 같다.

첫째, 시진핑은 한국이 과거 중화질서 속에서 자신들의 속국이었다는 인식을 강하게 가지고 있다. 중화제국의 부흥을 꿈꾸고 있는 시진핑은 당연히 우리와 대등한 상호주의를 받아들이기 어려울 것이다. 그렇지 않다면 문재인 대통령 특사를 두 번씩이나 자기 하석에 앉히겠는가. 전임 국가주석 후진타오는 그렇게 하지 않았으며 현대 국가에서 전례가 없는 일이었다. 시진핑 집권 기간에는 이러한 강압은 지속될 것으로 보인다.

둘째, 문재인 정부의 친중 저자세 외교이다. 문재인 정부가 미·중 패권경쟁 시대에 미국 편향을 벗어나 중국에 한발 더 가까이 가서 미국과 균형을 맞추겠다는 정책은 크게 잘못되었다고 할 수는 없지만, 문제는 저자세를 보인 것이다. '사드 3불 약속 의혹'이 대표적이다. 문 정부는 약속이 아닌 입장표명이라고 하지만 중국측은 약속 이행을 계속 요구하고 있다. 시진핑 입장에서 한·중 관계의 기준은 자신과 문 대통령 관계일 것이다. 이 기준에 맞추기 위해 현 정부를 압박하고 있는 것이다.

셋째, 중국이 무역 수지와 첨단 기술에서 우리를 추월하였다. 우리는 1992년부터 대중국 무역에서 계속 흑자를 내다가 2022년부터 적자를 보이더니 2023년 들어 적자폭은 더욱 커지고 있어 중국은 우리의 최대 적자국이 되었다. 무역 관계자들은 이런 추세는 고착화되고 심화되어 우리가 다시 흑자국으로 돌아서기는 어렵다고 입을 모으고 있다. 이런 배경에는 중국이 우리에게 의지했던 첨단기술을 대부분 자체 개발하여 더 이상 우리 제품을 수입할 필요가 없어졌기 때문이다. 우리가 우위를 점하는 메모리 반도체 등 일부 품목도 언제 중국에게 역전당할지 모를 일이다. 중국은 과거와 달리 경제적으로 한국과 협력이 필요한 상황이 아닌 것이다.

넷째, 국내 정치권의 분열 양상이다. 중국은 현 정부의 한미동맹 강화 정책과 한·미·일 안보협력을 흔들 수 있는 방법으로 정부와 대립하고 있는 야당을 활용할 수 있다고 판단한 것이다. 야당 국회의원 일부가 2016년 8월과 2017년 1월, 중국을 방문하여 사드 배치 문제에 대해 정부와 다른 입장을 갖고 중국 정부 관계자와 회담을 한 사례도 있다. 중국은 현재 국회 다수당이고 약 30% 이상 국민의 지지를 받고 있는 야당의 위상을 활용하여 우리 정부 정책을 비판하고 자신들의 정책을 홍보하고 지지를 유도한 것이다.

외교·안보 문제에 한목소리 나와야 … 국내 정치권의 한목소리가 절실한 시점

우리 사회 일각에서는 싱하이밍 주한 중국대사를 두고 조선 말기 고종 시대에 조선조정에 무소불위로 군림했던 위안스카이(袁世凱)와 대비시키고 있다. 싱 대사가 우리 내정에 개입하고 있기 때문에 이런 평가가 나오고 있는 것이다.

싱 대사는 한국의 20대 대통령 선거를 앞두고 당시 윤석열 후보가 2021년 7월 15일 중앙일보 인터뷰에서 발언한 "공고한 한미동맹의 기본 위에서 대중 외교를 펼쳐야 수평적 대중관계가 가능하다" 이어서 "사드 배치는 우리의 주권적 영역이다"라는 내용에 대해 그 다음날 반박하였다. '중·한 관계는 한·미 관계의 부속품이 아니다'라는 제목의 기고문을 통해서이다. 당시 우리 외교부는 싱 대사를 초치하지 않은 상태에서 5일이 경과한 20일에 싱 대사에게 "주재국 정치인의 발언에 대한 입장 표명에 신중할 필요가 있다"라고 우리의 입장을 전달하였다고 한다.

우리가 이때에 외교부를 포함하여 여당 그리고 야당이 한목소리로 싱 대사의 내정간섭 발언을 문제삼았다면 싱 대사가 이런 행동을 또 할 수 있었을까 ? 우리는 싱 대사와 이 건으로 주중 한국 대사를 초치한 중국 정부에 대해서 한국의 정치권이 똘똘 뭉쳐있어 '압력을 가해도 소용없다'라는 것을 보여주어야 한다. 중국이 우리에게 가하는 강압의 악순환 고리를 이번에는 끊어야 한다.

위안스카이도 조선 조정이 불러들였다고 할 수 있다. 당시 청나라는 조선의 내정이 혼란스럽고 1882년 임오군란을 겪은 후 다시 2년 후 1884년 갑신정변이 발생하자 조선에 또 정변이 발생하면 이를 틈타 일본과 러시아 등 외세가 조선에 영향력을 강화할 것을 우려해서 위안스카이를 파견한 것이다. 당시 조선은 위정척사파, 친청온건개화파, 친일급진개화파 등 정치 파벌이 대립하고 있었다. 청나라는 민씨 척족이 중심이 된 친청온건개화파를 통해 조선 내정에 개입한 것이다.

정부 여당은 야당과 협력하여 거국적인 자세로 중국의 강압과 오만에 대응해야 ….

야당 대표가 싱 대사의 현 정부 비난 발언을 잠자코 듣고 있는 모습은 더 이상 있어서는 안되겠다. 이 모습을 당 유튜브 채널로 생중계하는 것도 바람직하지 않았다. 야당은 이러한 행보를 통해 얻을 수 있는 정치적 득실을 계산하기 이전에 이로 인해 대한민국의 국격이 추락하였다는 사실을 외면해서는 안된다.

한국과 중국, 대등하다

이번 사태를 보면서 야당 대표가 중국 대사에게 정부 비판의 자리를 마련해 주었다는 비난에서 자유롭지 못하다. 대한민국 정부를 비난하는 공개발언이 자신을 향하지 않는다고 마음이 편했을 리 없을 것이다. 이 대표도 대한민국 국민이면서 주요 인사이기 때문이다. 그리고 야당 대표가 국장급에 불과한 중국 대사 관저 만찬 초청에 응한 것도 격식에 맞지 않는다. 과거에는 중국 대사가 여의도 국회나 당사로 야당 대표를 예방하였다고 한다.

여당은 야당 대표를 원색적으로 비난하기에 앞서 국정을 책임지고 있는 정부 여당의 역할을 제대로 했는지 성찰해야 할 것이다. 야당을 국정의 파트너로 인정하고, 외교 안보 분야에서 이견을 조율해가면서 견해를 일치시키려는 노력을 하였는지 되돌아 볼 필요가 있다. 비난하는 것은 쉬운 일이다. 그렇지만 책임있는 이 시대의 여당 정치인이라면 야당을 포용하고 함께 가겠다는 모습을 보여야 할 것이다.

유쾌한 상상력을 동원해 보자. 야당이 중국과 가깝고, 싱 대사가 이 대표에게 한·중 관계 발전을 위한 역할을 기대한다고 언급했기 때문에, 더불어민주당 이재명 대표를 중국 특사로 파견하면 어떨까?

물론 한목소리, 한마음을 형성한 이후 가능할 것이다. 우리 여야가 외교와 안보 영역에서 원팀이 된다면 중국 대사는 야당을 통해 공개적으로 우리 정부를 비난하고 자국 정책을 홍보하려는 생각을 하지 못할 것이다. 중국은 우리 하기에 달렸다. (뉴스투데이, 2023. 6. 12)

문제는 싱하이밍 대사가 아니다.
문제는 중국공산당 총서기 시진핑과,
분열된 우리 정치권이다.

2023년 6월 8일 싱하이밍(邢海明) 중국 대사가 야당 대표를 옆에 앉혀두고 우리 정부를 공개적으로 비난한 사건이 계속 확대되고 있다. 우리와 중국은 정부 차원에서 서로의 원칙을 주장하고 있어 양국 관계가 악화될 가능성이 있고, 우리 정치권에서는 여야의 공방이 거칠어지고 있다. 이 문제를 더 이상 확대시키지 말고 수습할 시점이다. 우리 정부는 중국에게 결기를 충분히 보여주었고, 정치권도 서로 감정을 가라앉히고 차분하게 국익을 논의할 때이다.

시진핑 체제아래서 주한 중국 대사는 오만할 수 밖에 없다.

필자는 중국이 보이고 있는 오만과 강압의 원인을 4가지로 들었다. 그중 첫 번째로 중국공산당 총서기 시진핑이 '한국은 과거 중국의 일부였다'라는 인식을 들었다. 그렇기 때문에 그가 집권하는 기간에는 이러한 강압이 지속될 것으로 예측한 바 있다.

시진핑은 2022년 20차 공산당 대회를 통해 3연임을 하면서 1인 지배 권력을 공고히 하고 있다. 그를 과거 황제에 빗대어 시황제(習皇帝)라고 하기도 하고 독재자 마오쩌둥(毛澤東)과 비견된다고 하여 시쩌둥(習澤東) 또는 마오진핑(毛近平)이라고도 한다. 중국은 시진핑의 뜻을 누구도 거스릴 수 없는 1인 독재체제인 것이다. 시진핑이 중화민족의 위대한 부흥을 뜻하는 중국몽을 이루기 위해 우리에게 강압적이면 외교 최전선에 있는 중국 대사는 시진핑의 지침에 충실히 따를 수밖에 없다. 우리의 상대는 중국 대사 싱하이밍이 아니고 중국공산당 총서기 시진핑인 것이다.

우리는 대통령실까지 나서 싱 대사를 향해 "역할이 적절하지 않았다. 본국과 주재국의 국가적 이익을 해칠 수 있다"며 "비엔나 협약 41조에 외교관은 주재국 내정에 간섭해서는 안되는 의무가 있다"라고 이례적으로 비판하면서 중국 정부에 '적절한 조치'를 기대한다고 하였다. 이에 대해 중국 외교부 대변인은 "싱 대사가 한국의 각계각층 인사들과 광범위하게 접촉하고 교류하는 것은 그 직무이다"라고 언급하면서 우리의 '적절한 조치'요구를 거부하였다.

현 정부는 전임 문재인 정부와 다른 원칙적인 모습을 보여주고 있다. 중국도 우리의 이러한 강경하고 원칙적인 조치에 어떻게 대응할 것인지 고민하고 있는 듯하다. 필자는 우리가 중국에 대해 할 바를 다했다고 생각한다. 이 정도에서 싱 대사 발언 문제를 멈추는 것이 차후 중국과 대화의 여지를 남겨두는 것이라고 생각한다.

싱하이밍 대사 후임으로 거론되는 천하이는 더 오만할 것이다.

2020년 1월 부임한 싱하이밍은 재임 기간이 3년이 넘어 교체 가능성이 높다. 에포크타임스(THE EPOCH TIMES) 6월 12일 보도에 의하면 후임은 천하이(陳海) 미얀마 대사가 유력하다고 한다. 천하이는 김일성 대학 조선어과를 졸업한 한반도 전문가로 외교부 아시아국 부국장 시절인 2016년 12월에 방한하여 사드 배치와 관련하여 "소국이 대국에 대항해서 되겠는가"라고 언급하면서 "사드를 배치하면 엄청난 고통을 주겠다"라고 협박한 바 있다.

천하이는 2차례 한국에서 근무하였다. 1999년부터 2004년까지 실무자로 재직하였고 다시 2009년부터 2014년까지 참사관과 정무공사로 근무하였다. 근무 당시 그는 제2의 위안스카이라는 평가를 받을 정도로 중국 전랑(戰狼, 사나운 늑대)외교를 선보였다. 이를 두고 에포크타임스는 "여우 피하려다 호랑이 만난다"라는 외교가의 평가를 인용하여 보도하였다.

현재 우리 여당은 "싱하이밍 대사를 외교적 기피인물 지정하여 추방해야 한다"라고 주장하고 있다. 여당이 정부를 향해 강력한 조치를 요구한 것은 있을 수 있겠지만 싱하이밍 대사 후임이 더 도발적이면 똑같이 추방시키자고 주장할 것인가, 현재 시진핑 1인 지배체제라는 중국 정치상황을 이해하고 중국 대사에 대한 비난을 거두고 시진핑 주석이 한국을 무시하지 않도록 우리 정치권의 단합된 모습을 보이는 것이 우선일 것이다.

정치권의 원색적인 공방에 국민은 불안하다.
국민의 한사람으로 당장 멈출 것을 명령한다.

이번 사태에서 도를 넘은 것은 싱하이밍의 발언뿐만 아니라 우리 여야의 공방도 금지선을 넘고 있다. 여당은 야당 대표를 지칭하여 "(이 대표는) 중국공산당 한국지부장인지 제1야당 대표인지 입장을 분명히 하라"라고 성토하였다. 이 말은 듣고 있는 국민은 집권 여당이 이 정도로 야당을 적대시해서 어떻게 국정을 펼칠 수 있을 것인가하는 의문을 갖는다. 반대로 야당이 여당을 보고 미국 어느 정당의 지부냐고 한다면 어떻겠는가. 그러면 우리는 야당을 중국공산당 지부, 여당을 미국 어느 당 지부로 비난하면서 우리가 우리를 전락시키는 것이다. 여당은 국민앞에 부끄러운 줄 알아야 한다.

야당도 마찬가지이다. 이번 사태의 책임이 중국이 아니라 윤석열 대통령에 있다는 발언을 연달아 쏟아 내고 있다. 어느 중진 의원은 "윤 대통령이 대만문제에 대해 일방적 현상 변경 반대 입장을 밝힌 것이 문제의 발단이었다"라고 방송에서 언급하였고, 다른 의원은 "지금 한·중 관계 악화 원인은 윤석열 정권에 있다. 왜냐하면 중국은 변하지 않았고, 그대로 있었다"라고 어느 라디오 방송에서 발언하였다. 이 발언을 듣고 있는 중국은 한국 야당은 자기들 편이라고 환영할 것이다. 중국을 두둔하고 자국 최고 지도자는 힐난하는 야당을 국민들이 과연 지지할 것인지 두고 봐야겠다.

중국 속담에 '집안의 창피한 일을 밖에서 이야기하지 마라(家醜不可外揚)'라는 말이 있다. 우리는 이 속담과 반대로 집안의 창피함이 담을 넘어가고 나라의 수치가 국경을 넘어가고 있다. 이제는 여기서 멈추어야 한다. 멈추지 않으면 중국이 우리 정치권의 분열을 이용할 것이고 내부적으로 적대감의 골은 회복하기 어려울 정도로 깊어갈 것이다. 구한말 조선이 망할 때도 그랬다. 필자는 국민의 한사람으로 내일 조간 신문에 이러한 날 선 상호 비난을 그만 보기를 희망한다.

(뉴스투데이, 2023. 6. 14)

싱하이밍 주한 중국대사 모습, 재임기간 4년 6개월 (2020년 1월 ~ 2024년 7월) (출처 : 네이버)

이재명 대표의 "셰셰" 발언이 제기한 국익 논쟁

"셰셰"해야 국익인가, "hello(한미동맹 강화)"만 해도
국익인가, 국익에 대한 공감대가 시급하다.

지역별 국회의원을 선출하는 2024년 총선에서 국가안보와 외교에 대한 이슈보다는 국내와 지역별 관심사가 더 주목받았다. 그렇지만 이번 총선 유세 과정에서 야당 대표는 "셰셰" 발언으로 국익이 무엇인지에 대해 문제제기를 하였고 이에 대해 여당의 반박이 있었다. 국익이 여당과 야당에 따라 달라진다면 국익이라고 할 수 없다.

총선이 끝난 이 시간부터 다음 대선까지 정치권은 '국익이 무엇인가'라는 개념정립이 필요하다. 국익에 대해 생각이 일치되어야 안보문제에서 한목소리가 나올 수 있고 국가안보정책이 한방향으로 나아갈 수 있기 때문이다. 필자는 이를 위해 "국익이 무엇인가"라는 주제로 정치권과 전문가의 '끝장 대토론'을 제안한다.

정치권은 국익에 대한 생각 차이가 크다. 정치권과 전문가의
'끝장 대토론'으로 차이를 좁혀야 한다.

이재명 민주당 대표는 2024년 3월 22일 충남 당진시장 선거유세
에서 "왜 중국을 집적거려요, 그냥 셰셰, 대만에도 셰셰, 이러면 되
지, 대만해협 문제에 우리가 왜 개입합니까? 중국과 대만 국내문제인
대만해협 문제가 어떻게 되든 우리가 무슨 상관이 있어요"라고 발언
하였다. 여당은 이 발언에 대해 "對중국 굴종 인식이 다시 한번 확인
되었다"라고 비난하였고, 다시 야당은 "중국은 우리 최대 교역국이다.
최대 교역국과 잘 지내라는 말이 왜 사대주의냐"라고 반박하였다. 야
당은 이어서 "외교의 목적은 국익이다. 국익 실현을 위해 외교를 하
라는 게 무슨 굴종적 자세인가"라고 언급하였다.

필자는 그 다음 발언을 기대하였지만 논쟁은 여기까지였다. 이 논
쟁이 계속되었다면 결론은 "그렇다면 국익이 무엇인가"였을 것이다.
이 문제가 여기서 멈추게 되면 향후 야당은 이재명 대표 언급의 연장
선에서 중국과 경제관계에 중점을 두고 대중국 우호적인 정책을 주장
할 것이고, 정부와 여당은 자유와 민주 등 가치를 중요시하면서 한미
동맹을 강화하는 기존의 정책을 고수하게 되어 정치권의 대립은 피할
수 없다.

정치권은 분열을 심화시킬 수 있는 이 문제의 중요성을 직시하여
'끝장 대토론'을 통해 국익에 대한 이견을 좁히고 공감대를 넓히려는
노력을 해야 할 것이다. 이 토론은 유쾌할 것이고 유익할 것이며 지켜

한국과 중국, 대등하다

보는 국민들도 우리 정치에서 희망을 보게 될 것이다.

야당은 세 가지 질문에 답해야한다.
① 우리의 주권 및 정체성을 지킬수 있는가,
② 중국을 능가하는 첨단기술 개발이 우선 아닌가,
③ 중국의 영향력 공작에 대한 대책은 무엇인가.

'끝장 대토론'에서 야당은 다음 세 가지 질문에 답변해야 한다. 첫째. '중국이 우리의 주권과 정체성을 침해할 경우 어떻게 할 것인가'이다. 중화민족의 위대한 부흥을 추구하는 시진핑 주석은 한반도는 과거에 중국의 일부라고 하였다. 우리의 군사 주권인 사드포대 배치에 대해 '사드 3불'을 강요하였고 '한한령(限韓令)'이라는 무역보복 조치를 취했다. 야당은 이 사안에 대해 견해를 밝혀야 한다.

둘째, '중국과 우호관계가 우리에게 어느 정도 경제적 이익을 줄 수 있는가'이다. 최근 우리의 중국 적자 폭 증가와, 첨단기술 분야에서 중국에 역전당하는 현상은 경제적 논리로 봐야 한다. 중국은 혁신을 통해 우리에게 의지했던 중간재를 국산화하였기 때문이다. 중국 시장을 우리 장터로 만들려면 중국과 우호관계도 중요하지만 중국을 능가하는 첨단기술과 제품 개발이 우선이다. 정치권이 힘을 합쳐 지원해야 할 분야이다.

셋째, 중국의 영향력 확대 공작에 대한 대응이다. 중국은 전세계적으로 해외 비밀경찰서와 공자학원 운영, 정치인 매수 등 내정개입 문제로 비난을 받고 있고, 주요국에서는 이와 관련된 보고서와 서적이 발간되었다. 최근 우리나라에서도 주재우 경희대 교수가 '중국의 영향력 공작에 꿀 먹은 한국 정치'라는 부제로 「불통의 중국몽」이라는 저서를 발간하였다. 이에 대해 야당의 입장이 무엇인지 밝히고 어떻게 할 것인지 기준을 정해야 할 것이다.

정부 여당도 세 가지 질문에 답해야 한다.
① 중국 및 러시아와 관계개선 방안은 무엇인가,
② 미국의 정책변화에 대한 대책은 있는가,
③ 야당과 함께 대처할 준비가 되었는가.

여당도 다음 세 가지 질문에 답해야 한다. 첫째, 중국과 러시아와 소통 및 관계개선 방안이다. 한미동맹 강화와 한·미·일 안보협력 증대는 현 정부의 성과이지만, 이로 인해 중국과 러시아와 관계가 경색되었다. 중국은 과거와 달리 탈북자를 북송하고 있고, UN 등 국제사회에서 북한의 합리적인 안보불안을 고려해야 한다면서 북한을 두둔하고 있으며, 러시아와 함께 UN 대북 제재를 무력화시키고 있다. 러시아는 북한에게 첨단 군사기술을 제공하여 북한의 전략무기 성능이 급격히 향상되고 있다. 북한으로 기울어진 중국과 러시아를 우리 쪽으로 끌어 당겨 국익을 극대화할 수 있는 대책이 무엇인지 밝혀야 한다.

최근 미국과 유럽은 중국을 안보적 위협이라고 경계하고 있지만 경제적으로는 협력을 추구하고 있다. 호주도 미국이 주도하는 중국견제 안보대화 Quad와 AUKUS 회원국이지만 중국과 경제적인 협력을 재개하였다. 우리도 이들과 같이 중국을 견제하는 미국과 함께하면서 동시에 중국과 경제적 협력도 진행하는 방안이 무엇인지 설명하고 추진해야 할 것이다.

둘째, 현재의 굳건한 한미동맹과 밀접한 한·미·일 안보협력 체제 변화 가능성에 대한 대비이다. 미국은 2024년 11월 대선결과에 따라 한미동맹 상징인 주한미군 감축과 철수 문제를 제기할 수 있으며, 북한과 대화도 재개할 수 있다. 윤석열—바이든의 굳건한 한미동맹에 변화가 예상되는 상황이다. 최근 일본 기시다(岸田) 총리는 "일본은 북한과 고위급 접촉을 이어가고 있다"라고 밝혔다. 북한 문제에 대해 미국 및 일본은 우리와 다른 입장일 수 있다. 이런 상황에 정부 여당은 무슨 대책이 있는지 공개해야 할 것이다.

셋째, 야당과 안보문제를 함께 논의할 의지가 있는가에 대한 질문이다. 정부와 여당은 우리 안보를 굳건히 해야 하는 의무와 책임이 있고 관련 정책을 추진할 권한도 있다. 그렇기 때문에 정부와 여당이 주도적으로 야당을 국정에 참여시키고 의견을 존중하여 정책에 반영한다면, 우리의 안보정책은 여야 합의라는 명분도 있고 정권교체와 관계없이 지속가능할 것이다. 지금까지 현실은 그렇지 않았다. 윤 대통령의 2023년 4월 26일 미국 국빈 방문단에 여당 국회의원만 참여하였고, 국회의원의 중국 방문단은 주로 야당이 주도하였다. 정치권이 이렇게 분열된 모습을 다시는 국민들과 주변국에 보여주지 않기 위해서 정부 여당이 먼저 열린 자세로 야당에 다가설 수 있는지 답변해야 할 것이다.

금번 총선 유세 과정에서 야당 대표에 의해 잠시 대두되었던 '국익'과 관련한 문제 제기는 '끝장 대토론'을 거쳐 '국익이 무엇인지' 공감대를 형성해야 한다. 다음 대선 유세 기간에는 이렇게 합의된 '국익'을 어떻게 극대화시킬 것인가에 대한 정책 토의로 이어지길 바란다.

(뉴스투데이, 2024. 4. 15)

최근 북·러 밀착에 대한 중국의 선택

중국은 최근 '북·러 밀착'에 대해 '북·중·러 협력 강화'에는 거리를 두면서, '중·북 관계'를 발전시켜 북·러 밀착을 견제할 것이다.

　　최근 북한과 러시아 관계가 급속하게 밀착하고 있다. 러시아 국방부장 세르게이 쇼이구는 2023년 7월 27일 북한이 주장하는 소위 전승절 70주년 기념행사에 참석하였다. 우크라이나와 전쟁 중인 러시아 상황에서 국방부장이 북한의 기념행사에 참석한 것은 예상 밖이었다. 북한은 이 행사에 참석한 중국 전국인민대표대회 상임위 부위원장 리홍중(李鴻忠)보다도 러시아 쇼이구 국방부장을 더욱 환대하였고 큰 관심을 보였다.

　　소위 북한의 전승절 행사 직후 2023년 9월 13일 러시아 아무르주

보스토치니 우주기지에서 북·러 정상회담이 개최되었다. 그리고 김정은은 이틀 후 15일에 하바롭스크주 전투기 공장을 방문하였고 이어서 16일에는 블라디보스토크 태평양 함대와 군 비행장에서 극초음속 미사일과 전략폭격기 등 전략무기를 시찰하였다. 언론보도에 의하면 이러한 일련의 북·러 밀착을 통해 러시아는 북한에게 탄약 및 포탄과 대포 지원을 요구하면서 북·러 연합훈련과 북·중·러 연합훈련을 제의했고, 북한은 러시아에게 핵잠수함 기술과 탄도미사일 대기권 재진입 기술, 그리고 정찰위성 관련한 첨단 기술 제공을 요청하였다고 한다.

최근에 급속도로 밀착하고 있는 북·러 관계에 대해 중국의 반응이 모호하다. 중국 외교부 대변인은 "북·러 밀착은 북한과 러시아 양국 간 문제이다"라고 논평을 회피하였다. 이러한 발언은 '북·러 밀착이 자신들의 이익에 부합되지는 않지만, 그렇다고 공개적으로 반대할 수도 없는 난처한 입장'이라는 의미이다. 중국이 북·러 밀착이 자신들의 이익에 부합되지 않는다고 판단한 이유는 다음과 같다.

북·러 밀착은 한국과 미국 등 서방의 반발을 유발하고,
중국의 대북한 영향력 약화, 그리고 러시아의 중국 의존
약화를 초래할 것이다. 이 모두는 중국 국익에 부정적이다.

첫째, 미국을 비롯한 서방의 반발이다. 미국은 '대가를 치르게 하

겠다'라는 강경한 입장이다. 유럽도 반발하고 있다. 그 이유는 북한과 러시아의 무기거래는 북한의 군사력을 증강시켜 ① 동북아 질서가 불안정해 질 수 있을 뿐아니라, ② 완성된 대륙간 탄도미사일, 핵추진 잠수함과 정찰위성을 보유한 북한이 미국 안보를 위협할 수 있기 때문이며, ③ 북한으로부터 포탄과 대포를 지원받은 러시아가 우크라이나와 전쟁에서 우세를 점하여 장기전이 될 수 있기 때문이다. 중국이 북·러의 밀착을 지지한다면, 중국은 자기의 의지와는 무관하게 '북·중·러 對 한·미·일+유럽'의 대결구도로 끌려들어가는 형국이 될 것이다.

둘째, 중국의 대북한 영향력 약화이다. 국제사회에서는 '북한을 경제적으로 지원해주고 국제적으로 지지하는 유력한 국가는 중국이며 그래서 북한과 소통할 수 있는 유일한 국가는 중국이다'라고 알려져 있다. 그렇지만 북·러 밀착이 진행되면 북한에 대한 중국의 거의 독점적인 위상은 변화하면서 기존의 영향력은 약화될 수밖에 없다. 김정은은 북·러 정상회담에서 "조·러 관계를 우리 대외정책에서 제1순위로 하고, 제일 최중대시하고 발전시켜 나가겠다"라고 향후 중국보다는 러시아를 중요시하겠다고 언급하였다.

셋째, 러시아의 중국 의존 약화이다. 러시아는 중국에게 전쟁물자 지원을 요청했지만 중국은 러시아의 요구를 전폭 수용하지 않고 선별적으로 비살상 물자 위주로 지원하고 있는 것으로 알려지고 있다. 중국이 러시아에게 대포나 포탄 등 살상물자를 비공개적으로 지원하였다는 언론 보도가 있지만 확인되지 않고 있다. 중국이 러시아의 전쟁

물자 지원 요구에 소극적인 상황에서 러시아는 북한이라는 전쟁물자 공급망 대체지역을 찾아낸 것이다. 북한이 중국을 대체한다면 러시아의 중국 의존도는 약화될 것이다.

중국은 북·러 밀착을 견제하기 위해 북한과 관계 발전을 도모할 것이다.

중국은 북·러 밀착으로 초래되는 정세변화에 대응하기 위해 다음 3가지 방안을 고려할 수 있다.

첫째, 북·러 밀착에 동참하여 북·중·러 안보협력을 강화하는 방안이다. 이 방안은 미·중 패권경쟁 상황에서 중국 진영의 결속을 강화하여 미국에 대항할 수 있는 선택이다. 그렇지만 이럴 경우, 우리를 포함하여 미국과 일본, 유럽 등 서방국가들의 강력한 결속을 감안해야 한다. 미국 연구자들 사이에는 북한 핵능력과 군사력 증강에 대응하기 위해 한국에 전술핵 배치가 필요하다는 의견도 대두되고 있다. 중국에게는 부담스러운 상황인 것이다.

중국은 미국으로부터 AI 및 반도체 등 첨단 기술과 장비 수입이 막혀있지만, 미국 대체지역으로 유럽을 주목하고 있고 관계 증진을 도모하고 있다. 북·중·러 협력으로 유럽과 관계가 악화된다면 중국 첨단 산업은 타격이 불가피하기 때문에 중국은 북·중·러 안보협력 강화 방안 선택에 신중할 것이다.

둘째, 한국과 관계를 발전시켜 북·러 밀착을 견제하는 방안이다. 중국은 우리에게 '북·러 밀착으로 야기되는 한반도의 정세 불안정에 한국과 중국이 협력하여 대응하자'라고 제의할 수 있다. 중국 전통의 이이제이(以夷制夷) 방안인 것이다. 이때에 중국은 한반도 긴장을 고조시키는 북한의 무력도발에 반대한다는 입장을 표명하고 북한에 압력을 가하겠지만, 북·러의 무기거래에 대해서는 직접적인 비난은 자제하면서 모호한 입장을 보일 것으로 예상된다. 푸틴은 "북한과의 군사협력에는 일정한 제한이 있으며, 러시아는 그러한 제한을 준수하고 있다"라고 밝힌 바 있는데 중국은 러시아의 입장을 두둔할 것이다.

이 방안은 중국이 기존 우방국인 러시아와 북한과 관계를 크게 손상시키지 않으면서도 우리와 협력을 통해 동북아에서 자신들의 위상을 강화할 수 있는 선택이다. 북·러 밀착으로 예상되는 한반도 정세 불안정 문제는 중국과 전략적 소통이 필요하다. 한반도 긴장 고조 예방은 우리와 중국의 이해가 일치되기 때문에 이 문제로 중국과 소통이 가능할 것이다. 이럴 경우 미국과 사전 조율이 필요하다.

셋째, 북한과 관계를 발전시켜 러시아를 견제하는 방안이다. 중국은 북한 지역에서 러시아의 영향력이 자국을 능가하는 상황을 용납하지 않고 있다. 과거 사례를 보면, 중국은 중·소 분쟁기에 북한이 소련으로 편향되지 않도록 북한에 경제 원조를 아끼지 않았다. 중국은 북한이 요구하는 품목은 우선적으로 지원하였고, 심지어 중국에서도 부족한 품목은 해외에서 수입해서라도 지원하였다. 그 결과 중국은 당시 북한에 소련의 영향력 확대를 저지하여 북한을 자국의 세력권에 잔류시키는데 성공하였다.

중국 입장에서 '북한에 대한 러시아 영향력 증대는 중국 안보에 부담이 될 수 있다'라는 전제는 오늘날에도 변함이 없다. 현재 중·러는 빈번한 정상회담과 연합훈련 등으로 준동맹관계로 격상되었지만, 국제질서는 항상 유동적이기 때문에 중·러 관계가 언제 다시 경색되고 최악의 경우 적대적으로 변화할지 예측할 수 없다. 그런 이유로 중국은 러시아의 영향력이 북한에 확대되는 것에 경계를 하고 있다.

중국은 북한과 관계발전을 위해 경제원조를 제공할 것이다.

중국이 북한과 관계를 발전시킬 수 있는 방법은 경제원조를 제공하는 것이다. 북한이 러시아와 무기거래를 통해 군사력을 증강시킬 수 있지만, 아직도 식량난을 포함하여 경제난에서 벗어나지 못하고 있다. 최근에는 아사자가 발생하고 있다는 언론보도도 있다. 북한은 이러한 경제난을 계속 방치할 경우 체제가 불안해 질 수 있다는 사실을 잘 알고 있어 북한도 중국의 경제원조가 필요한 상황이다. 중국이 제공할 수 있는 원조는 식량과 생필품, 그리고 단체관광 권장 등이다.

북·러의 급격한 밀착과 이에 대한 중국의 대응은 한반도 정세에 영향을 주는 요인이다. 현재는 초기단계이지만 계속 주시하면서 모든 가능성에 대한 면밀한 분석과 대응책 수립이 필요하다. 필자는 중국

한국과 중국, 대등하다

이 미국 및 유럽 등 서방과 대립을 피하기 위해 북·중·러 협력 강화에는 거리를 두면서, 동시에 러시아의 북한에 대한 영향력을 약화시키고 자신들의 영향력은 계속 유지하기 위해 북한에 경제 원조를 제공할 가능성이 크다고 본다. (뉴스투데이, 2023. 9. 25)

2024년 북·중 갈등, 상호 공유하는
전략적 이해로 파국에 이르지 않을 듯

북한, 러시아 카드로는 중국 지원 얻기 어려워…
미국 카드 사용하거나 한반도 긴장 조성

　북한과 중국은 수교 75주년인 2024년을 '북·중 친선의 해'로 정했다. '북·중 친선의 해'는 2009년 수교 60주년 이후 두 번째다. 중국 권력서열 3위 자오러지(趙樂際) 전국인민대표대회(이하 전인대) 상무위원장이 4월 친선의 해 개막식 참석차 북한을 방문했다. 그러나 자오러지는 북한이 원하는 어떠한 경제 지원도 약속하지 않았다.

　고위급 교류를 할 때 항상 경제 지원을 약속했던 중국의 달라진 태도에 북한은 실망했고 이후 북·중 간 갈등이 표면화되면서 북한은 러시아에 더욱 밀착하고 있다. 김정은은 지난 6월 북한을 방문한 푸틴과 「북·러 포괄적 전략 동반자 조약」을 체결했다. 조약에 따라 북한은 러시아에 포탄과 대포 등 무기를 제공하고, 그 대가로 첨단군사기술 이전과 함께 석유 등 에너지와 식량을 지원받고 있다.

러시아의 경제 지원은 에너지와 일부 식량으로 한정돼 북한의 경제난을 해소하고 경제를 발전시키기에는 충분하지 않다. 과거에 북한이 소련과 관계를 강화하면 중국은 북-소 밀착을 차단하기 위해 대규모 경제 지원을 했다. 현재 중국-러시아는 준동맹 관계이고 러시아도 중국을 자극할 행동은 자제하기 때문에 과거와 달리 북한의 러시아 카드가 중국에 통하지 않고 있다. 그렇다면 북한의 다음 선택은 미국 카드를 사용하는 것이다.

다양한 북·중 갈등 사례 나타나고 있으나 한계선은 넘지 않아

김정은은 2023년 9월 푸틴과 정상회담에서 "러시아와 관계가 북한의 최우선 과제"라고 발언하며 중국을 자극했고, 올해 주중 북한 대사관 외교관들에게 "중국과 마찰을 두려워하지 말고 업무를 수행하라"라고 지시한 것으로 알려졌다. 8·15 광복절에 김정은-푸틴은 축전을 교환했지만, 시진핑-김정은 간에는 축전이 없었다. 최근 북한은 화교(華僑)의 거주지 이탈을 제한하고 주민들의 화교 가정 출입도 단속하는 것으로 알려졌다. 또 장마당에서 유통되던 중국 위안(元)화 사용이 제한되고 중국 영화 시청도 통제한다고 한다. 의도적인 '중국 지우기'이다.

중국은 7월 27일 북한의 71주년 전승절(정전협정체결일) 열병식에 주북한 중국대사를 참석시키지 않았다. 북한을 "피로 맺은 전우"라고 특별하게 호칭하는 중국에 이례적인 현상이 아닐 수 없다. 중국은 2018년 시진핑-김정은 정상회담 시 다롄(大連) 방추이다오(棒槌島) 해변 산책 기념으로 제작한 시진핑-김정은 발자국 동판을 철거했고, 김일성과 김정일 방문 사진이 있는 해변 인근 7호각 전시실도 폐쇄했다고 한다. 또한, 중국은 북한 노동자 비자 연장 요청을 거부하고 이들을 귀국시키고 있다. 중국도 '북한 지우기'에 나서고 있다.

이처럼 북한과 중국의 갈등은 다양하게 나타나고 있지만, 공산당과 정부 차원에서 상호 비방은 볼 수 없다. 김정은은 전승절에 6·25 전쟁 참전 중국군을 기념하는 우의탑을 방문하고 "중국인민지원군 장병들의 군공(軍功)은 우리 인민의 마음속에 영원한 금별의 위훈으로 간직될 것"이라며 "혈연적 유대로 맺어진 조중친선이 열사들의 영생의 넋과 더불어 굳건히 계승 발전되리라고 확신한다"라고 언급했다. 현재도 북한과 혈맹관계라는 신호를 중국에 보낸 것이다.

중국 외교부 대변인은 8월 1일 브리핑에서 중국과 북한의 갈등에 대한 질문에 대해 "북한과 러시아는 모두 중국의 우호적인 이웃 국가로 중국은 북·러 관계 발전을 긍정적으로 보고 있으며 (중국은) 지역의 평화와 안정을 유지하기 위해 건설적인 역할을 수행하고 있음을 강조하고 싶다"라고 답변했다. 갈등에 대한 답변은 아니었지만, 북한을 비난하는 발언도 아니었다. 양국은 필요할 경우 관계를 다시 회복해야 하므로 상대를 자극하는 비난에는 신중하다.

76년간 북·중 관계, 불신과 갈등으로 점철됐으나 파국으로 치달은 적 없어

북·중 76년의 역사에는 항상 미묘한 전략적 차이가 있었고 상호 불신 속에서 갈등도 빈번했다. 김일성은 6·25전쟁 개전을 마오쩌둥에게 통보하지 않았다. 외신을 통해 북한의 남침 사실을 알게 된 마오쩌둥은 격분했다고 한다. 6·25전쟁 시 '중·조 연합군' 지휘권 문제와 38선 이남으로 진격 문제를 두고도 갈등했다가 스탈린의 중재로 타협이 이뤄졌다.

북한은 자신들의 만류에도 불구하고 한국과 수교한 덩샤오핑을 불신했고 북한 핵개발에 반대하는 중국을 믿지 않았다. UN의 대북제재에 참여하는 중국에 분노했고 황장엽 노동당 비서를 한국에 인도하는 중국에 배신감을 느꼈다고 한다. 그래서 김정은은 비공식적으로 '일본은 백년의 적이요, 중국은 천년 숙적'이라고 발언한 것으로 알려져 있다.

중국은 북한 때문에 원하지 않았던 6·25 전쟁에 끌려 들어가 20여 년간 서방과 고립된 상태로 지냈다. 따라서 중국은 북한이 자신들의 국익을 훼손할 돌출행동을 하지 못하도록 통제해야만 한다. 2007년 3월 미국을 방문한 김계관 북한 외무상은 코리아소사이어티 강연에서 "북한은 미국을 위해 중국 견제 역할을 할 수 있다"라는 요지의 발언을 했고, 같은 해 7월 판문점 북한 대표부는 "중국을 제외하고 북한·미국·UN이 한반도 평화문제를 논의하자"라고 주장했다.

이처럼 중국을 긴장시키는 북한의 행태가 빈발하면서 중국은 북한이 소련이나 미국과 손잡는 것이 아닌지 수시로 확인해야 한다. 이 외에도 북한의 이탈을 막기 위해 중국이 대규모 경제 지원을 하지만 북한은 이를 당연한 것으로 받아들이고 다음에는 더 많은 지원을 중국에 요구한다며 불만이 크다. 이런 측면에서 북한은 중국에 전략적 부담이다.

그렇지만 중국과 북한은 미국에 대항하는 공통의 이해관계를 갖고 있다. 중국은 냉전 시기에는 말할 것도 없고 탈냉전 시기에도 이념과 체제가 다른 미국이 잠재적 위협이었고 현재 미국과 패권경쟁 중이다. 북한은 한국에 미군이 주둔하고 있는데다, 매년 북한이 북침준비라고 비난하는 한·미연합훈련을 수차례 실시한다. 한미동맹과 한미연합사가 위협이 아닐 수 없다. 중국과 북한은 세계 최강국 미국의 위협에 공동으로 대응하는 것이 유리하다고 판단하기 때문에 관계를 단절시키지는 않고 있다.

대표적인 사례로 1961년 7월에 체결한 「북중우호협력 및 상호원조 조약」을 오늘날까지 유지하고 있다. 자동개입 조약으로 알려진 이 조약 제2조는 '일방이 전쟁에 처하는 경우 체약 상대방은 지체없이 군사적 및 기타 원조를 제공한다'라고 기술되어 있는데 중국은 한미연합군의 북한지역 진출에 북한과 협력해 대응하겠다는 의미이다. 중국과 북한은 미국에 대항한다는 전략적 이해를 공유하고 있기 때문이다.

한국과 중국, 대등하다

중국 지원 얻기 위해 미국 카드 사용하거나 한반도 긴장 조성할 수도

중국은 어떠한 대가를 지불하더라도 북한이 경쟁국가나 적대국가와 밀착하는 것은 막아야 한다. 북한은 지리적으로 중국 수도권과 마주하고 있고 중국 동북지방과 연결돼 있어 북한에 적대세력이 진출한다면 중국 안보에 위협적이기 때문이다. 중국은 중·소 분쟁 시기 북한의 소련 밀착을 막기 위해 북한이 요구하는 경제 지원을 우선 제공했다. 2018년과 2019년 2차례 미·북 정상회담을 전후해선 미국과 밀착을 막기 위해 5차례나 북한과 정상회담을 했다.

북한은 중국을 움직이는 유용한 수단이 미국 카드라는 것을 이미 알고 있다. 그래서 북한은 미국과 관계를 발전시킬 수 있는 트럼프 2기를 고대한다. 북한은 미국 카드를 간접적으로 사용하는 방법도 알고 있다. 북한이 긴장을 조성하면 미국은 항공모함을 파견하거나 전략폭격기를 한국에 전개하는 등 북한의 도발에 대응하고 있다. 이때 중국은 북한을 비난하기보다 북한이 위기에 빠지지 않도록 북한에 관심을 표명하고 접근해 원조를 제공했다.

위기가 더 증대되면 미국이 직접 개입할 것이고 그렇다면 자신들도 방관할 수 없어 한반도에서 미국과 충돌할 위험성이 높아지기 때문이다. 따라서 북한을 달래서 상황을 안정시키는 방법이 중국으로서는 최선이다. 천안함 폭침 사건과 연평도 포격 도발 사건 시 중국이 보인 북한 편향의 모습이 이를 증명한다. 북한은 이렇게 효과를 본 '벼랑

끝 전술'을 다시 적용할 가능성도 있다.

　태영호 전 영국주재 북한대사관 공사는 북한 외교의 강점을 '절박함과 전문성'이라고 했다. 주변 강대국 사이에서 살아남아야 한다는 절박함이 있었고, 생존을 위해 국제정세 변화에 정통해야만 했다. 절박함과 전문성에서 나오는 북한의 다음 한 수는 미국과 대화를 하거나 아니면 한반도 긴장 조성일 것이다. 우리는 그 이상의 절박함과 전략적 통찰로 철저히 대비하고 대응해야 한다. (뉴스투데이, 2024. 8. 26)

중국, 북한군 러시아 파병에 전략적 모호성 유지 할 듯

서방국과 갈등 피하려면 찬성할 수 없고, 러시아·북한과 관계 고려하면 반대도 어려운 상황

우리와 우크라이나 정부는 북한이 전투병력 선발대 약 1,500여 명을 러시아에 파병했고 곧 2진도 파병할 것이라고 밝혔다. 우리 국가정보원은 2024년 10월 8일부터 13일까지 러시아가 해군 함정으로 약 1,500여 명의 북한군을 블라디보스토크 등 극동지역으로 수송하였으며 이들은 현재 러시아 군부대에 분산 수용되어 적응훈련 중이라고 하였다. 특히 우크라이나 정보 당국은 북한 군인들이 러시아 군복을 수령하는 동영상을 공개하였으며, 북한 군인들이 시베리아 동양계 주민의 위조 신분증을 발급받았다고 밝혔다. 북한군의 참전 사실을 감추기 위해서이다.

이렇게 구체적인 내용이 공개되고 있음에도 불구하고 중국은 아직까지 아무런 반응이 없다. 중국은 일단 상황을 주시하고 있는 듯하다. 당사국인 북한이 아무런 해명이 없고, 러시아는 '가짜 뉴스'라고 부인하였다가 최근에는 "북한과 관계 발전은 우리의 주권적 권리이다"라고 모호한 입장을 내놓고 있다. 미국과 NATO에서는 북한군 파병에 대해 "확인할 수 없다"라고 유보적인 입장이다. 중국을 포함하여 각국은 북한군이 아직 전투에 투입되지 않은 상황에서 파병 자체만을 거론하기에는 상황이 유동적이기 때문으로 보인다. 북한은 작년부터 러시아에 제공한 장비와 무기 운영 기술을 전수하는 군사교관, 그리고 공병 등 전투지원 병력을 러시아에 파견한 것으로 알려져 있다.

북한군은 우크라이나 후방에서 지휘소 타격, 포병 진지 파괴 등 특수작전 수행 예상

우리 국가정보원은 10월 18일 '러시아로 파병 준비중인 부대는 소위 폭풍군단으로 알려진 제11군단 예하 4개 여단 약 12,000명 규모'라고 밝혔다. 폭풍군단은 우리의 특전사와 같은 특수작전 부대이다. 이들의 임무는 상대방 후방으로 침투하여 지휘소 타격, 군사시설 파괴, 전차부대 등 기동부대 기동로 확보, 후방 교란 등 특수작전이다.

러시아에 파병되는 북한 특수부대의 특성상 전선 후방에서 러시아군을 지원하는 임무가 아니라 우크라이나 후방 지역에 침투하여 지휘소를 타격하고, 공군 기지와 전투기, 그리고 해군 기지와 함정 등을 파괴하며, 탄약고와 유류고 및 산업시설 공격 등에 투입될 가능성이 크다. 북한군은 러시아군이 지금까지 수행하지 않았던 우크라이나 후방지역에서 특수작전을 전개할 것으로 예상된다. 이러한 북한군의 작전으로 미사일과 포격전, 무인기 위주였던 기존의 러-우 전쟁 양상은 바뀔 것이며, 북한군의 전투 성과에 따라 전쟁 승패가 결정될 수도 있다.

중국은 미국 등 서방국가와 갈등 증대를 우려해 북한군의 러시아 파병에 찬성하지 않을 듯

중국이 북한군의 러시아 파병에 대해 찬성하거나 지지한다면 미국 및 유럽 등 서방국가들과 갈등은 불가피하다. 북한군의 참전으로 우크라이나가 패색이 짙어질 경우, 서방국가들은 우크라이나의 패배를 방관하지 않을 것이다. 이들은 러시아가 우크라이나를 거쳐 계속 유럽으로 세력을 확대할 것으로 판단하여 러시아에 대한 안보 위협을 느껴 그동안 우크라이나를 지원하였다.

그렇기 때문에 서방국가들은 북한군의 러시아 파병에 대응하기 위해 우크라이나에 더 많은 무기와 탄약 등을 지원할 것이며 경우에 따라서는 병력도 파병할 수 있다. 이렇게 러-우 전쟁이 격렬해지고 국제전으로 비화하면 서방국가들은 중국에 대해서 "중국은 러시아의 군사력을 증강시키는 어떠한 행위도 해서는 안된다"라는 종전의 요구를 더욱 강하게 주장하며 압력을 가할 것이다. 이 상황에서 중국이 북한군 러시아 파병을 찬성하거나 지지한다면 서방국가와 관계는 갈등과 대립은 피할 수 없을 것이다. 중국이 원하는 상황이 아닌 것이다.

중국은 러시아와 북한과 관계를 고려해 북한군 러시아 파병에 반대할 수도 없어…

중국은 준동맹국 러시아와 전통적 우방국 북한과 관계 악화가 예상되는 북한군 러시아 파병 반대에도 다음과 같은 이유로 신중할 것이다.

첫째, 러시아의 어려움을 방치할 수 없다. 러시아는 우크라이나를 침공하면서 단기전을 예상했으나 전쟁은 2년 6개월 이상 지속되고 있다. 우크라이나의 항전의지도 예상외로 강하였고 특히 서방국가들의 지원이 우크라이나를 2년 6개월간 버티게 해주는 결정적 요인이었다.

러시아는 중국에 전투장비 등의 지원을 요청했으나 시진핑 주석은 서방국가들과의 관계 악화를 우려하여 거부하였다고 한다. 대신에 비전투 물자와 민군 겸용의 물자를 지원하고 러시아로부터 에너지 구입 등으로 간접적으로 지원하고 있지만 러시아는 이에 대해 불만이 크다. 더욱이 중국이 러시아가 전투력 증강을 위해 추진하는 북한군 파병마저 반대한다면 러시아는 중국과 우호 관계를 재고할 것이다. 이는 중국이 원하는 바가 아니다. 중국은 미국과 패권경쟁에서 러시아와 협력이 필요하기 때문이다.

둘째, 북한의 반발을 무시할 수 없다. 최근 북한과 중국 사이가 소원하다. 그 이유는 북한이 중국에게 경제적 지원을 요청하였으나 별다른 반응이 없고, 대북제재 해제에 적극 나서달라는 요구에도 중국은 소극적이었기 때문이다. 결국 북한은 중국 대신 러시아를 선택했다고 볼 수 있다. 중국이 북한군의 러시아 파병에 반대하면서 북·러 밀착에 부정적으로 나오면 북한은 중국을 더욱 멀리하고 러시아와 결속을 강화할 것이며, 자동적으로 중국의 대북한 영향력도 약화될 것이다. 국제정세 변화에 따라 북·러 밀착은 중국과 대립하는 하나의 축이 될 수도 있다.

중국은 북한군이 본격적으로 전투에 참여할 때, 원론적 입장 표명 예상

중국은 북한군의 러시아 파병에 찬성해도, 그리고 반대할 경우에도 모두 부담이 있다. 중국은 미국 및 유럽 등 서방국가와 갈등을 원하지 않으며, 동시에 러시아와 관계도 중요하고 북한을 자신의 세력권에 잔류시키기를 원하기 때문이다. 북한군이 본격적으로 전투에 참여하여 러-우 전쟁에 변화가 있을 때, 그리고 서방국가의 반응을 살펴가면서 찬성도 아니고 반대도 아닌 일반적인 원론 수준의 모호한 논평 즉 "각 당사국은 자제하여 상황을 악화시키지 말아야 한다" 정도의 입장 표명이 예상된다. (뉴스투데이, 2024. 10. 22)

펠로시 美 하원의장의 대만 방문이
우리에게 주는 시사점

    미국 권력서열 3위인 펠로시 하원의장이 2022년 8월 2일 늦은 밤 대만에 도착했다. 중국은 '하나의 중국 원칙'을 위배하는 행위라며 강력히 반대하면서 '불장난하면 불에 타 죽는다'라고 위협했지만, 미국은 이에 아랑곳하지 않았다. 이 상황이 내포하고 있는 의미는 두 가지다. 미·중 패권경쟁에서 미국이 중국에 보내는 메시지란 측면과 중국을 상대하고 있는 우리에게 주는 시사점이다.

    중국은 펠로시 하원의장의 대만 방문을 저지시키려고 미국에 최대한 압박을 가하였다. 시진핑 국가주석은 7월 28일 바이든 대통령과 전화 통화에서 대만 문제를 두고 '불장난하지 마라'고 하면서 반대 의사를 표명했고, 외교부 대변인 또한 '불장난' 발언을 반복하면서 수차례 반대 입장을 밝혔다. 중국공산당 기관지인 인민일보의 자매지인 환구시보는 '군사조치도 고려할 수 있다'라는 협박성 기사까지 실었다.

대만에 도착한 펠로시 미 하원의장, 오른쪽 4번째 (출처 : 구글)

펠로시 하원의장이 대만을 방문할 경우, 대만을 통일하겠다는 시진핑 국가주석의 공약에 인민들이 의문을 가질 수 있기 때문에 중국은 펠로시의 이번 대만 방문을 매우 민감하게 보고 이를 저지하기 위해 과도한 반응을 보이고 있는 것이다.

이에 대해 미국은 "하나의 중국 원칙에는 변함이 없으며, 대만 독립을 지지하는 것이 아니다"라면서 "미국은 행정부에서 입법부 수장의 행동을 통제할 수 없다"라는 말로 중국의 반발을 피해가며 펠로시 하원의장의 대만 방문을 제지하지 않았다. 결국 중국의 반발과 압박에도 불구하고 펠로시의 대만 방문은 실현됐다.

펠로시의 대만 방문을 통해 현재 중국의 국력이 미국의 행동을 억제할 만큼 강력하지 못하다는 사실이 드러났다. 즉 현재 미·중 패권경쟁 상황에서 미국의 우위를 나타낸 것이다. 또한 미국이 중국의 압력에 양보하거나 타협하지 않았다는 메시지의 파급효과도 지대하다.

첫째, 대만과 일본은 대만 유사시 미국의 군사개입 의지를 신뢰하게 됐다. 둘째, NATO에게도 중국을 견제한다는 미국의 의지를 확실히 보여줌으로써 NATO를 결속시키는 효과도 기대해 볼 수 있다. 셋째, 중국 견제를 목적으로 결성된 '쿼드(Quad)'나 '오커스(AUKUS)'에 속한 나라들에게도 미국의 의지를 분명히 보였다고 할 수 있다

문제는 펠로시가 대만을 떠난 이후 중국의 대응이다. 중국이 공언한 대로 '불장난'한 미국과 대만을 향해 '불에 태워 죽이려는' 군사조치의 강도와 범위가 주목된다. 이미 중국은 대만을 둘러싼 6개 구역에서 4일 12:00시부터 7일 12:00시까지 실탄 사격을 포함한 기동훈련을 예고했다. 미국과 군사충돌도 불사하겠다는 강한 의지를 나타낸 것이어서 어느 때보다도 미·중 간 군사충돌 가능성이 높다고 하겠다.

펠로시의 대만 방문으로 촉발된 미·중 간 대립을 보면서, 우리는 한반도 주변에서 이와 유사한 긴장이 발생하는 것은 방지해야 한다고 생각한다. 한반도 역시 대만해협과 마찬가지로 미·중이 부딪히는 첨예한 지역 가운데 하나여서 충돌 가능성은 언제나 잠재돼 있기 때문이다. 단지 대만 문제가 중국과 대만 양안 간 범위를 벗어나 미·중 패권경쟁의 핵심 사안이 되었듯이, 한국과 중국 양국 간 문제가 미·중 패권경쟁의 중요 이슈가 된다면 한반도에서 미·중 간 군사적 긴장은 피할 수 없다. 미국과 상호방위 조약 등 동맹관계가 아닌 대만에

비해 우리는 한미동맹 차원에서 중국을 상대할 수 있어 나름대로 대비책은 있다고 본다.

한반도 주변에서 미·중 간 충돌 가능성을 낮추려면, 한·중 양국 문제에 대해 우리가 주도적으로 중국을 상대해서 해결해야 한다. 필요하다면 한미동맹을 활용할 수도 있지만 이럴 경우에 한·중 간 문제가 우리의 해결 범위를 벗어나 미·중 패권경쟁의 문제가 된다. 동시에 우리의 입지는 좁아져 미·중 갈등 속에 갇혀있는 양상이 될 우려가 있다.

일례로 최근 중국이 우리에게 사드 3불 문제를 제기하고 있다. 이 문제는 문재인 정부에서 시작하여 현정부에서도 한·중 간 가장 민감한 문제 중 하나이다. 중국은 문재인 정부가 3불을 약속했기 때문에 정권이 교체돼도 이를 이행해야 한다고 주장하지만, 우리는 당시 우

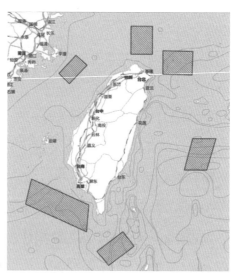

중국이 예고한 대만 주변 군사훈련 및
실사격 훈련 지역(출처 : 中國百度)

한국과 중국, 대등하다

리의 입장을 밝힌 것에 불과하다며 중국의 주장을 반박하고 있어 양
국 간 입장이 좁혀지지 않고 있다.

그런데 미국이 이 문제에 나서고 있다. 마틴 메이너스 미 국방부
대변인은 7월 28일 미국의 소리(VOA) 방송에서 "사드는 외부위협으로
부터 한국의 주권을 보호하고 적들을 저지하기 위해 한국 정부의 요
청에 따라 한반도에 배치된 안전하고 신뢰할 수 있는 방어체계"라고
언급했다. 국무부 대변인실도 다음날 "미국과 한국은 (2016년) 순전히
방어적 목적으로 사드를 배치하겠다는 동맹의 결정을 내렸다"라고 말
했다.

이처럼 한·중 간 사드 3불 문제가 미·중 문제로 확대되는 양상을
보이고 있다. 한미동맹이 중국의 주장에 대응하는 모습은 믿음직스
럽고 든든해 보이지만 이 방법은 우리가 중국과 소통하고 설득해도
해결될 가능성이 없을 때, 중국에 대응할 수 있는 마지막 카드가 돼
야 한다. 지금은 우리가 주도적으로 중국을 상대해 해결하겠다는 자
세가 필요하다.

6·25전쟁 시 국군과 UN군이 38선을 돌파하고 북진할 무렵, 당시
저우언라이 중국 총리는 "한국군 단독으로 북진한다면 문제 삼지 않
겠다"라고 의중을 밝힌 바 있다. 한국군에 의한 북한 점령은 용인할
수 있다는 의미였다.

우리는 이러한 과거 사례를 참고하여 한·중 간 안보 현안이 미·중
간 패권경쟁으로 비화되는 것을 방지해야 한다. 미국과 한미동맹을
강화하면서도 중국과 소통하고 전략적 대화를 추진해야 하는 이유이

기도 하다. 현 정부가 주진하고 있는 중국특사 파견과 조만간 중국에서 개최 예정인 한·중 양국 외교장관 회담을 기대해 본다.

(뉴스투데이, 2022. 8. 4)

대만 국민은 중국과 경제협력보다는 미국의 안보지원과 민주주의를 택했다.

대만의 정체성을 추구하는 라이칭더 후보, 대만 총통으로 당선, 중국의 대만통일 정책에 타격

2024년 1월 13일에 실시된 대만 총통 선거에서 대만의 정체성을 앞세우는 집권 여당 민진당의 라이칭더(賴淸德) 후보가 약 40%인 558만 표를 획득하여 당선되었다. 대만 국민들은 중국의 대만통일 공세에 거부감을 보였으며 중국의 거듭된 군사위협에도 불구하고 현재 집권 여당이 추진하고 있는 민주주의 체제와 미국과 협력을 택하였다. 대만은 향후 4년간 중국과 일정한 거리를 두면서 현재의 친미 정책을 이어갈 것으로 보인다.

대만 국민의 표심, 대만이 제2의 홍콩화로 활력 잃고 비민주적으로 변화될 수 있다는 우려

　선거과정에서 집권 여당 후보인 라이칭더는 모든 여론 조사에서 1위를 나타내었다. 막판에 국민당 허요우이 후보에게 오차 범위내 추격을 허용하였지만 역전되지는 않았다. 라이 후보자는 평소 대만독립을 주장하였지만 선거 과정에서는 자제하면서 대만의 정체성과 민주주의제도를 유지해야 한다는 점을 부각하였다. 그는 주미 대만대표처(주미 타이베이경제문화대표처) 대표 샤오메이친(蕭美琴)을 러닝메이트로 하여 미국과 협력 증진 의사를 밝혔다. 대만 국민은 아직까지도 홍콩이 중국에 의해 활력과 번영을 잃고 중국화되는 과정을 보고 있으며 대만이 제2의 홍콩이 될 수 있다는 우려를 갖고 있다. 이러한 표심이 현 정부의 정책이 지속될 수 있는 라이칭더를 선택하였다.

　야당인 국민당 후보 허요우이는 중국과 관계개선을 주장하였다. 대만의 경제를 활성화시키기 위해 중국과 경제협력이 필요하고 동시에 중국의 군사위협도 줄여 평화를 이룰 수 있다는 논리였다. 이 호소는 설득력이 있어 허요우이는 약 33%의 지지를 받았다. 많은 대만 국민들은 중국과 협력의 필요성을 인식하고 있다는 반증이다. 국민당은 현 정부의 무능과 부패를 부각시켰지만 젊은층은 국민당도 크게 차이가 없다고 보고 제3당인 민중당을 지지하였다. 특히 젊은층은 국민당을 자신들과 소통이 되지 않는 고압적인 노쇠한 정치집단으로 여겼다.

제3당인 민중당 커원저(柯文哲)는 당선 가능성이 크지 않았지만 미국과 협력과 동시에 중국과 관계 개선을 주장하면서 민생에 중점을 두겠다는 외침이 젊은층의 지지를 받아 약 27% 득표하였다. 동시에 치러진 입법위원(국회의원) 선거에서도 기존 2석에서 8석으로 늘었다. (총 113 석, 민주당 51석, 국민당 52석, 무소속 2석) 대만 정치에서 향후 어떠한 역할을 할 수 있을지 주목되는 현상이라고 할 수 있다.

중국은 이번 대만 선거에 큰 관심을 보였다. 친중성향의 국민당 후보가 당선되기를 바라면서 선거개입으로 비난을 받는 행동도 마다하지 않았다. SNS를 통한 흑색선전과 가짜뉴스 등을 유포하였고 경제적으로는 지난해 12월 대만산 화학제품 12개 품목에 대해 관세 감면을 중단하고 선거 3일 전인 10일에는 대만 농산물과 섬유, 기계류 등도 관세 감면 중단을 검토하고 있다고 발표하였다. 중국과 무역을 하는 기업인을 겨냥한 것이다. 군사적으로는 정찰용으로 의심되는 풍선 8개를 대만으로 날려보냈고, 중국 군용기들은 대만해협 중간선을 넘었고 군함도 대만 일대를 항해하여 긴장을 조성하였다. 또한 중국에 거주하는 대만 기업인들에게 항공료 90%를 할인하여 대만으로 가서 투표하라고 독려하였다. 그러나 이 모든 중국의 조치는 대만 국민들의 표심을 움직이지는 못하였다. 군사위협과 경제제재는 대만 국민들에게 새로운 현상이 아니며 수시로 겪고 있는 일상이기 때문이었다.

중국은 대만 선거결과가 정권교체를 바라는 60%의 민심을 반영하지 않았다고 불만…

국민당 허요우이 후보는 선거결과 발표 후 즉시 승복한다고 선언하면서 "새로운 민진당 정부가 미국-중국-대만 관계를 잘 맺어 대만 국민 생활이 안정을 이룩할 수 있도록 해달라"라고 당부했다. 여론 조사에서 오차 범위내 박빙이었고 33%의 지지를 받았지만 더 이상 연연해 하지 않았다. 이번 선거에서 젊은층을 중심으로 27%의 지지를 받은 민중당은 새로운 가능성에 만족해 하고 있다.

중국은 선거결과에 불만을 토로하고 있다. 선거 다음날 14일 이 선거는 대만 주류 민의를 대변하지 못하였다라고 언급하였다. 즉 대만 독립에 반대하는 국민이 60% 인데, 이 민심이 선거에 반영되지 않았다는 것이다. 미국 바이든 대통령은 "대만 독립을 지지하지 않는다"라고 공개적으로 밝혔다. 대만 신정부가 대만 독립 추구라는 금지선을 넘지 말라는 경고와 함께 중국에게도 대만 독립을 사주하지 않겠다는 신호를 보낸 것이다. 미국은 대만 신정부가 자신의 정체성을 강화하는 과정에서 중국과 갈등을 증폭시킬 수 있고, 더 나아가 미·중 대결로 확대될 수 있는 가능성을 사전 예방한 것이다.

대만에서는 이번 선거에 대해 부정선거와 외부세력의 선거결과 조작 의혹이 없다. 왜냐하면 대만은 부정투표와 개표조작으로 의심을 받을 만한 사전 투표도 부재자 투표도 없다. 투표한 기표소에서 바로 개표를 한다. 물론 한 장씩 이상유무를 확인하며 손으로 개표한다.

한국과 중국, 대등하다

대만 국민 누구도 개표과정에서 부정을 의심하지 않고 있다. 이러한 투명하고 공정한 선거관리 제도에서 패배자는 결과에 승복할 수밖에 없고 승리자는 패배자를 포용하면서 부담없이 국민통합을 이루어 갈 수 있다.

우리는 4년 전 총선 결과를 두고 아직까지 부정선거, 전산조작 등의 의혹이 완전하게 해소되지 않고 있다. 선거관리위원회는 여러 가지 구설수에 시달리고 있다. 이러한 모습은 국민통합에 도움이 되지 않는다. 특단의 조치가 없다면 2024년 4월 총선을 포함하여 모든 선거에서 유사한 문제 제기가 예상되는데 정부는 대만 사례를 참고해야 할 것이다.

대만 신정부는 대만독립 추구 자제하여 현재의 대만해협 균형과 평화는 유지될 듯

이번 대만 총통선거는 세계적인 주목을 받았다. 선거결과가 대만해협의 긴장 고조 여부에 영향을 주어 미·중 패권경쟁과 동북아 정세에 변화가 예상되기 때문이다. 그러나 대만 신정부는 현재의 대만해협 균형을 깨트릴 수 있는 과격한 독립 추구 행보는 자제할 것으로 보인다. 현재의 대만해협 정세는 미국과 중국, 그리고 대만과 중국이 각 각 레드라인을 넘지 않고 있어 무력충돌로 비화하지 않고 평화가 유지되고 있다고 할 수 있다. 대만 신정부도 장기적으로는 대만 독립을 추구하겠지만 단기적으로는 전쟁을 피하고 평화가 유지되는 현상을 유지할 것으로 보인다.

중국은 대만통일을 추구하지만 평화통일이 우선이고 무력통일은 최후의 선택이다. 중국은 대만을 무력침공할 상황으로 첫째, 대만이 독립을 선포했을 때, 둘째, 대만에서 핵개발을 하거나 핵을 보유했을 때, 셋째, 대만에 외국군이 주둔할 때라고 공표하였다. 대만도 중국의 침공을 초래할 수 있는 이러한 상황을 회피하고 있고, 중국도 이세 가지 상황이 아니면 희생이 따르고 미국과 충돌해야 하는 대만 침공을 감행할 이유가 없다. 대만과 중국의 균형은 대만에서 누가 집권하든 깨지지 않을 것이다.

대만은 미국과 중국 패권경쟁의 결전장이다. 대만이 중국으로 넘어가면 미국은 민주주의 국가에 대한 안보지원 공약의 신뢰를 잃어 글로벌 리더십에 타격을 받고 패권국의 지위도 변화될 것이다. 미국 바이든 대통령은 중국이 대만을 침공한다면 군사 개입한다고 3차례 언급한 바 있다. 중국은 대만통일을 이루어야 시진핑 주석의 장기집권 명분이 생긴다. 시진핑은 마오쩌둥과 동급의 지위를 얻기 위해서는 대만통일이라는 성과가 필요하기 때문이다. 이와 같이 대만을 두고 양보할 수 없는 미국과 중국의 입장은 현상유지라는 균형을 만들어 내고 있는 셈이다. 중국은 다음 총통선거인 4년 후를 기다릴 것이다. 대만 정권의 친중화가 평화통일의 가장 최상의 방법이기 때문이다. (뉴스투데이, 2024. 1. 14)

중국의 대만 포위 훈련 (라이칭더 총통 취임사)

향후 대만-중국은 군사적 긴장없이 현상을 유지할 것이다.

중국은 대만 신임 총통 라이칭더(賴淸德)의 2024년 5월 20일 취임 연설을 문제삼아 5월 23일부터 24일까지 대만포위 훈련을 실시하였다. 중국은 라이칭더가 '대만은 중화민국(中華民國)이라는 주권국가'라고 언급한 것을 묵과할 수 없었을 것이다. 중국이 아무런 행동을 하지 않는다면 라이칭더 총통의 발언에 동의하는 것으로 인식되어 자신들의 국가과제인 대만 통일이 유명무실해지기 때문이다. 향후 대만은 중국의 군사훈련을 초래할 행동에 신중할 것이고, 중국 또한 대만이 절제된 행동으로 독립을 추구하지 않는다면 군사적 위협을 가할 이유가 없어 현상이 유지될 것으로 보인다.

라이칭더 대만 총통, 대만의 주권과 정체성 강조…
중국은 군사훈련으로 대응

라이칭더 총통은 취임연설에서 "중화민국 주권은 헌법과 국민에 근거한다… 중국은 중화민국의 존재를 인정해야 한다"라고 중화민국이라는 국호를 언급하며 동시에 주권국가임을 밝혔고, 이어서 "중화민국과 중화인민공화국은 서로 역사적으로 관계가 없다… 대만은 1624년 타이난(臺南)에서 출발하여 현재 400년 역사 위에 있다"라고 중국과 역사적 관계를 부정하면서 대만의 정체성을 강조하였다. 라이칭더 총통은 이와 같이 평소 소신을 밝혔지만, 대만 독립이라는 언급은 하지 않으면서 대만-중국 관계의 현상유지를 강조하였다.

이에 대해 중국은 라이칭더의 취임연설을 징계한다는 명분으로 군사훈련을 실시하였다. 그러나 필자의 판단으로는 훈련 내용과 위협의 강도는 종전에 비해 다소 완화되었다. 이 의미는 대만이 향후 공개적으로 독립을 추구하지 않고 현상을 유지한다면 중국도 이를 받아들여 향후 더 이상의 군사위협으로 긴장을 조성하지 않겠다는 것이다. 대만과 중국은 현상유지에 암묵적으로 타협을 했다고 볼 수 있다.

실사격과 상륙훈련없이 전투준비태세 확인 차원의 훈련, 대만은 전쟁 가능성 없다고 판단

2024년 훈련을 2022년 8월 펠로시 미 하원의장 대만방문 시 실시한 중국의 대만포위훈련과 비교하면 다음과 같은 차이점과 공통점을 발견할 수 있다.

첫째, 2022년 훈련에는 대만 상공을 통과하는 11발의 미사일 사격이 있었지만 2024년 훈련에는 미사일을 포함하여 실탄사격이 없었다. 단지 로켓군(火箭軍)이 미사일을 발사 진지까지 이동시키고 모의(가상)로 발사 훈련을 하였다. 대만을 미사일로 공격할 수 있다는 능력과 의지를 과시한 것에 불과하다. 이 정도의 훈련은 어느 국가의 군대이든 통상적으로 하는 훈련이다. 대만을 담당하는 중국군 동부전구(東部戰區)의 금번 훈련은 군사적 관점에서 볼 때 특이한 훈련이었다고 할 수 없다. 즉 중국이 대만 총통의 취임연설을 빌미로 정치적 목적으로 훈련 내용을 공개하고 위협 수단으로 활용한 정도라고 할 수 있겠다.

대만 국방부는 금번 중국군 훈련에 대해 대응센터를 편성해 현황 파악과 경계 대비태세를 강화하였지만 대만 침공으로 발전될 가능성이 낮은 것으로 판단해 전비태세를 상향 조정하지는 않았다. 대만 국민들도 2022년에 비해 불안감이나 동요가 없었다. 중국군이 전투기와 함정으로 대만을 포위하더라도 이제 더 이상 대만에 큰 충격을 주지 않는 일상이 되었다.

둘째, 훈련 명칭의 변화이다. 중국은 2022년에는 '대만섬포위 연합훈련(圍島聯合演訓)'이라고 하였지만. 금년에는 '연합리검(聯合利劍) 2024A 훈련'이라고 하였다. 중국은 향후 대만이 라이칭더 총통 취임 연설 수준의 발언을 하거나 행동을 한다면 이에 대한 대응으로 동일한 명칭으로 유사한 훈련을 계속하겠다는 경고인 것이다.

셋째, 중국군의 대만 무력침공 성패는 상륙작전 성공 여부에 달려 있지만, 2022년과 금년 훈련에 상륙훈련은 없었다. 중국군 동부전구는 상륙작전을 전담하는 2개의 상륙여단을 보유하고 있고 최신 상륙정과 상륙장갑차 등을 갖추고 있지만 계속해서 상륙훈련을 대만 포위훈련에 포함시키지 않고있다. 이에 대해 필자는 ① 중국군의 상륙작전 능력이 미비하여 대외공개를 회피할 수도 있고, ② 대만 무력침공 의지 과시보다는 대만의 독립 추진 의도를 억제하려는 정치적 의도가 우선되었다고 판단한다.

대만과 중국은 대만해협의 긴장을 원치않아 …
현상유지는 지속될 듯

라이칭더 대만 총통은 취임연설에서 그의 평소 소신을 대만 국민과 중국, 그리고 전세계에 밝혔다. 그리고 중국은 그의 발언에 대해 중국 방식으로 대응하였다. 향후에 라이칭더 총통은 중국을 자극할 수 있는 대만 독립에 대한 발언을 자제할 것이며, 그렇다면 중국도 대

한국과 중국, 대등하다

만의 독립노선 추진을 억제한다라는 목표를 달성하였다고 보고, 군사적 위협을 통해 긴장을 조성할 필요가 없을 것이다.

대만해협의 긴장고조는 미국과 유럽으로부터 비난을 초래하여 중국의 국제적인 입지만 곤란하게 할 뿐이다. 대만과 중국은 현상유지에서 타협점을 찾았고 이를 계속 유지할 것으로 보인다. 이러한 대만과 중국의 입장은 필자가 향후 대만해협이 군사적 긴장이 잠재된 가운데 현상이 유지될 것이라고 예측하는 근거이다.

(뉴스투데이, 2024. 5. 27)

대만의 신임 총통 라이칭더의 모습 (출처 : 구글)

중국의 對일본 무역보복 조치,
반면교사 삼아야 (上)

– 중국의 '일본 수산물 수입금지'관련

중국의 '일본 수산물 수입금지'는
한·미·일 안보협력에 대한 견제가 목적이나 역효과 예상돼

    중국은 일본이 2023년 8월 24일 후쿠시마 제1 원자력발전소 오염수 해양방류를 시작하자 당일 일본 수산물 수입을 전면 중단한다고 발표했다. 이어서 중국 내의 반일운동이 급격히 확산하는 추세이다. 일본은 사전에 어떠한 공식적인 의사표시가 없었던 중국의 이런 조치에 당황하는 모습이다. 일본은 중국에 수입금지 조치 철회를 요구하면서 WTO(국제무역기구) 제소를 검토하고 있다.

    중국의 이러한 조치는 일본이 7월 18일 한·미·일 캠프 데이비드 정상회담에서 중국을 겨냥한 안보협력을 강화하는 데에 대한 항의이자, 지난 7월 23일부터 중국에 대해 반도체 장비 23품목 수출을 금

지한 조치에 대한 무역보복으로 보인다. 일본은 수산물 수출량의 약 42%(홍콩 19.5% 포함)를 중국에 수출하고 있어 당장 피해는 불가피하나 중국 이외의 시장 수요로 점차 대체할 수 있을 것이다.

중국이 수입금지 명분으로 들고 있는 일본 수산물의 오염 문제에 대해 IAEA 및 서방 주요국은 어떠한 문제도 제기하지 않고 있다. 따라서 이번 조치는 일본에 압력을 가하려는 중국의 의도와는 달리 범세계적으로 중국에 대한 신뢰를 저하시킬 것이며, 특히 중국 내의 반일 움직임은 중국의 맹목적인 애국주의에 대한 전 세계의 경계심을 높일 것이다.

중국이 세계 각국에 행한 최근의 무역보복 조치는 소기의 목적을 달성하지 못했고 오히려 중국에 대한 경계심을 높이고 중국 비호감만 증대시켰다는 점에서 역효과를 초래했다. 이번 중국의 일본에 대한 무역보복 조치도 일시적으로 일본 국내정치에 충격은 주겠지만 이로 인해 일본이 미·일 동맹을 완화함과 동시에 중국에 대한 정책을 우호적으로 변경할 가능성은 크지 않다.

중국은 여러 차례 무역보복 했으나 소기의 목적 달성하지 못해

중국은 과거 2차례 일본에 무역보복을 했고 이때마다 반일운동이 일어났다. 2010년 일본은 중국과 영유권 분쟁이 있는 센카쿠(尖閣) 열도에서 일본 순시선을 들이받은 중국 어선 선장을 '영해침범과 공무

집행 방해죄'로 구속했다. 이때 중국이 희토류 수출을 금지하며 압박을 가하자 일본은 중국 선장을 석방하는 등 굴복한 바 있다. 이어 2012년 일본이 센카쿠 열도 중 민간 소유 3개 무인도를 국유화하자 중국은 반발하면서 다시 반일운동이 일어났다.

그러나 그 후 일본은 희토류 수입 다변화를 추진해 중국의 압력을 완화하는 한편, 중국 또한 일본과 관계를 계속 악화시킬 수 없어 한 발 물러나면서 중·일 갈등은 해소되었고 반일운동도 가라앉았다. 결과적으로 중국의 자원 무기화와 무역보복은 일본의 대응력을 강화시켜 '희토류 카드'는 더 이상 유효한 수단이 되지 못하고 있다.

중국은 2008년 프랑스가 티베트 망명정부의 지도자 달라이 라마의 방문을 허용하자 프랑스 항공기 102대(약 200억 달러 규모) 구매 계약을 연기하는 등 보복을 취하였고, 2010년 노르웨이가 중국 반체제 인사 류샤오보(劉曉波)에게 노벨평화상을 수여하자 이에 대한 반발로 연어 수입을 금지했다. 중국은 프랑스와 협상 끝에 2년 후 항공기 구입 계약을 체결했고, 노르웨이와도 협상을 시작한 지 5년 후 연어 수입을 재개했다.

호주에 대한 무역보복 조치 역시 지속하지 못했다. 호주는 2018년부터 대두되기 시작한 중국의 내정 간섭 문제로 중국과 갈등을 겪기 시작했고, 2020년에 코로나19 기원을 규명하기 위해 중국 우한을 조사해야 한다고 주장했으며, 중국의 남중국해 영유권 주장을 비판하자 중국은 호주로부터 석탄과 철광석, 와인 등의 수입을 금지했다.

그러나 이러한 조치는 오히려 중국에 부작용을 낳아 화력발전량

이 감소하면서 전력난으로 그 해 추운 겨울을 보내야 했다. 그리고 호주는 미국이 주도하는 대중 견제 안보회의체인 오커스(AUKUS)에 가입하는 등 미국 진영으로 밀착했다. 이에 중국은 호주의 입장이 달라지지 않았지만 2023년 구동존이(求同存異)를 내세우며 호주와 무역 관계를 종전 수준으로 회복시켰다.

무역보복 특성, 자국 피해 없는 항목으로 제한해
목표 달성까지 지속

서울연구원의 이민규 부연구위원은 2020년 5월 중국지식네트워크에 게재한 '중국 경제보복 유럽 사례 비교연구'에서 중국 무역보복의 특성을 제시했는데 이를 정리 요약하면 다음과 같다. 첫째, 무역보복 조치를 하기 이전에 자신들의 입장을 상대국에 전달했다. 그러나 이번 일본 수산물 금수 조치는 사전 입장 전달이 없었다는 점에서 과거와 차이가 있다.

지난 6월 8일 싱하이밍(邢海明) 중국 대사가 우리 야당 대표에게 일본의 핵오염수 해상 방류 문제에 대해 공동 대응하자는 취지로 언급했지만, 이는 일본 수산물 금수 조치를 의미한 것으로 보이지는 않는다. 따라서 일본 수산물 금수 조치는 중국 정부의 단계적인 의사결정을 거친 것이 아니라 시진핑 주석의 의중이 급작스럽게 반영된 것으로 추정된다.

둘째, 주로 특정 핵심 품목 수입을 제한함으로써 경제적 타격보다는 정치적 압박 수단으로 활용했다. 프랑스 사례에서는 항공기 판매 최종 협상을 연기했고, 노르웨이와 분쟁에서는 연어 수입을 제한했다. 모두 중국 경제에 끼칠 영향을 최소화하면서 동시에 양국 경제 관계를 크게 훼손시키지 않는 범위 내에서 단기적이고 제한적인 조치를 한 것이다.

셋째, 중국은 국민 불매운동 등의 국내 시위를 통제 가능한 범위 내에서만 허용했다. 상대국 압박 수단으로 불매운동을 조장한 측면도 있으나 사태가 커지는 것 역시 경계한 것이다. 특히, 양국 관계가 감정적으로 심하게 훼손되는 것을 경계함은 물론 반정부 시위로 변질되는 것을 우려했다. 2008년 프랑스 '까르푸 불매운동' 초반 중국 정부는 이를 합법적인 것으로 규정하다가 시위가 전국적으로 퍼지자 '이성적 애국심'을 요구하기 시작했다.

넷째, 중국은 정치·외교적 목적을 달성하기 전까지 무역보복 조치를 중단하지 않았다. 호주의 경우와 같이 자국의 피해가 크면 바로 금수 조치를 철회하고 관계회복을 추구한 사례도 있지만, 자국의 피해가 크지 않으면 무역보복을 중단하지 않았다.

다섯째, 중국은 경제보복을 당한 상대국이 대화를 시도해 오면 거부하지 않았다. 이때 긴밀한 비공식적 협상은 문제 해결에 결정적 역할을 했는데 '친중 성향'의 전직 인사가 중요한 가교역할을 했다고 한다.

한한령은 부분적으로 완화됐으나
사드 철폐 없이 해소되기 어려워

중국이 우리에게 가한 한한령(限韓令)이라는 무역보복 조치는 이 5개의 특성을 담고 있다. 첫째, 사전에 시진핑 주석이 직접 사드 설치 반대를 언급해 중국이 이 문제를 얼마나 심각하게 보고 있는가를 나타내었다. 둘째, 제재 대상을 우리의 게임 산업과 예능 및 공연 분야, 그리고 롯데그룹의 유통업으로 한정했으며, 중국인 단체 한국여행을 금지해 우리의 관광업계에 타격을 주고자 했다.

셋째, 중국은 한중 경제 관계 전반에 영향을 주지 않도록 제재 항목을 확대하지 않았다. 특히 우리의 반도체는 중국이 우리에게 의존하는 품목으로, 한·중 간 무역 전쟁으로 확대되면 자신들도 피해를 보기 때문이다. 넷째, 중국에서 반한운동이 일었지만 지속하지 못했다. 이 과정에서 당국의 조정과 통제가 있는 것은 아닌지 의심되는 대목이다.

다섯째, 2016년에 발동된 한한령은 7년이 흐른 지금 부분적으로 해제되고 있지만, 우리가 중국이 요구하고 있는 사드 철폐를 시행하지 않는 한 계속될 전망이다. 여섯째, 중국은 사드 철폐 등 자신들의 목적을 관철하기 위해 우리에게 대화를 제기하고 있다. 무역보복 이전에 압력을 가하고 회유를 하기 위해서다. 중국은 앞으로 무역보복을 하면서 사드 철폐를 요구해 올 가능성이 상존한다.

무역보복 가능성 배제할 수 없지만
제2의 요소수 대란은 사전 예방 가능

　중국은 한·미·일 안보협력을 강화하고 있는 우리에게 자신들의 불만과 요구를 표출하고 있다. 그렇지만 중국은 아직 대화의 여지가 있다고 판단하고 있는 듯하고, 한국 국내정치의 변화로 정책의 전환을 기대해 볼 수 있다는 입장이다. 그렇지만 일본에 가한 수산물 금수 조치와 같은 무역보복 가능성을 배제할 수 없다.

　왕이(王毅) 중국 공산당 정치국위원 겸 외교부장은 8월 31일 박진 외교부 장관과 전화통화에서 "한·중 관계가 제3자의 영향을 받아서는 안 된다"며 한국의 자주외교를 주문했다. 왕이 부장은 지난해 8월 9일 중국 칭따오에서 개최된 한·중 외교장관 회담에서도 똑같이 언급한 바 있어 이번 발언이 새삼스러운 것은 아니지만, 구체적으로 무엇을 요구했는지는 알려지지 않았다. 이러한 움직임은 무역보복 사전 조치로도 볼 수 있어 향후 중국의 동향이 주목된다.

　우리는 2021년 11월 '요소수 대란(요소수 품귀현상)'을 겪었다. 중국의 무역보복 조치는 아니었으나 우리 정부의 안이한 대응으로 전국 물류망이 순식간에 타격을 받았다. 요소수는 우리가 중국에 98% 의존하는 품목이다. 당시 중국 당국은 "요소수 수출 통제를 1개월 전부터 통보했는데 한국은 그동안 뭐하다가 지금 와서 호들갑을 떠는가"라고 우리를 힐난한 적이 있다. 우리 정부의 예측과 대응에 문제가 있었다.

　(뉴스투데이, 2023. 9. 8)

중국의 對일본 무역보복 조치, 반면교사 삼아야 (下)

– 중국의 무역보복 카드는 우리에게도 예외가 아닐 것

중국의 무역보복 카드는 향후 우리에게도
예외가 아닐 것이다. 상응한 대비가 필요하다.

중국이 2023년 7월 24일 전격적으로 '일본 수산물 전면 수입 금지 조치'를 시행한 지 약 1개월 이상이 지났다. 중국의 금수 조치는 일본 수산업계에 큰 타격을 주고 있지만 중국에는 큰 피해가 없다. 언론보도에 의하면 일본 수산물 수출량의 약 42%(홍콩 19.5% 포함)가 판로가 막혔지만, 중국은 전체 수입 수산물 중 일본의 비중은 4%에 불과하다고 한다.

러시아도 일본 수산물의 수입 금지를 검토하고 있다고 한다. 2022년 러시아가 일본에서 수입한 수산물은 190톤으로 일본 수산물 수출량 63만 톤의 0.03%에 불과해 금수 조치를 한다 해도 일본에 미치는 영향은 미미하다. 그렇지만 러시아가 중국과 함께 일본을 압박하는 국제정치적 효과는 결코 미미하지 않을 것이다.

필자는 중국이 '일본 수산물 전면 수입 금지 조치'를 취한 이유로 일본이 중국에 반도체 제작 첨단 장비 수출을 중단하고, 한·미·일 3국 안보협력을 강화하면서 대만 문제에 개입을 시사하고 있기 때문이라고 하였다. 중국이 자국의 정치적 목적을 위해 다른 나라에 가해 왔던 동일한 형태의 무역보복인 것이다. 중국의 계산된 무역보복에 일본은 WTO 제소를 검토하고 있지만 당장 어떠한 가시적인 대응 방안을 내놓지 못하고 있다.

독일 싱크탱크 '메르카토르 중국연구소'의 분석에 따르면 2010~2023년 6월까지 확인된 중국의 무역보복은 130건에 달하고 있다. 이 연구소는 중국이 한국의 사드 배치를 이유로 '한한령'을 내리고, 한국 단체관광을 제한한 조치를 대표적인 무역보복 사례로 꼽았다. 최근에 단체관광 제한은 해제되었지만 한국 영화, 드라마, 게임 등 '한류 콘테츠' 사업은 해제와 금지가 반복되고 있어 한한령은 아직 진행중이라고 할 수 있다.

중국은 우리에게 '경제적 공동 번영을 위한 협력'을 제의하고 있다. 좋은 기회이다.

2023년 9월 23일 한덕수 총리와 중국 시진핑 주석의 회담 후 중국은 회담 결과를 발표하였는데, "중·한 경제는 관계가 밀접하고 산업망, 공급망이 깊게 엮여있어 양국이 호혜적 협력을 심화해야 성과를 낼 수 있다"라는 시진핑 주석의 발언을 담고 있다. 시 주석은 경제적으로 협력하자는 신호를 보낸 것이다. 우리는 중국의 이러한 제안을 긍정적으로 수용해서 대화를 이어가면서 경제적 이익을 확대해야 할 것이다.

우리는 중국과 이미 경제적으로 긴밀하게 연결되어 있기 때문에 중국 경제와 '관계 단절'(디커플링)은 우리 경제에 바람직하지 않을 뿐 아니라 가능하지도 않다. 우리나라의 2021년 對중국 수출 비중은 31.2%(홍콩 5.8% 포함)로 對미국·EU 및 일본의 합(29%)을 상회한다. 통계에 의하면 우리나라 전체 수출기업 중 34.1%(15,694개 사)가 중국으로 수출 중이며 이 중 53.8%가 수출의 절반 이상을 중국에 집중하고 있다. 이들 중에는 23.1% 해당하는 기업이 중국에 100% 수출하고 있다고 한다.

중국은 대화로 목표 달성이 어려울 경우 '무역보복 카드' 즉 '제2의 한한령'을 발동할 수 있다.

중국의 일본 수산물 전면 수입 금지가 일본에 대한 무역보복 조치라는 필자의 판단이 맞는다면, 우리도 현재 일본과 동일하게 대만 문제 개입 가능성이 있는 한·미·일 안보협력을 강화하고 있는 상황에서 향후 중국의 무역보복의 가능성을 배제할 수 없다. 중국 반관영 언론 환추스빠오(環球時報)는 2023년 9월 2일자에서 "중국이 한·중·일 정상회담을 지지한 것은 선의를 보여준 것으로 한국은 이를 양보의 신호를 받아들여서는 안 되며, 민감한 주제에 대해 추가도발을 해서는 안 된다"라고 전문가의 견해를 보도하였다. 중국이 대화를 통해 한국의 미국 편향을 억제할 것이지만 여의치 않을 경우 다른 수단도 강구할 수 있다라는 행간의 의미가 있다. 다른 수단은 중국이 무역보복 조치일 가능성이 크다.

그러나 우리는 다음과 같은 일본과 차이점 때문에 중국은 우리에 대한 무역보복 카드를 사용하고 있지 않다. 첫째, 대만 문제에 대한 접근의 차이이다. 일본은 아베 전총리의 "대만 유사는 일본의 유사이고 미일 동맹의 유사이다"라는 발언과 같이 대만을 자국 안보에 중요한 요인으로 여기고 있지만, 우리는 일본보다는 한단계 낮은 "대만해협의 현상변경에 반대한다"라는 보편적인 언급을 하고 있다.

둘째, 반도체 공급 문제이다. 일본은 2023년 7월 23일부터 첨단 반도체 제조 장비 23개 품목의 수출을 금지시켰지만 우리는 삼성과 SK하이닉스가 중국내 총 5개 반도체 공장에서 중국 반도체 소요량의 10%를 공급하고 있다. 중국의 반도체 자급율 5,8%를 상회하는 수준이다. 최근 미국으로부터 미국 반도체 장비의 중국 반입을 허용받아 공장의 일정 부분 첨단화와 지속적 운영이 가능해졌다.

셋째, 중국이 일본에 이어 한국에도 무역보복을 한다면 한국과 일본의 對중국 연대를 촉진시켜 한·미·일 안보협력을 강화시키는 계기가 될 수 있기 때문이다. 그렇지만 차후에는 우리를 단일 대상으로 무역보복 조치를 할 수 있다.

넷째, 일본에는 핵발전소 오염수 해양방류라는 명분이 있지만 한국에게는 현재 무역보복 조치를 취할 구체적인 명분이 없다.

다섯째, 중국은 한국이 일본과 달리 내부 정치상황 변화에 따라 대외정책이 보다 중국 우호적으로 선회할 가능성이 있다고 보기 때문이다. 우리의 정치상황과 여론이 중국에 우호적이라면 무역보복을 취할 필요가 없을 것이다. 이때에 우리에게는 피해가 크지만 자신들에게는 피해가 거의 없는 품목을 선택할 것이다. 이른바 제 '2의 한한령'일 수 있다.

우리는 중국과 대화를 하면서 공급망 다변화 등 대비를 하고 있어야

최근 우리 물류 및 유통업계에서는 2021년 요소수 대란 사태가 다시 발생하는 것이 아닌가 하는 불안감에 싸여있었다. 중국이 요소 수출 금지를 고지했기 때문이다. 우리 정부는 이 고지는 정부 입장이 아닌 어느 중국 민간 기업의 방침으로 현재 중국으로부터 정상적으로 요소를 수입하고 있으며, 우리는 정부뿐만 아니라 민간 비축분 포함하여 총 5개월 분의 요소를 비축하고 있고, 중국 이외 국가들과 2.5개월 분의 수입 계약을 체결하여 수급에 전혀 문제가 없다고 밝혔다.

유통, 물류업자들이 요소수가 정상적으로 유통되고 있음을 확인한 후 정부를 신뢰하면서 불안감은 잦아들었다. 요소를 일정량 확보하고 있었고 중국과 정상적 거래를 유지하면서 대체 공급망을 개척한 정부의 대응이 적절했다는 생각이다.

산업연구원은 2021년 '한국 산업의 공급망 취약성 및 파급경로 분석' 보고서를 통해 대중국 수입 의존도 50% 이상인 품목은 요소, 실리콘, 리튬, 마그네슘을 포함해 총 1088개이며, 이중 중국 의존도가 70% 이상인 중간재는 604개라고 밝혔다. 또한 2022년 전국경제인연합회(전경련)가 발표한 '한국경제 산업 핵심물자 현황·시사점' 보고서에 따르면 한국의 핵심 수입품목 228개 중 전체 75.5%에 해당하는 172개가 중국산이었다.

중국이 이런 품목중 어느 하나만 통제하는 무역보복 조치를 취한다면 요소수 품귀현상 이상으로 우리 산업에 미치는 영향은 지대할 것이다. 이번 요소수 대란 우려를 불식시킨 정부의 대응책과 같이 중국과 대화를 이어가면서 중국으로부터 무역보복 조치를 사전에 예방함과 동시에 취약품목에 대한 공급망 다변화 노력을 계속해야 할 것이다. (뉴스투데이, 2023. 10. 4)

중국은 서구의 침투를 방지하고자 '반간첩법'을 개정하여 2023년 7월 1일 부 시행

중국은 시진핑 국가주석이 집권한 2012년을 기준으로 그 이전과 이후는 다른 모습을 보이고 있다. 시진핑 집권 이전인 2000년 대 초반은 미국이 주도하는 국제질서에 적응하면서 경제적으로 고도 성장을 달성한 시기였다. 이 기간에는 중국은 '자본주의 국가보다도 더 자본주의 같다'라는 평가가 나올 정도로 외국 기업의 중국내 활동은 크게 제한받지 않았다. 그러나 시진핑 집권 이후부터는 중국식 발전 모델을 내세우며 애국주의 사상을 중심으로 내부 통제를 강화하고 대외적으로는 공격적으로 변화하였다.

미국과 패권경쟁을 벌이는 중국은 과거 소련이 해체된 사례를 교훈으로 삼아 최근에 내부 통제를 강화하고 있다. 즉 소련이 서구 자본주의의 침투와 분열 공작에 제대로 대응하지 못해 체제가 붕괴되었다고 판단하고 있는데, 중국은 이를 화평연변(和平演變)이라고 한다.

즉 이는 '서방이 정치 민주화와 시장 경제화 및 개인중심 문화 등을 유입시켜 반대파나 소수민족을 부추겨서 사회주의를 붕괴시키려는 책략'을 의미한다.

최근 우크라이나 전쟁 이후 예상되는 미국이 주도하는 민주주의와 권위주의 간 진영대결 또한 중국의 경계심을 키우고 있다. 시 주석이 2022년 9월 상하이협력기구 정상회의 연설에서 "외부세력의 색깔 혁명을 막아야 한다"라고 한 것도 이런 우려의 연장이다. 중국은 중동 및 아프리카 북부지역 그리고 중앙아시아 일부국가에서 발생한 소위 '색깔 혁명'을 염두에 두고 있는 것이다. 중국도 소련과 동일하게 다민족 국가로서 서방의 개입에 의해 신장 위구르 지역이나 티베트 지역 등은 분리독립 운동이 언제라도 발생할 수 있다고 보고 이를 사전에 저지해야 한다고 판단한 것이다.

중국은 서구의 화평연변에 대응하기 위해 '반간첩법(Anti-Spy Law)'을 개정하고 7월 1일부터 시행할 예정이다. 중국은 이 법으로 신장 위구르나 티베트뿐만 아니라 중국에서 상업 활동을 하는 외국인이나 그 외국인과 접촉하는 중국인들까지도 간첩 사건으로 처벌할 수 있어 우리 기업들의 각별한 주의가 요망된다.

반간첩법은 간첩의 대상과 범위를 확대시켜 자의적으로 적용할 수 있어

개정되는 반간첩법에서 문제가 되는 내용은 첫째, 간첩행위를 '간첩 조직과 대리인에게 협조하는 행위'를 포함시켰다. 비밀 정보를 넘기는 등 구체적인 행위가 적발되지 않아도 교류를 했다는 죄목으로 '간첩' 또는 '간첩 대리인'과 함께 처벌될 수 있다. 둘째, 적용대상을 '국가안전이나 이익에 관련된 자료 유출로 확대하였다. 무엇이 국가안전과 이익에 관련된 것인지에 대해서는 규정이 없어 중국 당국이 일방적으로 판단하고 자의적으로 적용할 수 있다. 즉 비밀로 분류되지 않은 문헌이나 데이터, 자료, 물품이라도 유출할 경우 국가이익에 위배된다는 명목으로 처벌 대상이 될 수 있다.

셋째, 사이버 해킹을 적용대상으로 추가하였다. 국가기관, 비밀을 다루는 기관, 중요한 정보 인프라 등을 대상으로 하는 네트워크 공격 행위도 간첩 행위로 규정하여 처벌하겠다는 것이다. 이는 해당 기관 인터넷 접속이 해킹 행위인지 아니면 단순한 정보수집을 위한 접속인지는 중국 당국의 판단 사항으로 논란의 여지가 많다. 넷째, 간첩 행위 단속을 위한 행정 당국의 법 집행 관련 직권도 강화하였다. 중국 관련기관이 외국 기업의 데이터를 열람하고, 재산 정보 조회와 출입국 금지 등을 할 수 있도록 권한을 확대하였으며, 간첩 행위가 의심되는 인물의 소지품이나 전자기기 등을 강제로 조사할 수 있도록 하였다. 다섯째, 중국 공민이 간첩 행위를 발견했을 때 당국에 신고하는 것도 의무화하였으며 특히 우편이나 택배 등 물류업자나 통신업자는 간첩 단속 활동에 대한 기술적 지원도 의무화했다.

중국은 이번 개정의 배경으로 "전통적인 안보 위협과 비전통적인 안보 위협이 서로 얽히고, 간첩 행위 활동 주체가 갈수록 복잡해진 가운데 영역이 넓어지고 수법도 은밀해졌지만 현행법의 간첩 행위 범위가 좁고 안보·방범 제도가 미비하고 행정 집행 권한이 부족하여 새로운 상황에 대응할 수 있도록 개정하였다"라고 밝혔다.

통상적인 영업활동과 교류도 반간첩법에 의해 처벌 대상이 될 수 있어

개정된 반간첩법이 시행되면 외국 기업이나 직원들도 영향을 받게 될 것이라는 우려가 나온다. 한국에서는 합법적인 영업 활동이나 정보 수집이라 해도 중국 방첩 당국이 국가안전과 이익에 관련됐다고 판단하면 처벌 대상이 될 수 있어서다. 국가안전과 국가이익이라는 기준이 모호하기 때문에 해당 규정이 자의적으로 광범위하게 적용될 수 있다.

또한 중국 당국은 중국에 거주하는 외국인들의 SNS 발신과 문자 메시지 등을 합법적으로 파악할 수 있게 되고, 외국인들은 직장 동료인 중국인들에게도 마음을 놓을 수 없는 환경에 놓이게 된다. 혹시 발언이나 의사전달이 왜곡되어 간첩으로 몰리는 경우를 생각해 볼

한국과 중국, 대등하다

수 있기 때문이다. 외국 기업들은 중국 당국이 반간첩법을 거론하며 회사 시설과 컴퓨터, 스마트폰 등 각종 전자 기기들을 압수 수색할 것에 대해 우려하고 있다.

현행 반간첩법을 적용한 사례도 빈발, 향후 더욱 강화될 것으로 예상

해외 언론은 중국이 현행 반간첩법을 적용하여 내부 통제를 강화한 사례를 보도하고 있다. 우선 지난 3월 일본 제약업체 아스테라스 제약 중국법인에서 근무하던 50대 일본인이 베이징에서 반간첩법 위반 혐의로 구속됐다. 구체적인 구속사유는 공개되지 않고 있다. 외국인이 반간첩법 위반으로 추방만 당해도 향후 10년간 중국 입국이 금지되어 중국과 관련있는 개인은 자신의 비즈니스에 큰 타격을 받게 된다.

2022년 2월 중국의 광명일보 평론부 부주임 둥위위(董郁玉)는 베이징에서 일본 외교관과 식사 도중 중국 당국에 연행되었다. 역시 구체적인 사유는 밝혀지지 않고 있다. 워싱턴 포스트 등 미국 언론은 "일본 외교관도 연행돼 조사를 받았고, 일본 정부가 중국에 항의했다"라고 보도했다. 이 일은 당시 '중국의 일본 외교관 체포 사건'으로 알려졌는데, 일본 외교차관이 도쿄 주재 중국 대사대리를 초치하는 외교 갈등 사태로 번졌다.

중국 당국이 최근 글로벌 컨설팅업체 베인앤드컴퍼니의 상하이 지사 사무실을 전격 급습해 직원들을 조사한 것으로 알려졌다. 앞서 2주 전에도 중국 공안들이 예고 없이 사무실을 방문해 컴퓨터와 전화들을 압수해 갔다고 관계자들은 전했다. 무슨 사유인지는 밝혀지지 않았다.

홍콩 여학생이 일본 유학 중 홍콩 독립을 지지하는 발신을 이유로 홍콩에 일시 귀국했다가 체포됐다. 홍콩판 국가보안법을 위반한 혐의로 알려져 있다. 홍콩 당국이 학생의 일본 체류 중 발신을 감시하다가 적발한 것은 틀림없다. 이 사례는 최근 중국의 해외비밀경찰의 활동과 연계된 것으로 보인다.

이 법안 시행으로 예상되는 피해 방지 대책 마련해야

니콜라스 번스(Nicholas Burns) 주중 미국 대사는 "이 법은 미국 기업이 일상적으로 해야 하는 작업을 불법으로 만들 수 있다. 연구자, 교수, 언론인도 이 법으로 위험에 처할 수 있다"라며 우려를 표명한 바 있고, 미국상공회의소는 4월 28일 성명을 통해 "개정된 반간첩법으로 해외 기업이 중국에서 사업을 할 때의 불확실성과 위험을 극적으로 증가시킨다"라고 강조하면서 "위험을 제대로 평가할 수 없고 법적 불확실성이 증가하는 환경은 외국인의 영업활동을 제한할 것이다"라고 언급하였다.

특히 중국이 이 법을 선별적으로 적용하여 "외국 기업 길들이기" 수단으로 활용한다면 중국에 진출한 우리 기업이 피해를 입을 개연성이 크다. 중국의 반간첩법 개정에 대해 아직 국내의 관심은 부족하고 국제적인 움직임도 나타나고 있지 않다. 그러나 2023년 7월 1일 이 법의 시행으로 피해가 예상되는 만큼 우리 정부에서는 이 법의 구체적 내용을 관련 기업들에게 전파하여 사태의 심각성을 주지시키는 한편 우리 기업이 이 법에 의해 기소되었을 경우를 상정한 국제법 검토 등 대책을 강구하면서 동시에 서방국가들과 국제적인 공조를 준비해야 할 시점이다. (뉴스투데이, 2023. 5. 15)

중국의 개정 반간첩법 (출처 : 네이버)

중국의 '(개정)반간첩법' 시행과
우리의 '외국대리인 등록법' 발의

중국의 (개정)반간첩법 시행에 긴장하는 교민과 기업들,
북한 취재활동도 영향받을 수 있어

중국이 개정된 '반간첩법(反間諜法)'을 2023년 7월 1일부터 시행하고 있다. 중국에서 활동하는 우리 교민들과 기업들은 긴장하지 않을 수 없다. 이 법은 간첩의 범위와 국가안보의 개념을 넓혀서 약간의 구실만 있으면 중국 당국이 자의적으로 '국가안보를 위해하는 간첩행위'라고 규정하여 처벌할 수 있기 때문이다.

예를 들어, 시진핑 주석을 비판하는 기사를 검색하거나, 중국 정부의 통계자료를 저장하는 행위도 이 법에 저촉될 수 있고, 티베트 및 위구르 자치주 시위현장을 촬영하는 것도 문제가 될 수 있다. 또한 북한 등 제3국 관련된 행위도 자국의 국가안보에 위해하다고 판단하면

이 법 적용이 가능하다. 이 법은 내용이 모호하고 중국 당국이 자의적으로 적용할 수 있어 내가 무슨 혐의로 처벌을 받을지 알 수 없다.

　중국의 우리 교민사회에서는 스마트폰 등 전자기기에서 의심받을 만한 자료를 삭제하는 등 나름 대비를 하고 있지만 불안감을 떨쳐버리지는 못한다고 한다. 그리고 첫 번째 적용 사례가 누구일 것인가에 신경을 곤두세우고 있다. '풀을 흔들어 뱀을 놀라게 하는 방식(打草驚蛇)'으로 경고차원으로부터 시작할 것인지 아니면 '닭을 죽여 원숭이에게 겁을 주는 방식(殺鷄嚇猴)'으로 처음부터 강하게 나올 것인지 두고 보고 있다는 것이다.

　우리의 중국 현지 공관에서는 6월 26일 이 법 시행과 관련하여 교민과 기업에 주의사항을 전파한 바 있다. '우리나라와는 제도·개념 등의 차이로 예상치 못한 피해가 생길 수 있다'라고 전제한 뒤 다음 네 가지 사항에 유의할 것을 당부하고 있다. 첫째, 지도·사진 및 통계자료 등 중국 국가안보와 이익에 관련된 자료를 저장하는 행위, 둘째, 보안통제구역 인접지역에서 촬영하는 행위, 셋째, 시위현장 방문과 시위대를 직접 촬영하는 행위, 넷째, 중국인에 대한 포교를 포함한 종교 활동 등이다.

　외교부에서도 이 법안 시행 초기에는 처벌 사례가 없기 때문에 명확한 지침을 내놓지 못하고, "당분간 조심하라"라는 당부만 전하고 있다. 전문가들은 이 외에도 법안에 '제3국을 겨냥한 행위라도 중국의 국가 안전이 위협받는 경우에는 법 적용이 가능하다'라고 명시되어 있어, 중국에서 북한 문제를 연구하는 활동이나 북·중 접경 지역

에서의 촬영과 취재 활동 뿐만 아니라 탈북민 지원 활동도 제재받을
가능성이 크다.

중국은 반간첩법으로 체제를 보호할 수 있으나 외국과 교류를 위축시켜 고립 자초

중국 외교부는 2023년 5월 28일 정례브리핑에서 (개정)반간첩법 시
행에 대해 "모든 국가는 국내 입법을 통해 국가 안전을 수호할 권리
가 있으며 이는 각국에서 통용되는 관행"이라는 입장을 밝혔다. 이어
서 "반간첩법을 외신기자의 취재 활동 등과 연관지을 필요는 없다"며
"(취재 활동이) 법과 규정에 부합한다면 걱정할 필요가 없다"라고 덧붙
였다.

중국은 '꽌시(關係)'의 사회라고 알려져 있다. 인맥과 인간관계를 통
해 위법과 불법이 어느 정도 묵인되거나 경감될 수 있기 때문이다. 그
러나 마약과 분리독립 추구 같은 행위는 이러한 꽌시가 통하지 않는
다. 중국은 청나라 말기 서구로부터 침략을 받았던 역사를 잊지않고
있고, 소련이 해체되는 과정을 지켜보면서 중국은 마약과 분리독립운
동을 안보에 치명적 위협요소로 간주하고 있다. 반간첩법 개정은 바
로 분리독립운동으로 비화될 수 있는 외세의 침투를 막겠다는 의도
로 보통의 활동에 대해서도 통제를 강화하고 있는 것이다.

중화민족의 위대한 부흥을 외치는 시진핑 주석은 서구의 문화 확

산이 중화체제에 위협이 될 수 있다고 우려하고 있다. 시진핑 시대에 들어서서 애국주의 교육을 통해 내부적으로는 더욱 경직되고 대외적으로 한층 공격적이 되고 있는 흐름과 무관하지 않다. 이 법은 체제를 보호하고 유지하는 데는 효과적일 수 있지만 외국과의 교류를 위축시키고 자칫 고립될 수 있다는 분석이 나오고 있다.

니콜라스 번스(Nicholas Burns) 주중 미국 대사는 "이 법은 미국 기업이 일상적으로 해야 하는 작업을 불법으로 만들 수 있다. 연구자, 교수, 언론인도 이 법으로 위험에 처할 수 있다"며 우려를 표명한 바 있고, 미국상공회의소는 4월 28일 성명을 통해 "개정된 반간첩법으로 해외 기업이 중국에서 사업을 할 때의 불확실성과 위험을 극적으로 증가시킨다"고 강조하면서 "위험을 제대로 평가할 수 없고 법적 불확실성이 증가하는 환경은 외국인의 영업활동을 제한할 것이다"라고 언급하였다.

중국의 영향력 확장을 억제할 수 있는 조치, '간첩죄 개정'과 '외국대리인 등록법 제정'

중국이 이른바 '간첩행위'에 관련된 법을 강화하고 있는데 비해 우리나라는 외국의 간첩행위와 영향력 확대에 대해 법적준비가 부족한 실태이다. 간첩죄(형법 제98조)는 간첩죄의 구성요건을 '적국을 위한 간첩행위'로 한정하고 있어 북한이 아닌 중국과 일본 등 외국과 외국단체 등은 간첩죄를 적용하기가 어렵다. 간첩죄의 대상을 확대해서 외국의 정보기관이 우리 정부기관, 산업체에서 국가기밀을 탈취하지 못하도록 법적 정비가 필요하다.

그리고 우리는 외국 정보기관을 위해 누가 무슨 일을 어떻게 하고 있는지 파악할 수 있는 법령이 없다. 우리 정부는 중국의 비밀경찰서로 파악하고 조사를 벌여온 중국식당 동방명주(東方明珠)의 왕하이쥔(王海軍) 등 관계자들에 대해서 '식품위생법 위반'과 '옥외광고물 위반'혐의로 검찰에 송치하였다. 즉 동방명주가 영업 신고 기간 만료인 2021년 12월 이후에도 계속 영업을 하였고, 허가없이 옥외 전광판을 설치했다는 이유로서 이는 비밀경찰서 관련한 위법행위와는 거리가 있다.

이러한 법적 공백을 보완하기 위해 여당 국회의원 13명이 '외국대리인 등록법'을 발의하여 현재 상임위원회 심사를 앞두고 있다. 이 법안은 외국 기관과 외국인을 위해 일하는 대리인 에이전트와 로비스트 등은 의무적으로 사전등록하도록 하고, 이들이 도청, 요인 포섭 등 불법적으로 내정에 개입한 혐의가 있을 때 조사할 수 있다는 내용이다. 대표 발의한 최재형 의원은 "이미 미국, 호주, 싱가포르는 외국대리인 등록법이 존재하고, 캐나다와 영국도 제정 중"이라며, "불특정한 외국 정보기관의 영향력 공작 활동에 적절히 대응하는 것은 전세계적인 추세"라고 제정 필요성을 강조했다.

미국은 외국대리인 등록법으로 간첩죄로는 처벌 곤란한 이적행위를 단죄하고 있어…

미국은 1938년 '외국대리인 등록법'을 제정하여 간첩죄를 적용하기에는 구체적 증거가 부족하여 처벌하기 어렵지만, 명확히 국익에 반하는 이적 행위에 대해서는 이 법을 활용하여 왔다. 미국은 최근 중국 등 경쟁국가와 정보전쟁이 더욱 격화됨에 따라 외국 정보기관의 활동을 파악하기 위해 법 개정을 추진하고 있다. 2023년 2월 발의된 개정안은 '외국대리인은 활동내용을 6개월에 한번씩 정기적으로 법무부에 보고해야 한다'라는 의무조항이 포함되어 있다.

미국에서 간첩은 아니지만 국익에 반하는 활동 사례를 들어보겠다. 에포크 타임즈 (the epochtimes)는 2020년 10월 30일 인터넷판에 "前 에어 차이나 매니저 린잉(林英)이 중국군 간부들의 수하물을 중국으로 밀반입시키고, 중국 관료의 휴대폰 SIM카드가 공항 검색대를 피할 수 있도록 도왔으며, FBI가 수사 중이던 간첩 용의자를 중국으로 탈출시키는 데 협조한 혐의에 대해 유죄를 선고받았다"라고 보도하였다. 린잉은 미국 법무부에 신고하지 않고 중국 정부를 위해 활동한 죄목으로 외국대리인 등록법을 적용한 것이다.

박상융 변호사는 월간조선 뉴스룸 2023년 6월 5일 인터넷판에서 중국이 외국에서 전개한 영향력 확대 공작의 사례를 제시하고 있다. 그는 "중국이 2018년 호주 상원의원 '샘 데스티에리'에게 뇌물을 제공하며 중국의 입장을 대변하도록 사주했던 사건, 중국인 여성 변호사

'크리스틴 리'가 중국 통일전선공작부 지시에 따라 영국 노동당 하원 의원에게 50만 파운드를 지원하며 포섭을 시도하다 2022년 1월 영국 방첩기관(MI5)에 적발된 사건을 대표적인 사례로 들고 있다. 이들은 간첩은 아니지만 국익에 반하는 행동을 한 것이다.

　세계 각국은 중국과 어떠한 관계를 맺을지 고민 중이다. 최근 독일은 국가안보전략 문서에서 중국을 '체제 라이벌이자 경쟁자이면서 협력 파트너'로 규정하였다. 우리에게도 동일하게 적용될 개념이라고 생각한다. 중국을 파트너로서 협력은 하면서 우리의 주권과 정체성을 훼손하려는 의도는 방관해서는 안될 것이다. 우리를 지키기 위한 간첩법 개정과 외국대리인 등록법 제정이 필요한 이유이다.

　(뉴스투데이, 2023. 7. 3)

시진핑의 '제로 코로나 정책'

시진핑의 '제로 코로나 정책', 중국인들은 거리에서 반대를 외치기 시작하였다.

　2022년 11월 말 중국 베이징과 상하이에서 시진핑의 '제로 코로나 정책'에 반대하는 대학생과 시민들의 시위가 있었다. CNN은 "공산당이 인민들 삶을 통제를 하고 있고, 반대 의견에 대해 전면적인 탄압을 가하고 있는 첨단 감시국가인 중국에서 대중의 항의는 극히 드문 일"이라고 평가했다.

중국인들은 '제로 코로나 정책'에 인내의 한계점에 와 있다.

　중국의 '제로 코로나(動態淸零)정책'은 조기 발견에 이어 신속한 포위(봉쇄)와 전파 차단(격리)으로 감염자 수를 0으로 한다는 것으로 이는, 중국의 상황에서 사회적 비용이 가장 적게 들면서 효과를 가장 크게 얻을 수 있는 방법이라고 중국은 주장하고 있다. 중국은 이 정책을 시진핑 국가주석의 대표적인 성공사례라고 홍보하고 있다.

　시진핑 3연임을 결정한 공산당 20차 당대회 이후 방역조치가 부분적으로 완화되었다. 대표적으로 종전에는 확진자 발생 시 아파트 및 주택의 전체 단지를 봉쇄하였지만 최근에는 건물 하나로 축소하였고, 밀접 접촉자 격리기간을 7일에서 5일로 줄였다. 중국에서는 이를 '과학방역·정밀방역'이라고 한다. 그러나 현실은 확진자가 급증하여 일일 신규확진자가 11월 27일 약 4만 명으로 역대 최고였다. 확진자가 급증하는 상태에서 더 이상의 완화는 어려울 것이다.

　2019년 말부터 계속된 장기간의 '제로 코로나 정책'에 의해 일상생활은 계속 통제되고 경제는 정체되어 불만이 누적되고 있는 비정상적인 상태는 쉽게 해소되지 않을 듯하다.

　몇 가지 사례를 들어보겠다. 지난 3월 상하이에서는 당초 1주일 이내로 예정된 봉쇄 조치가 길어지면서 주민 2500만 명이 두 달간 집에 머물렀고, 올해 9월 격리에 들어갔던 청두시 시민들은 지진이 발생해도 자택 아파트에서 나오지 못했다. 심지어 다른 지역에서 출동한 구조대원들이 코로나 검사를 받은 뒤에야 현장에 출동해 구조활동에 나설 수 있었다. 또한 2~3일마다 PCR 검사를 받기 위해 1시간 이상 줄을 서서 기다리는 것은 물론 아파트와 사무용 빌딩이 수시로 봉쇄되면서 자영업자와 일반 시민도 정상적인 일상생활이 불가능한 상태였다.

중국인들은 '제로 코로나 정책'에 반대하기 시작하였다.

최근 카타르 월드컵을 시청한 중국인들은 "카타르 관중들은 마스크를 쓰지도 않았고, PCR 검사도 받지 않는다"라고 하면서 "그들과 우리 중국인은 같은 행성에 사는 것이 맞는가"하는 불만을 터뜨렸다. 중국의 현실과 너무 대비가 되기 때문이다.

11월 24일에는 신장 웨이우얼(위구르) 자치구 우루무치에서 발생한 화재에 소방차가 코로나 봉쇄용 철제 차단물과 장기 주차된 차량에 막혀 진화가 늦어져서 19명의 사상자가 발생한 사고가 있었다. 우루무치는 100일 넘게 봉쇄되어 있었다. 이 사건에 대해 상하이에서 26일 저녁부터 위구르인을 중심으로 "우루무치 봉쇄 해제하라, 중국의 모든 봉쇄 해제하라"라는 시위가 그 다음날 새벽까지 이어졌다.

이 상하이 시위를 시작으로 베이징, 광저우 등 대도시에서도 시위가 연쇄적으로 발생하고 있다. 심지어 국가보안법 시행 이후 집회와 시위가 금지된 홍콩에서도 경찰의 통제에도 불구하고 대학생과 시민이 모이기 시작하였다.

'제로 코로나 정책' 반대 요구가 반정부 시위로 확대될 가능성은 희박

　시위대는 주로 '제로 코로나 정책'에 대한 불만과 반대를 외치고 있다. 주요 구호는 "봉쇄를 해제하라, 방역조치를 해제하라"였으며 홍콩 대학생들도 "PCR 검사말고 밥을, 봉쇄말고 자유를" 등 이었다. 이들은 아무 글자도 적혀있지 않는 A4 종이를 들었다. 흰색 종이는 이번 중국 시위의 상징물로 떠올랐다. 당국의 검열에 대한 항의로 소셜미디어(SNS)에서도 '백지혁명(白紙革命)' 또는 'A4 Revolution' 등의 해시태그가 달린 게시물이 확산되고 있다.

　그러나 일부 시위 현장에서는 정치적인 구호도 등장하였다. 어느한 명이 "공산당(共産黨)"하고 외치면 시위 참여자들은 "물러나라(下台)"라고 호응하고 이어서 "시진핑(習近平)"하면 역시 "물러나라(下台)"라고 외치는 모습도 보였다.

　요 며칠 사이 발생한 정치적 구호를 외치는 시위는 역시 예외적인 현상으로 앞으로도 보기 힘들 것이다. 중국 공산당은 이러한 반정부 활동을 허용하지 않기 때문이다.

중국 당국의 딜레마 : '제로 코로나 정책'을 유지하기도 완화하기도 쉽지 않다.

　중국은 돌발적으로 터져나온 '방역 정책 반대 시위'에 당황한 모습이 역력하다. 중국 외교부 대변인은 11월 28일 외신기자들의 질문에 평소와 달리 자신있게 답변을 하지 않고 애매하게 넘어가는 모습을 보였다. 정부 차원에서 입장이 정리되지 않았다는 의미이다.

　중국이 '제로 코로나 정책'을 유지할 경우 임계점에 이른 국민들의 불만이 언제 어떻게 터져나와 반정부 시위로 돌변할지 알 수 있는 노릇이다. 그리고 경제의 침체상황도 계속 방치할 수 없다. 그렇지만 '제로 코로나 정책'을 완화하기도 어렵다. 완화했을 경우 확진자가 급증한다면 그것은 시진핑 정권에 큰 부담이 될 수 있다.

　중국이 '제로 코로나 정책'을 완화하기 어려운 이유로는 다음 세 가지이다. 첫째, 의료체계가 열악하여 확진자와 중증자 치료가 어렵다. 중국은 대도시를 제외하고 병원이 부족한 실정이다. 둘째, 자국 백신의 효능이 떨어져서 예방효과가 의심된다. 중국은 시노팜 등 자체 개발한 5종의 백신이 있지만 모더나와 화이자 수준에 미치지 못하고 있어 중국인들도 외면하고 있다. 셋째, 중국은 유동인구가 많기 때문에 순식간에 바이러스가 전파되어 정부의 통제범위를 초과할 수 있다.

　중국은 미·중 패권경쟁이라는 외부 도전 속에서 국내적으로 코로나 확산에 따른 국민들의 저항을 우려하는 상황이다. 이른바 외우내환(外憂內患)이라고 할 수 있다. (뉴스투데이, 2022. 11. 29)

이스라엘-하마스 무력 충돌 상황에서 숨어있는 승자는 중국

    팔레스타인 무장 정파 하마스가 2023년 10월 7일 새벽, 이스라엘에 로켓탄 약 5,000 발을 발사하면서 가자 지구의 경계선을 넘어 이스라엘 영내로 진입하여 민간인을 대량 살상하고 인질 약 200여 명을 가자 지구로 끌고 갔다. 이에 대해 이스라엘도 로켓탄과 공군 전투기의 폭격 등 보복공격으로 팔레스타인 약 2,000여 명 이상의 사상자가 발생하고 있다.

    하마스가 이스라엘 공격 이유를 공식적으로 밝히지는 않았지만, 전문가들은 하마스가 다음 두 가지 의도가 있었다고 지적하고 있다. 첫째, 미국 주도로 추진 중인 사우디아라비아와 이스라엘이 국교 정상화 저지이다. 사우디아라비아와 이스라엘이 국교를 정상화한다면, 하마스는 다른 아랍 국가들도 후속하여 이스라엘과 관계를 개선하면서 팔레스타인의 권익과 독립국가 건국 의지에 관심을 갖지 않을 것으로 보았다. 하마스의 의도대로 사우디아라비아와 이스라엘 국교 정

                                        한국과 중국, 대등하다

상화 회담은 중단되었다.

둘째, 이스라엘의 극우 정권이 최근 유대교와 이슬람의 성지 알아크사(아랍어로 '최고') 사원에서 이슬람 신자들을 자극하고 서원을 훼손한 행위에 대한 보복이다. 알아크사 사원은 이스라엘이 통제하는 동예루살렘에 위치하고 있지만 사원은 요르단이 관리하고 있다. 이스라엘과 요르단은 1994년에 '유대교도와 기독교도인들은 이 사원을 방문할 수 있어도 기도와 예배는 금지한다'는 합의를 하였다.

이스라엘 극우 인사들이 2023년 1월에 합의를 위반하여 사원의 개방을 추진하자 이슬람교도들이 반발하여 항의 시위를 하였고, 이스라엘 경찰이 시위를 진압하기 위해 사원 경내로 진입하였다. 이 사건은 팔레스타인뿐만 아니라 주변 아랍국가들의 반발을 초래하였고, 아랍에미레이트는 이스라엘과 정상회담을 중단하기도 하였다. 하마스는 이번 작전을 '알아크사 홍수'라고 명명한 배경이기도 하다.

아랍권은 '이슬람 대의'를 명분으로 이스라엘을 비난하고 팔레스타인을 지지하고 있다.

아랍권은 하마스의 만행에 대해서는 언급을 하지 않은 채 이스라엘의 무차별 폭격을 비난하면서 전쟁의 원인이 이스라엘 극우 정치인들의 팔레스타인 탄압이라고 한목소리를 내고 있다. 이란 등을 비롯한 강경 아랍국가들은 물론이고, 친서방 아랍국가들인 사우디아라비아, 쿠웨이트, 카타르 등도 "팔레스타인 국민의 권리를 지속적으로 침해한 이스라엘에 전적으로 책임이 있다"라고 이스라엘을 비난하고 있다.

아랍권 언론 알자지라가 "서방 국가들은 우크라이나를 침공한 러시아를 비난하면서 오랫동안 팔레스타인 민족에 '아파르트헤이트(인종격리)' 정책을 써 온 이스라엘에 대해선 오히려 편을 들고 있다"리고 서방을 비판하고 있다. 바이든 미국 대통령과 서방의 주요 국가 지도자들은 신속하게 '이스라엘의 자위권'을 강조하면서 '연대'를 표명하였기 때문이다. 알자지라는 이를 두고 '이중잣대'라고 지적하는 것이다.

중국은 아랍권을 지지하면서 중동지역에서 존재감과 역할이 증대되고 있다.

중국은 10월 8일 외교부 브리핑에서 "양측의 긴장과 폭력이 고조되는 상황에 깊은 우려를 표한다"면서 "근본적인 해결책은 두 국가 해법을 이행해 팔레스타인 독립국가를 수립하는 것"이라는 입장을 밝혔다. 이 관점은 아랍권과 동일한 입장이다. 그리고 중국 관영매체 환추스바오(環球時報)는 9일 "미국이 항공모함을 파견하는 것이나 여론 조작으로는 이 지역에 평화를 가져올 수 없다"라고 미국을 비난하였다. 이스라엘-하마스 사태의 해법을 두고 중국은 미국과 대립하고 있다.

중국 외교부는 15일 "왕이(王毅) 중국공산당 중앙외사판공실 주임 겸 외교부장이 사우디아라비아 외교장관, 이란 외교장관, 튀르키예 외교장관과 각각 전화통화를 하면서 확전을 막으려는 중재노력을 기울였고 중국 중동문제 특사도 곧 관련국가들을 방문하여 평화를 중재할 예정이다"라고 밝혔다.

그리고 중동 지역에 급파된 블링컨 미국 국무장관은 순방 중 왕이 부장에게 전화를 걸어 "확전을 막아달라"라고 요청하였다. 미국도 중동 지역에서 중국의 영향력을 인정한 상태이다. 왕이 부장은 이에 대해 "민간인을 해치는 모든 행위에는 반대한다"라고 화답하였다. 중동 지역에서 중국의 존재감과 역할은 이번 사태를 계기로 증대되고 있다.

중국은 중동지역에서 미국과 대등한 위치를 확보하였다.

전문가들은 중동 지역에서 아랍권이 '아랍 형제의 이슬람 대의'를 주장하며 한 목소리를 내기 시작하자 미국이 중동 지역의 주도권을 장악하기 위해 추진하였던 주요 계획에 차질이 불가피하게 되었다고 전망한다. 우선 사우디아라비아와 이스라엘의 국교 정상화가 중단되었고, 아랍국가들과 관계를 증진하려던 이스라엘-아랍에미레이트의 '아브라함 협정' 대상국 확장이 보류되었다.

미국이 중국의 일대일로 사업을 제동하기 위해 2023년 G20 정상회담에서 제기한 '인도-중동-유럽 간 경제회랑' 프로그램이 중동 아랍국가의 비협조로 지장을 받을 것으로 예상되며, 미국과 인도가 중동 지역에서 중국을 견제하기 위한 창설한 I2U2 (이스라엘, 인도, 미국, 아랍에미리트(UAE) 4개국 경제협력 포럼)도 최초 계획대로 진행될지 의문이다. 미국이 이스라엘을 지지하고 지원하는 한 아랍국가들의 협조는 원활하지 못할 것이다. 중동에서 미국의 존재는 하락하는 추세이다.

한국군사문제연구원 객원연구원 윤석준 박사는 이스라엘-하마스 무력 충돌로 인해 중동 국가들의 재래식 무기 소요가 급증할 것으로 예측하고 있는데, 이들 국가들은 러시아를 대체하여 중국산 무기를 도입할 것으로 분석하였다. 특히 이번 사태로 하마스를 지원하는 이란을 포함하여 이를 우려하는 사우디아라비아 등 온건한 이슬람 국가들도 무기 소요가 동시에 증가할 것으로 예측하고 있다.

이번 이스라엘-하마스 무력충돌로 이스라엘을 지지하는 미국은 아랍권과 불편한 관계가 되어 이 지역에서 과거에 누렸던 강대국의 지위는 후퇴하고 있고 상대적으로 중국은 중동에서 아랍국가들과 관점을 공유하고 협력을 증진시킴으로 중국의 입지는 강화되고 있다. 범세계적으로 미국과 패권경쟁을 벌이고 있는 중국이 한발 앞서가는 모습이다. 더욱이 아랍국들이 중국제 무기를 도입한다면 중국의 영향력은 더욱 증대될 것이다.

한국과 중국, 대등하다

중국은 외교정책 기준은 자국의 이익이다. 중국과 협력은 이익이 일치해야 가능할 것이다.

왕이 중국 외교부장은 "팔레스타인 문제에서 중국은 계속해서 평화의 편, 정의의 편, 국제법의 편, 다수 국가의 공통된 염원의 편, 인류 양심의 편에 설 것"이라고 주장하고 있다. 이 주장은 외교적인 발언에 불과하다. 중국은 정의와 관계없이 미국에 대항하기 위해 아랍 편에 선 것이다. 이것이 중국의 국가이익이기 때문이다.

최근 중국은 자국에 구금중인 탈북민 2,000명 중 600여 명을 북송하였다고 한다. 중국은 결코 정의의 편이 아니다. 중국은 미국과 패권경쟁시대에 우리보다는 북한과 관계가 도움이 되기 때문에 북한의 요구를 들어준 것이다. 앞으로도 우리는 중국과 안보와 경제 그리고 북한 핵문제 등 협력해야 할 사항이 많이 있다. 중국을 우리 편으로 만들기 위해서는 중국과 이해를 어떻게 조율해 나갈 것인가에 대한 판단이 요구된다 하겠다. 중국은 북한 편도 아니고 더욱이 우리 편도 아니다. 중국은 자기의 국익을 우선하는 중국 편이기 때문이다.

(뉴스투데이, 2023. 10. 18)

우리 외교 과제와
미·북 밀약 가능성

- 우리 외교안보에 대한 불안감 그리고 과제
  - 정부·여당, 국제정세 변화 정확히 인식하고 대비책 마련해야 한다

- 트럼프와 김정은이 향후 관계 개선을 통해 얻으려는 것들
  - 트럼프는 북한의 지정학적 가치에 주목학도 김정은은 트럼프와 핵 협상 재개 기대

우리 외교안보에 대한 불안감 그리고 과제

- 정부·여당, 국제정세 변화 정확히 인식하고 대비책
  마련해야 한다.

트럼프와 김정은 밀약, 북·러 밀착, 중국과 관계 소원 등
3가지 불안요인 해소방안 강구 필요

중국에 "산에 비가 오려나…누각에는 스산한 바람이 가득하네"(山雨欲來 風滿樓)라는 말이 있다. 한여름 폭우를 앞둔 자연 풍광을 읊고 있지만, 사실은 위기를 예감하는 불안감을 나타낸다. 최근 우리 주변에 안보정세의 급격한 변화를 예고하는 스산한 바람이 불고 있어 불안하다. 정세 변화가 불안한 것이 아니라, 변화 자체를 안이하게 보고 대책 수립에 소홀한 듯한 우리 정부와 정치권의 행태가 불안한 것이다.

필자가 갖는 불안감을 다음과 같다. 첫째, 2025년 1월 미국에서 트럼프 2기가 출범하여 트럼프와 김정은이 주한미군 철수 문제에 대해

어떤 밀약을 하는 것은 아닌지, 이 결과 현재의 한미동맹과 한·미·일 안보협력이 이완되는 것은 아닌지 우려된다. 둘째, 최근 북·러 밀착으로 러시아의 첨단 군사과학기술이 북한으로 이전될 것이 예상되는데 이를 어떻게 막을 수 있을 것인지, 셋째, 소원한 중국과 관계를 개선할 방안이 무엇인지 궁금하다.

정부, 국제정세 변화에 너무 낙관적…
문제 정확히 인식하고 고민하는지 의문

하지만 정부 당국자들의 발언은 이런 불안과 궁금증을 해소하기에 충분하지 않다. 장호진 국가안보실장은 7월 13일 한 언론에서 트럼프 진영으로부터 "한미동맹에 대해 너무 걱정하지 않아도 된다"라는 메시지를 받았다고 밝히면서, 그들이 "한미동맹을 강화할 것이라는 입장을 보이고 있다"라고 언급했다. 그러면서 한미동맹에 대해 "미국 내 여야를 막론하고 탄탄한 지지 기반이 있다"라며 정부는 예상되는 여러 변수에 신중히 대비하고 있다라고 덧붙였다.

조현동 주미대사는 2024년 4월 25일 우리 외교부 청사에서 기자들에게 미국 대선 결과와 관계없이 한미동맹의 큰 틀은 변함이 없을 것이라고 언급했다. 그 이유로 현재 한·미 간의 다층적 고위급 논의와 핵협의그룹(NCG) 같은 안보 협력체제, 경제 및 과학기술 분야의 협력이 강화되고 있기 때문이라고 설명했다.

장호진 실장은 2024년 6월 20일 러시아와 북한이 「포괄적인 전략적 동반자 관계에 관한 조약」(러·북 조약)을 체결한 것과 관련해서도 이를 규탄하며 우크라이나에 대한 무기 지원 문제를 재검토할 예정이라고 말했으며, 다음날에는 "무기 지원에는 다양한 방안들이 고려될 수 있으며, 러시아 측이 어떻게 대응하는가에 따라 검토해 나갈 것이다"라고 언급했다.

언론을 통해 접한 정부 고위 당국자들의 발언들은 낙관적이고 긍정적이어서 문제의 중요성을 정확하게 인식하고 치열하게 고민한 결과인지 그리고 우크라이나 무기 지원의 경우 실현 가능한 것인지 의문스럽다. 필자는 외교안보를 연구하는 연구자의 한 사람으로 현 상황에서 정부가 무엇을 어떻게 준비해야 하는지 착안 사항 등을 제시하고자 한다.

트럼프와 김정은 밀약 저지, 북·러 밀착 대비, 중국과 관계 개선 등 필요

첫째, 트럼프 2기가 시작된다면 우선 트럼프와 김정은의 밀약을 저지해야 한다. 트럼프는 중국을 견제하기 위해 북한과 관계 발전이 필요할 것이며, 북핵 위협이 미국에 미치지 않도록 북한의 대륙간탄도미사일 성능개선을 중단시키고 핵 개발을 현 수준으로 동결시키려 할 것이다. 이에 대한 대가로 북한이 요구하는 대북제재 해제, 핵보유국

지위 인정, 그리고 미국의 확장 억제력(핵우산) 약화 등을 협상 카드로 활용할 가능성이 크다.

한·미 연합훈련 중단과 주한미군 감축 또는 단계적 철수 등도 트럼프와 김정은 사이에 다시 거론될 것으로 보이는데, 이 과정에서 미국이 우리에게 거액의 방위비 분담금을 요구할 것이 예상된다. 이러한 밀약은 미국과 북한이 각자가 원하는 바를 얻을 수 있는 윈-윈(win-win) 거래인 셈이다. 트럼프 2기가 아니더라도 우리는 미국 여론의 동향과 이에 따른 정책 변화의 가능성을 예의 주시하고 있어야 한다.

둘째, 북·러 밀착에 대한 대비이다. 우리는 무엇보다도 러시아의 첨단 군사과학기술이 북한에 이전되지 않도록 해야 한다. 북한이 필요로 하는 군사과학기술은 군사 첩보위성, 대륙간탄도미사일 대기권 진입, 핵추진 잠수함 관련 기술이라고 알려져 있다. 정부는 북·러 밀착을 비난하면서 우크라이나에 살상용 무기 지원 검토 의사를 밝힌 바 있는데, 이는 '러시아가 하기에 달렸다'라는 조건을 달았다. 적절한 대응이라고 생각한다.

그렇다면 이를 위해 러시아의 군사과학기술 이전 상황을 파악해야 하고, 어떤 군사과학기술이 어느 정도 이전되면 이에 상응해 어떠한 무기를 어느 정도 우크라이나에 지원할 것이란 구체적인 계획이 있어야 한다. 그리고 이 계획을 러시아에 통보하고 그대로 실천해야 한다. 이러한 의지와 능력이 있어야 북·러 밀착을 견제하면서 북한의 군사력 증강을 저지할 수 있다.

셋째. 중국과 관계 개선이다. 지금 중국과 많은 대화가 이루어지고 있으며, 2024년 6월에 개최된 한·중 외교안보 대화는 중국 측 요구로 개최됐다. 언론 보도에 따르면 양국은 각자 자기의 주장만 했다고 한다. 앞으로도 외교안보 분야에서는 이해가 엇갈릴 개연성이 크다. 그렇지만 우리는 중국과 대화와 교류를 통해 이해를 점차 넓혀가면서 궁극적으로 관계를 개선하겠다는 정책의 일관성을 유지해야 하며, 이 과정에서 상호존중이 전제돼야 한다.

필자는 지난 25일 중국군 건군 97주년 기념행사에 참석했다. 이 행사는 상호 친분을 쌓는 한·중 군사외교 공간인데, 무슨 연유인지 한국군 관계자가 보이지 않았다. 과거에는 국방차관이나 국방정보본부장 축사가 있었고, 한·중 관계가 좋지 않았던 지난해도 국방부 정책기획국장의 축사가 있었다. 그런데 한·중 관계를 개선하겠다고 밝힌 올해 한국 측 축사가 없어 중국을 소홀히 여기는 듯 느껴졌다. 우리가 중국을 존중해야 중국에게 우리를 존중하라고 요구할 수 있다.

외교안보 초당적이란 말 공허해…
정부·여당의 책임 크며 야당도 협조해야

필자의 불안을 더욱 증폭시키는 것은 우리 정치권의 외교안보에 대한 무관심이다. 오늘도 국제환경은 변화하고 있지만, 우리 정치권은 정부의 외교안보 대책 마련을 독려하거나 감독하면서 서로 머리를 맞대기보다는 오히려 외교안보 사안에 등을 돌리고 국내 정쟁에 몰두하고 있다. 외교와 안보는 초당적이라는 말이 한국에는 공허할 뿐이다.

국정을 책임지고 있는 정부·여당의 책임이 크다. 정부·여당은 앞으로 다가올 위기 상황을 심각하게 인식하고 야당의 협조를 받으며 하루속히 구체적인 대책을 마련해야 한다. 야당도 국가 위기를 앞두고 정부·여당과 협치하는 모습을 보여야 한다. 그래야 국민은 정부를 신뢰하고 정치권에 지지를 보낼 것이다. 국가가 위기에 처하거나 파국을 맞이하면 여당과 야당, 보수와 진보의 구분은 무의미하기 때문이다. (뉴스투데이, 2024. 7. 31)

트럼프와 김정은이 향후 관계개선을 통해 얻으려는 것들

트럼프는 북한의 지정학적 가치에 주목하고,
김정은은 트럼프와 핵 협상 재개 기대

미국에서 2025년 1월 20일부터 트럼프 2기가 시작된다. 트럼프는 선거운동 기간에 수차례 김정은에 대해 호의적 발언을 했는데, 필자의 관심을 끄는 내용은 "김정은은 좋은 부동산을 갖고 있다"라는 언급이었다. 여기서 부동산이란 원산 해변의 휴양지가 아니라 중국 수도권과 근접한 북한의 위치를 의미한다.

한국으로 귀순한 전 쿠바 주재 북한대사관 정무참사 리일규는 지난 8월 2일 영국 BBC와 인터뷰에서 "북한에 있어 트럼프가 백악관으로 복귀하는 것은 천년에 한 번 있을 기회가 될 것"이라며 "김정은은 트럼프와 핵 협상 재개를 원한다"라고 밝혔다. 트럼프 2기가 시작되면 트럼프와 김정은의 대화가 시작되고 미국과 북한의 관계개선이 예견된다는 얘기다.

트럼프 : ① 중국 견제, ② 미국 위협 차단, ③ 동북아 안정 등 원할 듯

트럼프가 북한과 관계개선을 통해 얻고자 하는 3가지가 있다. 첫째, 중국 견제이다. 트럼트 2기는 1기에 비해 더욱 강력해진 중국의 도전을 맞이하면서 무역에서 시작된 미·중 갈등이 지정학적 분야로 확대돼 본격적인 패권경쟁의 시대로 돌입한다. 미국의 안보정책 1순위는 중국의 도전을 저지해 패권을 유지하는 것이며, 이를 위해 베이징 등 중국 수도권과 마주한 북한의 지정학적 가치에 착안해 관계개선으로 중국을 견제하려 할 것이다.

둘째, 북한의 핵·미사일이 미국을 위협하지 않게 하는 것이다. 미국은 북핵을 협상으로 폐기할 수 없다는 사실을 잘 알고 있다. 따라서 북핵을 현 수준으로 동결하고, 대륙간탄도미사일 개발을 억제해 위협을 차단하는 것이 현실적이라는 인식이 확산하고 있다. 지난 10월 31일 발사한 북한의 화성-19형은 대기권 재진입 가능 여부는 불확실하지만, 사거리는 미국 본토 타격이 가능한 15,000㎞로 추정돼 미국은 조만간 북한의 핵·미사일 위협에 직면할 수 있다.

셋째, 북한의 호전성을 완화해 동북아 안정을 달성하려 할 것이다. 북한은 핵·미사일을 포함해 장사정 포병 등 군사력을 강화하고 있고, 최근 러시아와 밀착하면서 핵추진 잠수함과 정찰위성 기술 등 첨단 군사과학기술을 이전받을 것이 예상돼 더욱 위협적이다. 트럼프는 관계개선을 통해 김정은에게 한반도와 동북아 지역의 안정과 평화 분위기 조성을 요청할 수 있다. 이 지역이 안정되면 미국은 주한·주일 미군을 대만과 남중국해로 전용할 수 있기 때문이다.

김정은 : ① 대북제재 해제, ② 핵보유국 인정, ③ 경제 지원 등 바랄 듯

김정은이 트럼프 2기와 관계개선을 통해 얻고자 하는 3가지도 있다. 첫째, UN의 제재를 완화하거나 해제하는 것이다. 북한은 UN안보리 제재로 인해 경제적 어려움을 겪고 있는데, 김정은도 민심이반을 막고 체제를 유지하기 위해서는 경제발전이 필요하다. 미국은 UN의 대북제재를 주도하면서 자체적으로 북한을 제재하고 있고 유럽과 일본 등도 동참하고 있다. 미국이 제재를 해제해야 북한은 서방국들과 무역을 할 수 있고, 국제기구로부터 필요한 자금 도입도 가능하다.

둘째, 핵보유국으로 인정받는 것이다. 북한은 핵무기만이 자신들의 안보를 지켜주고 체제를 유지할 수 있다고 생각한다. 북한은 핵무기 보유로 한국에 열세인 재래식 군사력을 일거에 역전시켰다. 하지만 국제사회는 북한을 핵보유국으로 인정하지 않으며, 핵 폐기를 요구한다. 미국이 북한의 핵무기 보유를 인정한다면 UN 제재가 해제될 수 있고 북한의 국제적 위상도 달라질 수 있어 북한의 발전 여부는 미국에 달려 있다.

셋째, 중국을 움직여 경제 지원을 받는 것이다. 중국은 트럼프 1기 때 5차례 북한과 정상회담을 했다. 북한과 미국의 관계개선 추이를 확인하고 자신들의 국익이 침해받을 여지가 있다면 차단하려는 의도였다. 중·소 분쟁 당시 북한의 소련밀착을 저지하기 위해 김일성의 요구를 모두 수용했던 중국이기에 북한에 다른 나라가 영향력을 행사하는 것은 허용하기 어렵다. 미북 정상회담이 추진된다면 중국은 다시 북한에 접근해 김정은의 요구를 받아줄 가능성이 크다.

미국과 북한의 관계개선 과정에서 한국이 소외되지 않도록 대비 필요

이처럼 미국과 북한은 서로 관계를 개선할 이유가 충분하다. 기존의 한미동맹과 한미연합사령부의 임무가 북한의 남침을 억제해 한반도의 안정과 평화를 보장하는 것이었다면 미·북 관계가 개선될 경우 미국은 한미동맹 임무를 '북한 남침 억제'에서 '중국 견제'로 전환할 수도 있다. 중국 견제를 우선시하는 미국의 정책에 부합하기 위해서다. 이 과정에서 미국과 북한이 주한미군의 감축과 부분 철수 등 모종의 밀약을 맺을 가능성도 배제하긴 어렵다.

우리의 동맹인 미국이 중국 견제를 앞세우고 자국의 안전을 중시해 북한과 관계를 개선할 때, 우리는 소외될 수 있다는 사실을 잊어서는 안 된다. 지난 2019년 6월 30일 트럼프와 김정은의 판문점 회담 당시 문재인 대통령이 미국과 북한의 반대로 회담에 참석하지 못하고 별도 공간에서 대기하고 있었던 사례도 있다. 우리 대통령이 한반도 문제에서 주연이 되지 못하는 상황이 재현돼서는 안 된다.

(뉴스투데이, 2024. 11. 8)

트럼프와 김정은의 모습 (출처 : 네이버)

한국과 중국, 대등하다
상호존중의 좋은 이웃

인쇄 2024년 12월 9일
발행 2024년 12월 12일

펴낸이 임방순

책임편집 차도경
디자인/편집 임길화
펴낸곳 도서출판 오색필
주소 서울특별시 중구 필동로 42-1 상원빌딩 2층
전화 02-2264-3334
팩스 02-2264-3335
전자우편 areumy1@naver.com

ISBN 979-11-988339-3-8
값 20,000원

※ 잘못된 책은 교환해 드립니다.